Antonio Cornejo Polar y los estudios latinoamericanos
Edición de Friedhelm Schmidt-Welle

I A I   Ibero-Amerikanisches Institut
P | K   Preußischer Kulturbesitz

ISBN: 1-930744-06-4

© Serie Críticas, 2002
Instituto Internacional de Literatura Iberoamericana
Universidad de Pittsburgh
1312 Cathedral of Learning
Pittsburgh, PA 15260
(412) 624-5246 • (412) 624-0829 FAX

Colaboraron en la preparación de este libro:

Composición y diseño gráfico: Erika Braga
Correctores: Luis Delgado, Ana Miramontes, Alicia Ortega y Susana Rosano

Antonio Cornejo Polar y los estudios latinoamericanos

Introducción: Hacia una crítica heterogénea de las culturas latinoamericanas. Friedhelm Schmidt-Welle ... 5

1. PRÁCTICA DEL DISCURSO Y ARQUEOLOGÍA DEL SABER

Heterogeneidad cultural y estudios coloniales: la prefiguración y la práctica de una ruptura epistémica. José Antonio Mazzotti 37
Antonio Cornejo Polar: La práctica del discurso. Héctor Mario Cavallari 55
Mariátegui en el itinerario crítico de Antonio Cornejo Polar. Antonio Melis 75

2. TOTALIDADES CONTRADICTORIAS: CULTURA, NACIÓN Y FORMACIÓN DE LA TRADICIÓN LITERARIA EN AMÉRICA LATINA

Cuestiones disputadas: las imágenes de la nación. Alexander Betancourt Mendieta 91
Antonio Cornejo Polar y la narrativa del siglo XX: una lectura sobre lecturas. José Castro Urioste 109
Literatura nacional: ¿una noción en crisis? Anotaciones sobre el sistema conceptual de Antonio Cornejo Polar. Patricia D'Allemand 123

3. ORALIDAD, REPRESENTACIÓN, CONSTRUCCIÓN DEL SUJETO

Escribir en el aire: **la oralidad en la dinámica del pensamiento crítico de Antonio Cornejo Polar.** Carlos Pacheco 143

Sujeto heterogéneo y migrante. Constitución de una categoría de estudios culturales. Raúl Bueno 173
Sujeto y discurso migrante en Antonio Cornejo Polar y José María Arguedas: dos visiones paralelas de la identidad peruana. Gracia María Morales Ortiz 195

4. HETEROGENEIDAD, DIALOGISMO, GINOCRÍTICA

El indigenismo como máscara: Antonio Cornejo Polar ante la obra de Clorinda Matto de Turner. Ana Peluffo 213
Heterogeneidad, carnavalización y dialogismo intercultural. Friedhelm Schmidt-Welle 235
Género y pluralismo: crítica heterogénea de las culturas latinoamericanas. Kemy Oyarzún 253

5. POLÉMICA: LOS RIESGOS DE LAS METÁFORAS Y EL FUTURO DEL LATINOAMERICANISMO

Algunas observaciones sobre el último ensayo de Antonio Cornejo Polar y el futuro del hispanoamericanismo. John Beverley 285
¿Un testamento intelectual? Comentario a "Mestizaje e hibridez: los riesgos de las metáforas. Apuntes". Carlos García Bedoya 289
Cuerpos intelectuales latinoamericanos transmigrados: la heterogeneidad como paradoja de la nacionalidad. Ileana Rodríguez 295
Llamado al latinoamericanismo autóctono. El sentido del texto de Guadalajara de Antonio Cornejo Polar. Raúl Bueno 301

6. DESPLAZAMIENTOS TRANSTERRITORIALES Y TRADUCCIÓN CULTURAL

Desplazamientos, voces, y el lugar de la lengua en la crítica de Antonio Cornejo Polar. Mabel Moraña 309

Los colaboradores 323

Introducción
Hacia una crítica heterogénea de las culturas
latinoamericanas

Friedhelm Schmidt-Welle
Ibero-Amerikanisches Institut, Berlin

Pese al reconocimiento internacional de Antonio Cornejo Polar como uno de los representantes más importantes de la crítica literaria y cultural latinoamericana de las últimas décadas, y de una serie de homenajes (cf. bibliografía adjunta) y traducciones de su obra que se publicaron antes y después del fallecimiento del crítico peruano en 1997, el debate de la crítica en torno a su obra es reciente y, lamentablemente, se concentra en unos pocos aspectos polémicos de su último artículo que se ha leído a manera de un "testamento intelectual". Digo lamentablemente porque me temo que las perspectivas que nos ha abierto la obra de Cornejo Polar, tanto en el nivel teórico como en el análisis concreto de las representaciones culturales en América Latina —y además en la interpretación de las culturas y literaturas poscoloniales en general (Schmidt, "Literaturas heterogéneas y alegorías nacionales: ¿paradigmas para las literaturas poscoloniales?")— quedarán postergadas por las polémicas en torno al futuro del latinoamericanismo en y fuera de las academias estadounidense y latinoamericanas. Por todo esto, me parece importante y oportuno publicar un primer balance crítico de su trayectoria intelectual y de los múltiples aspectos de su obra, más allá de las coyunturas del momento. Una puesta al día que podrá servir de base y dar iniciativas para futuras investigaciones que profundizarán la crítica y, al mismo tiempo, permitirán la ampliación y contextualización de sus ideas desde nuevas perspectivas.

Cornejo Polar se inicia en los estudios literarios durante los años '60 con algunos trabajos sobre la época colonial que quedan relativizados por sus investigaciones posteriores en los campos de las diversas culturas y literaturas latinoamericanas de los siglos XIX y XX, quizás por el hecho de que se realizaron casi siempre en función de una mejor comprensión de la complejidad cultural contemporánea y de sus rasgos históricos. En estos trabajos, no sólo se percibe el núcleo del concepto, que más tarde va a definirse como la heterogeneidad cultural y literaria en el continente, sino también el desarrollo de la metodología de los trabajos del crítico peruano. Partiendo de los tradicionales análisis de textos y bajo la influencia de críticos como Ernst Robert Curtius, Wolfgang Kayser, Leo Spitzer, Karl Vossler, de la hermenéutica y en parte del *New Criticism*, Cornejo Polar basa sus conclusiones, sus argumentos teóricos y su proyección a otras esferas o investigaciones de la cultura latinoamericana en el análisis concreto de las representaciones textuales, pero siempre con una orientación histórica, es decir, hacia el contexto social que éstas poseen. Este hecho es crucial si consideramos la trayectoria del crítico en las décadas posteriores. La permanente relectura de textos (en el sentido más amplio de la palabra), evidente sobre todo en el caso de la narrativa de José María Arguedas, forma la base para la muchas veces repetida reformulación y resemantización de sus conceptos teóricos.

Este rigor metodológico y epistemológico es una de las características más notables de toda su obra, y no sólo explica el elogio de Cornejo Polar a la "bibliografía penúltima", su rechazo a las modas académicas, y su temor por los riesgos de las metáforas, sino también el cuidado y la cautela que tuvo con respecto a la integración de nuevos paradigmas en la construcción de sus conceptos teóricos. En este sentido, la incansable reformulación de las categorías teóricas e interpretativas es una prueba de su actitud autocrítica, del empleo del metacomentario (como lo denominó Fredric Jameson, "Metacommentary") que alcanza su momento culminante en lo que, con una palabra un poco anticuada pero en este caso justa, podríamos llamar su *opus magnum*: el libro *Escribir en el aire. Ensayo sobre la heterogeneidad socio-cultural en las literaturas andinas*, de 1994.

A partir de los años '70 Cornejo Polar se vincula con un proyecto que en ese entonces se consideraba primordial: el de fundar una crítica y una teoría literaria "latinoamericana", para poder analizar mejor las especificidades de los procesos literarios del continente y para contrarrestar las tendencias hegemónicas de la crítica metropolitana. Este proyecto de una sociología e historiografía literaria "latinoamericana" obviamente está vinculado con los muchas veces infructíferos debates sobre la identidad cultural, con la teoría de la dependencia, y con las perspectivas o expectativas políticas del momento en toda América Latina. En esta línea se asocian nombres como los de Antônio Cândido, Roberto Fernández Retamar, Alejandro Losada, Nelson Osorio, Ana Pizarro y Ángel Rama, entre otros. Algunos de los textos fundamentales de estos críticos — los mencionados nunca formaron un grupo en el sentido de compartir más que la preocupación por la situación de la crítica (literaria) latinoamericana como de cierta forma dependiente de las metrópolis, y el afán de "independizarla" — se publicaron en la *Revista de Crítica Literaria Latinoamericana* en la década de los años '70.

Esta revista fue fundada por Cornejo Polar en 1973 para contrarrestar la crítica inmanentista, entonces dominante en el área de América Latina, y para acompañar con material crítico a la revista de teoría *Problemas de Literatura*, fundada por Nelson Osorio y Helmy Giacoman en Chile, la que sería silenciada por el Golpe de Estado. La *Revista de Crítica Literaria Latinoamericana*, en su primera fase, es decir hasta el número 25, sigue fiel al proyecto de la sociología e historiografía literaria específicamente "latinoamericana", se asocia más tarde a lo que podríamos llamar "latinoamericanismo internacional", y forma una parte muy importante de las actividades culturales y académicas de su director hasta su fallecimiento. Este es un aspecto de la trayectoria intelectual de Cornejo Polar que hasta ahora no se ha trabajado por la crítica.

El proyecto de la crítica y teoría literaria específicamente latinoamericana fracasó, como anotó el mismo Cornejo Polar en una conferencia de 1992 (Cornejo Polar, "Para una teoría literaria hispanoamericana: a veinte años de un debate decisivo"), por varias razones: No fue posible la institucionalización de esta corriente en (y entre) las academias latinoamericanas, tanto por razones políticas (las dictaduras en el Cono Sur y en el Brasil, por ejemplo, impidieron todo enfoque en una historia social de la literatura) como institucionales. Epistemológicamente, el reclamo quedó situado en un nivel muy abstracto, en una serie de prolegómenos y propuestas teóricas que no se verificaron mediante el análisis concreto de textos, a pesar de que la idea central del proyecto fue la de considerar la especificidad de los procesos literarios en América Latina. Además, uno de los objetivos trascendentales del proyecto fue el de escribir una (o más) historia(s) alternativa(s) de las literaturas latinoamericanas, en un momento en que la historiografía literaria entró en una profunda crisis por el cuestionamiento de su afán totalizador y de la autoridad de su discurso. En cierto sentido, el proyecto quedó impregnado por los discursos identitarios tanto a nivel nacional como latinoamericano, por una parte, y por las esperanzas revolucionarias en el continente, por otra.

El propósito de construir una crítica "verdadera" o "auténticamente" latinoamericana se cruzó con el descenso de la legitimidad del discurso identitario como discurso homogeneizante. En este sentido, los conceptos teóricos de Cornejo Polar, y sobre todo el de la "totalidad contradictoria", se pueden entender como crítica —y autocrítica— del gran proyecto de una historiografía literaria, tal como se formuló en los años '70 y '80. Paradójicamente, el mismo Cornejo Polar siguió aferrado a esta concepción de una historiografía literaria y cultural específicamente "latinoamericana" hasta comienzos de los años '90, concepción que había entrado en contradicción con sus propias categorías teóricas desde la década anterior. La ponencia en que admite el fracaso (al menos provisional) del proyecto no se publica antes de su muerte (Cornejo Polar, "Para una teoría literaria hispanoamericana"). El (latino)americanismo de una cierta corriente de la crítica cultural latinoamericana, (latino)americanismo que se asocia en la obra de Cornejo Polar con el pensamiento de Martí, Mariátegui, Henríquez Ureña, Fernández Retamar y Rama, ejerce su peso ideológico sobre las teorizaciones del crítico peruano hasta sus últimos escritos. Al mismo tiempo, hay que señalar que el latinoamericanismo vigente en la obra de Cornejo Polar ya no funciona a la manera de un esencialismo o una territorialización y limitación del campo de investigación de la crítica cultural, sino como estrategia en contra de los discursos hegemónicos de gran parte de la academia estadounidense, pero también —y esto me parece un hecho crucial para el debate sobre el latinoamericanismo en el futuro— de las academias latinoamericanas.

Lo que sobrevive del proyecto fracasado de la historiografía literaria "latinoamericana" (¿o debemos decir de los falsos caminos que impidieron concretarlo?) (Palermo, "De apropiaciones" 194) es la cuestión vigente de las posibilidades de escribir una historia literaria y cultural latinoamericana con métodos y conceptos teóricos que consideran la especificidad de los procesos históricos en la región. Esta problemática todavía no se ha resuelto, como se desprende por ejemplo de las discusiones sobre las posibilidades de aplicar conceptos teóricos del poscolonialismo, de los estudios subalternos y de los estudios culturales, o de los *Cultural Studies* en general, al contexto de la historia cultural latinoamericana (cf. de la Campa, "América Latina: confección y marketing de un campo de estudios"; los artículos del *Latin American Subaltern Studies Group* en *Dispositio* 1994; Mignolo, "La razón postcolonial: herencias coloniales y teorías postcoloniales", "Posoccidentalismo: las epistemologías fronterizas y el dilema de los estudios (latinoamericanos) de áreas"; Rojo, "Crítica del canon, estudios culturales postcoloniales y estudios latinoamericanos"), y de los debates sobre las perspectivas del "latinoamericanismo" y de los estudios latinoamericanos (Cornejo Polar, "Para una teoría literaria hispanoamericana"; de la Campa, "América Latina: confección y marketing de un campo de estudios"; Levinson, "The Death of the Critique of Eurocentrism"; Moraña, "Antonio Cornejo Polar y los debates actuales del latinoamericanismo", "De metáforas y metonimias: Antonio Cornejo Polar en la encrucijada del latinoamericanismo internacional"; Ramos, "Genealogías de la moral latinoamericanista").

En los debates recientes sobre el "latinoamericanismo", se discute muy poco la ubicación territorial de la crítica, es decir, el lugar *desde* el cual los conceptos teóricos se construyen. En este contexto, me parece importante destacar que Cornejo Polar sí reconoce la creciente desterritorialización no sólo de los sujetos en general, sino también de la crítica por los procesos de migración y de globalización, como observamos en la "Introducción" a *Escribir en el aire*, libro escrito sustancialmente en los Estados Unidos. En contraposición a la afirmación de Julio Ramos con respecto al carácter defensivo del latinoamericanismo vernáculo de Cornejo (Ramos, "Genealogías de la moral latinoamericanista"), éste reconoce que él mismo es "irremediablemente (¿y felizmente?) un confuso y entreverado hombre heterogéneo" (Cornejo Polar, *Escribir en el aire* 24). Regresaré a este punto crucial de las posiciones autorreflexivas y autocríticas de Cornejo Polar a continuación.

Por el momento, no me interesa una discusión general sobre las diferencias y semejanzas entre el latinoamericanismo en América Latina y el que se cultiva en los Estados Unidos o Europa, es decir, sobre el latinoamericanismo internacional en cuya encrucijada Mabel Moraña ubica la obra de Cornejo Polar (Moraña, "De metáforas y metonimias"). Más allá del lugar de enunciación, me refiero aquí al lugar concreto desde el cual se escribe y se construyen los conceptos teóricos de la crítica cultural latinoamericana, es decir, a su procedencia de distintos ámbitos socio-culturales y regionales.

Las diferencias y hasta las oposiciones entre nociones teóricas, tales como "heterogeneidad", de Cornejo Polar, "transculturación", de Ángel Rama (Schmidt, "¿Literaturas heterogéneas o literatura de la transculturación?"), y "culturas híbridas", de Néstor García Canclini (Cornejo Polar, "Mestizaje, transculturación, heterogeneidad", "Mestizaje e hibridez: los riesgos de las metáforas"; García Canclini, "Entrar y salir de la hibridación"), son, —aparte de una reformulación sofisticada de la ideología del mestizaje en las categorías de "transculturación" e "hibridez" — el resultado de las diferencias regionales entre y dentro de las sociedades latinoamericanas. Estas diferencias regionales y sus respectivas causas influyen en la teorización de los tres críticos mencionados, y de muchos otros en y fuera de América Latina. La casi absoluta voluntad de modernización cultural en las sociedades impregnadas por las culturas de los inmigrantes europeos en Argentina y el Uruguay a partir de los años '20 del siglo pasado; la omnipresencia de las culturas indígenas en el Perú, Ecuador y Bolivia; la situación fronteriza entre el llamado "Primer" y el llamado "Tercer" Mundo, y la gran diversidad cultural y étnica en México; para mencionar sólo unos pocos aspectos de esta diferenciación regional, ejercen un peso sobre los estudios culturales latinoamericanos procedentes de estas áreas que hasta ahora no se ha reflejado en la historia de la crítica cultural y literaria.

El regionalismo y la regionalidad de los conceptos teóricos de interpretación literaria y cultural, su ubicación concreta en espacios y tiempos diferentes, se vuelven problemáticos en el momento de su transferencia a otras esferas, disciplinas, y territorios, debido a la pérdida del contexto histórico de su producción y sus referentes (Palermo, "De apropiaciones y desplazamientos"; Rowe, "La regionalidad de los conceptos en el estudio de la cultura"). Por esto, tenemos que considerar "la condición de experiencia que emerge, para cada uno de nosotros, del acto de pensar la teoría insertos en una determinada localidad geocultural a través de la relación (construida) entre *emplazamiento de sujeto* y *mediación de códigos*, entre *ubicación de contexto* y *posición de discurso*" (Richard, "Intersectando Latinoamérica" 346; "Mediaciones y tránsitos académico-disciplinarios"). Los trabajos de Cornejo Polar de los años '90 muestran que él tenía conciencia de esta necesidad y del peligro de que la crítica recaiga en modelos teóricos globalizados que sobredeterminan las categorías de lo subalterno y lo periférico y amenazan con borrar las memorias y prácticas culturales locales (Achugar, "Leones, cazadores e historiadores, a propósito de las políticas de la memoria y del conocimiento"; Kaliman, "Identidades heterogéneas: Aciertos e ilusiones del conocimiento local"; Richard, "Intersectando Latinoamérica con el latinoamericanismo").

Como hemos mencionado antes, lo que sobrevive del proyecto de la historiografía literaria "latinoamericana" es la cuestión de las posibilidades de escribir una historia literaria y cultural latinoamericana con métodos y conceptos teóricos que consideran la especificidad de los procesos históricos en la región. Precisamente esta problemática le preocupó a Cornejo Polar en la fase de su producción crítica entre mediados de los años '70 y finales de los '80. En ésta, desarrolla algunas de las nociones teóricas más importantes de su obra, como son la "heterogeneidad" (tanto social como cultural y literaria) y la "totalidad contradictoria". Por una parte, estas categorías se construyen a partir de la conciencia de la necesidad de fundar una crítica con un perspectivismo "latinoamericano" (Cornejo Polar, "El indigenismo y las literaturas heterogéneas"). Por otra, cuestionan, sea consciente o inconscientemente, este mismo perspectivismo global, totalizante, y, sobre todo, los discursos identitarios y en parte esencialistas que se asocian a esta época de la historiografía literaria y cultural en América Latina. La noción de "totalidad contradictoria" encaja y de cierta manera revela esta paradoja de la teoría de Cornejo Polar, tal como la formula en esta fase de su trayectoria intelectual. El hecho de que Cornejo Polar, durante casi dos décadas, mantiene el perspectivismo "latinoamericano" en la formulación de sus conceptos teóricos, explica, por otra parte, un cierto estatismo de estas nociones hasta finales de los años '80 (Moraña, "*Escribir en el aire*, heterogeneidiad y estudios culturales", Schmidt, *Stimmen ferner Welten* 182).

Tanto la categoría de "heterogeneidad" como la de "totalidad contradictoria" emergen de los debates sobre cultura e identidades nacionales en las sociedades latinoamericanas. Cornejo Polar basa sus conceptos teóricos en las ideas de José Carlos Mariátegui, expresadas en el último de sus *7 ensayos de interpretación de la realidad peruana*. Partiendo del reconocimiento de la dualidad o pluralidad de culturas y lenguas en este último de los *7 ensayos*, Cornejo Polar constata el carácter no orgánico de la cultura nacional ("El problema nacional en la literatura peruana", *La cultura nacional: problema y posibilidad*) y la heterogeneidad socio-cultural y literaria en el Perú. La heterogeneidad discursiva, formulada al comienzo como una categoría interpretativa que se refiere casi exclusivamente a las literaturas o sistemas literarios ("Los sistemas literarios como categorías históricas") en un contexto nacional, y más específicamente a la literatura indigenista ("Para una interpretación de la novela indigenista", "El indigenismo y las literaturas heterogéneas"), se convierte, en el contexto de la reformulación de los conceptos teóricos de Cornejo Polar a partir de los '90, en heterogeneidad interna en todos los niveles del proceso literario ("Heterogeneidad y contradicción en la literatura andina") y, más tarde, en heterogeneidad de situaciones discursivas del —y dentro del— sujeto migrante, y en heterogeneidad no dialéctica ("Sobre el sujeto heterogéneo", *Escribir en el aire*, "Condición migrante e intertextualidad multicultural", "Una heterogeneidad no dialéctica").

Este paso de una categoría descriptiva/interpretativa, referida a la "totalidad contradictoria" del espacio nacional, a una categoría teórica/analítica de las situaciones discursivas en espacios regionales, nacionales y transnacionales, es la reformulación más radical de los conceptos teóricos de Cornejo Polar. Conlleva un cambio en la perspectiva crítica que va desde la heterogeneidad de la producción literaria y textual como producción social (D'Allemand, *Latin American Cultural Criticism* 123-36) hasta la representación discursiva de la heterogeneidad interna en todos los niveles del proceso literario, y a la construcción/constitución del sujeto migrante, lo que determina su noción de heterogeneidad no dialéctica. Este cambio de perspectiva —que se puede entender también como cambio de paradigma— se anuncia en el énfasis sobre la construcción de los discursos de la historia cultural y literaria en *La formación de la tradición literaria en el Perú*, de 1989. Pero se realiza de manera explícita en los trabajos de los años '90, escritos en su mayoría en los Estados Unidos, en el contexto —y en parte como respuesta— a los debates del poscolonialismo, del subalterno, y de la llamada "globalización cultural".

Aunque este aspecto no siempre se hace explícito en esta fase de la producción crítica de Cornejo Polar, no queda duda de que estaba al tanto de los debates mencionados. El hecho de que algunas de sus categorías teóricas fueron desarrolladas al comienzo en el contexto del debate sobre la identidad nacional, no significa, por tanto, que se apartó de las discusiones sobre las categorías del poscolonialismo, del subalterno etc., ni impide que abra estas categorías a otros contextos regionales, internacionales y transnacionales (Trigo, "De la transculturación (a/en) lo transnacional"). Constatar, entonces, que Cornejo Polar es "uno de los propulsores de la resistencia intelectual" (Palermo, "De apropiaciones" 184), o afirmar que su obra crítica "podría considerarse como una de las últimas instancias de cierto discurso latinoamericanista" (Ramos, "Genealogías" 186) no nos ayuda, a mi modo de ver, a entender la postura abierta de Cornejo Polar con respecto a nuevos caminos de la teoría cultural y literaria en la reformulación de sus conceptos durante los años '90.

Sobre todo las categorías del "sujeto migrante" y de "heterogeneidad no dialéctica", dialogan con las tendencias recientes más importantes de la crítica del latinoamericanismo internacional y con los estudios culturales *en* y *sobre* América Latina. El hecho de que Cornejo Polar no siempre menciona las nuevas teorías de los estudios culturales no significa, entonces, que no haya repercusión de ellas en su pensamiento y su obra. Se trata, más bien, de una operación estratégica para mantener el perspectivismo del conocimiento local (Kaliman; Richard, "Intersectando Latinoamérica con el latinoamericanismo") de su propia teoría, para dar cuenta de su ubicación espacio-temporal y del lugar metafórico desde el cual se construye, contrarrestando los riesgos de las metáforas totalizantes y/o globalizadoras de los estudios culturales y del poscolonialismo.

Por supuesto, estas influencias no impiden que Cornejo Polar critique algunas de las categorías del poscolonialismo como por ejemplo la del "subalterno", tal como la emplea Gayatri C. Spivak (Cornejo Polar, *Escribir en el aire* 220, "Una heterogeneidad no dialéctica" 840). Pero son innegables ciertos paralelos entre los conceptos de Cornejo Polar y los del poscolonialismo y del posoccidentalismo (Mignolo, "La razón postcolonial", "Posoccidentalismo"). La crítica de la constitución/construcción del sujeto (y del discurso identitario del mismo), que en última instancia es una crítica de la construcción del sujeto moderno en la cultura occidental(izada), coincide en parte y dialoga con la crítica de los discursos occidentales de Walter Mignolo en su concepto del posoccidentalismo, concepto que se desarrolla en los mismos años que la crítica del sujeto y del discurso migrantes de Cornejo Polar. Lo mismo se podría decir, aunque hace falta su verificación para casos concretos, del discurso migrante y de las representaciones culturales y/o literarias de situaciones fronterizas (*Border Cultures*). En este sentido, las categorías de Cornejo Polar se encuentran precisamente en el centro de los actuales debates de los estudios culturales, y no son la última etapa de un latinoamericanismo esencialista, basado en la noción de origen o las de territorialidad y tradición que sigue aferrado a la cuestión de la cultura nacional.

Lo que sí distingue a la crítica de Cornejo Polar de la del poscolonialismo es el hecho de que Cornejo no niega o menosprecia los conflictos a nivel local y nacional. En el curso de sus interpretaciones y de la reformulación permanente de los análisis de la producción literaria de José María Arguedas, insiste en la superposición de conflictos sociales, culturales, económicos y étnicos en diferentes niveles: el local, el nacional y el internacional. Según Cornejo Polar, los conflictos a nivel internacional no liquidan los primeros dos, sino los hacen más complejos. Esta tesis forma parte de su "teoría del conflicto" (Moraña, "De metáforas a metonimias" 225-27) cuya categoría central es la heterogeneidad no dialéctica e interna en todos los niveles de las representaciones literarias y culturales (producción, recepción, "texto", referente, y discurso). Lo importante en esta teoría del conflicto es la superposición de los diferentes niveles de conflictos locales, nacionales, internacionales y transnacionales. Cornejo Polar se opone —y esto a pesar de que se le imputó la resistencia cultural, el latinoamericanismo vernáculo, la ignorancia de los procesos de la llamada globalización cultural— tanto a estrategias neorregionalistas que defienden las diferencias culturales en nombre de un esencialismo identitario, como a toda forma de globalización que suponga cancelar problemáticas y agendas locales en nombre de un multiculturalismo neoliberal y conciliatorio. Es una vez más en sus análisis de los textos de José María Arguedas que este énfasis en una contradictoriedad, que se resiste a cualquier forma de síntesis, se concretiza.

El título del último de los ensayos de Cornejo Polar sobre Arguedas ("Una heterogeneidad no dialéctica") incluye las nociones claves de su teoría: heterogeneidad no dialéctica, sujeto y discurso migrantes. La heterogeneidad no dialéctica representada en y por el sujeto y el discurso migrantes pone en tela de juicio los esquemas binarios de la crítica cultural y de la sociología (centro/periferia, ciudad/campo, etc.). En este sentido, no se puede reducir a una categoría primordialmente lingüística, como la diglosia cultural que propone Martin Lienhard ("De mestizajes, heterogeneidades, hibridismos y otras quimeras"). Representa más bien, como hemos dicho antes, una crítica de la noción tradicional/occidental del sujeto. Afirma Cornejo Polar que

> el discurso migrante es radicalmente descentrado, en cuanto se construye alrededor de ejes varios y asimétricos, de alguna manera incompatibles y contradictorios de un modo *no* dialéctico. Acoge no menos de dos experiencias de vida que la migración... no intenta sintetizar en un espacio de resolución armónica. ("Una heterogeneidad no dialéctica" 841)

Y este discurso migrante no es exclusivo de la literatura, sino también se percibe en las manifestaciones o *performances* de la cultura popular (otra de las representaciones culturales no textuales o no exclusivamente textuales, a cuyo análisis se dedicó Cornejo Polar en sus trabajos a partir de *Escribir en el aire*). El cómico ambulante, escribe Cornejo,

> dramatiza en y con su lenguaje la condición migrante y habla con espontaneidad desde varios lugares, que son los espacios de sus distintas experiencias, autorizando cada segmento del

discurso en un *locus* diverso, con todo lo que ello significa, incluyendo la transformación de la identidad del sujeto, *locus* que le confiere un sentido de pertenencia y legitimidad y que le permite actuar como emisor fragmentado de un discurso disperso. Lo notable es que el abrupto descentramiento del discurso no parece producir ninguna tensión en el emisor (y tampoco en los receptores).... (843)

En este sentido, el sujeto migrante se convierte en un sujeto descentrado, múltiple, disperso, y su discurso, en un discurso poscolonial y hasta posoccidental (pero heterodoxamente empleados estos términos). Al mismo tiempo —y quisiera recordar una vez más la frase "yo también soy irremediablemente (¿y felizmente?) un confuso y entreverado hombre heterogéneo" con que termina la introducción de *Escribir en el aire*— esta reformulación de las nociones teóricas centrales (¿o debemos decir descentralizadas?) de Cornejo Polar en el contexto de su propia condición de sujeto migrante incluye una autorreferencialidad que abre su teoría a un proceso similar a el que destaca en su interpretación del discurso migrante: la teoría misma tiende a convertirse en una *crítica heterogénea* de las representaciones culturales de América Latina. Por todo esto, no es una mera casualidad que el último capítulo de *Escribir en el aire*, capítulo que trata precisamente la heterogeneidad *interna* en todos los niveles del proceso literario, y la relación compleja entre voz y lengua en un poema de César Vallejo, se titula "Apertura"...

En atención no sólo al gran potencial crítico que contiene la obra de Antonio Cornejo Polar en el contexto de los estudios culturales y literarios de y sobre América Latina, sino también en consideración de la apertura hacia una crítica heterogénea de las culturas latinoamericanas y quizás de las poscoloniales, este libro quiere ofrecer aproximaciones a su obra, que nos permitan abrir nuevas perspectivas para futuras investigaciones. En sus seis apartados, el presente volumen presenta una serie de lecturas que van desde la revisión crítica de su trayectoria intelectual, su ubicación en los debates actuales del latinoamericanismo internacional, y la importancia de su obra para los estudios culturales y literarios de y sobre América Latina, hasta la proyección y función de sus conceptos teóricos para futuras investigaciones de una crítica heterogénea en el contexto de los desplazamientos transterritoriales, las migraciones y la traducción cultural.

En la primera parte, titulada "Práctica del discurso y arqueología del saber", (apoyándome muy libremente en algunos de los conceptos de Michel Foucault), se analiza la trayectoria intelectual de Cornejo Polar desde sus primeros trabajos publicados en los años '60, hasta la formulación de las categorías centrales de su teoría literaria y cultural (heterogeneidad y totalidad contradictoria) de los años '70 y '80.

José Antonio Mazzotti, en su revisión de los trabajos de Cornejo Polar sobre la cultura y literatura de la época colonial, destaca que el crítico peruano realiza, sin proponérselo explícitamente, una ruptura epistémica paralela al cambio de paradigma de los estudios literarios coloniales que ocurrió en los trabajos de Rolena Adorno, Walter Mignolo y otros críticos más. Cornejo Polar resemantiza la noción de literatura en sus análisis de la relación entre oralidad y escritura —aunque hasta en su último libro se puede percibir la deficiencia de su interpretación al respecto por la reducción de la cultura indígena a la oralidad primaria— y la contextualiza con otras formas representacionales (danza, música, representaciones teatrales) de las culturas populares y/o alternativas. Además, en sus textos publicados en los '60, ya existe un núcleo teórico de lo que más tarde se convierte en el concepto de la heterogeneidad sociocultural y literaria en América Latina. Sus escritos sobre la época colonial son oscurecidos por los trabajos posteriores con respecto a las culturas latinoamericanas de los siglos XIX y XX, en parte porque sus estudios de la literatura colonial se realizan predominantemente en función de una mejor comprensión de aspectos de la complejidad cultural contemporánea.

Mientras que Mazzotti pone énfasis en la importancia de las interpretaciones de textos de la literatura colonial en función de la obra teórica posterior de Cornejo Polar, Héctor Mario Cavallari destaca, en un análisis más general de la metodología y de la práctica del discurso del crítico peruano, que las dos dimensiones de la crítica y de la teoría son inseparables en toda su obra. Basándose sobre todo en el libro *Sobre literatura y crítica latinoamericanas*, volumen que recoge los artículos más importantes de crítica y teoría literaria de Cornejo Polar hasta 1982, Cavallari demuestra, en una especie de arqueología de la crítica y del saber en el discurso cornejianos, que hablar de literatura y crítica latinoamericanas conlleva en este discurso una consideración de los factores ideológicos de la producción socio-cultural, pero que tales factores deben considerarse en las formas específicas que revisten dentro del campo sistémico-estructural de las convenciones de semiosis y representación. En este contexto, Cavallari no sólo demuestra el diálogo de la producción teórica de Cornejo Polar con la crítica cultural latinoamericana de los años '60 y '70 (Fernández Retamar, Rama, etc.), sino la cercanía de su metodología con la semiótica de la cultura y del texto de Iuri M. Lotman. Según Cavallari, Cornejo Polar no sólo es el intelectual comprometido por excelencia en vista de sus actitudes culturales y su compromiso político, sino también ejemplifica la actitud metacrítica y autorreflexiva. Las nociones centrales de su teoría de los años '70 y '80, es decir, la heterogeneidad socio-cultural y literaria y la totalidad contradictoria, son inseparables bajo el criterio de la constitución del conocimiento histórico. En su obra, los discursos literarios no aparecen como un mero objeto textual, sino como un tejido estratégico de actividades discursivas en el espesor cultural de una formación social determinada. En este sentido, la literatura se percibe como objeto social y culturalmente construido.

Antonio Melis, en otro intento de una arqueología del desarrollo intelectual del crítico peruano, y desde otra perspectiva, demuestra que Cornejo Polar nunca cae en el sociologismo vulgar tan frecuente en la crítica literaria y cultural latinoamericana de los años '60 y '70. La crítica ideológica del autor se proyecta sobre la base de las nociones teóricas de José Carlos Mariátegui —y pasando por éstas las de Antonio Gramsci— en sus teorizaciones y su práctica del discurso. Cornejo Polar sigue la línea de pensamiento de Mariátegui, pero nunca de manera exegética. Por una parte, retoma el concepto de cultura nacional, de su pluralidad lingüística y cultural, y lo amplía en las categorías de la heterogeneidad y la totalidad contradictoria. Tanto en Mariátegui como en Cornejo Polar, la literatura nacional del Perú se percibe como un campo de batalla imprescindible para la construcción de la identidad nacional. Por otra parte, Cornejo Polar retoma ideas de Mariátegui que éste no pudo desarrollar, como la relación entre oralidad y escritura. Los dos críticos enfatizan la función social e ideológica de la construcción de la tradición literaria que genera el proyecto nacional criollo.

En la segunda parte del presente volumen, "Totalidades contradictorias: cultura, nación y formación de la tradición literaria en América Latina", las nociones teóricas analizadas por Melis con respecto a sus relaciones intertextuales con la crítica cultural de Mariátegui, se interpretan en diferentes contextos y desde una variedad de ángulos críticos. Como en los escritos de Cornejo Polar de los años '70 y '80, la cuestión de la cultura nacional y de la construcción de la tradición literaria en el marco de la totalidad contradictoria de las naciones latinoamericanas se encuentran en el centro de la atención crítica.

Alexander Betancourt Mendieta analiza, desde una perspectiva de la historia de las ideas y en virtud de las posibles consecuencias de la teoría de Cornejo Polar para las investigaciones históricas (*stricto sensu* y *sensu lato*), las imágenes y la construcción de la nación y de la identidad nacional en América Latina. Refiriéndose primordialmente al libro *La formación de la tradición literaria en el Perú*, Betancourt Mendieta pone énfasis en la actitud autorreflexiva de Cornejo Polar en cuanto a la construcción de la historia literaria en el Perú y critica la falta de reflexión sobre el oficio del historiador, tan frecuente en la historiografía latinoamericana. La obra de Cornejo Polar, y sobre todo el libro de 1989, constituye no sólo un aporte a la historia literaria, sino también a la Historia (con mayúscula), porque pone en tela de juicio los proyectos nacionales y la noción de América Latina, tal como los formularon los historiadores a partir de la Independencia. Al mismo tiempo, este libro demuestra que, por una parte, las consideraciones inmanentistas y formalistas de la literatura, y, por otra, un marxismo "teórico", sin base empírica, se convirtieron en obstáculos para la historia social de la literatura latinoamericana y en uno de los factores de su crisis permanente a partir de los años '70. En este contexto, Betancourt Mendieta propone una reconsideración de la obra ensayística de Pedro Henríquez Ureña para una historia alternativa de las literaturas y las culturas latinoamericanas, reconsideración que podrá relacionarse con las que realizó Cornejo Polar con respecto a las obras de José Carlos Mariátegui y José María Arguedas.

El carácter constructivo de la tradición y la historia literaria, las relaciones intertextuales entre géneros literarios y textos culturales (en el sentido más amplio de la palabra), y la influencia de la sociología literaria (especialmente la de Lucien Goldmann) en los conceptos teóricos de Cornejo Polar, son los aspectos que traza José Castro Urioste en su interpretación de los artículos de Cornejo Polar sobre la narrativa (no indigenista) latinoamericana del siglo XX. Los análisis de la producción literaria de José María Arguedas, Jorge Luis Borges, José Donoso, Edgardo Rivera Martínez y Mario Vargas Llosa, entre otros, no sólo muestran las conexiones entre el desarrollo de las nociones teóricas y las interpretaciones de textos en su obra crítica, sino la inclusión de estas interpretaciones en el contexto de los procesos literarios, culturales e históricos de América Latina. Cornejo Polar percibe la dinámica de estos procesos tanto en los textos literarios individuales como en el desarrollo y la construcción de las literaturas nacionales y continental. Pone de relieve los aspectos específicamente latinoamericanos de la producción literaria de escritores "internacionalizados", los diferentes niveles (local, regional, nacional e internacional) de los conflictos representados en esta producción, y la modernización estética que se realiza en los autores mencionados a lo largo de sus obras, modernización que también da respuesta a las demandas del mercado internacional del libro. Lo que con razón critica Castro Urioste con respecto a los análisis cornejianos referidos a las obras de Vargas Llosa y Arguedas, es la construcción de una oposición que considera primordialmente los aspectos político-ideológicos o extratextuales, en vez de los literarios.

Patricia D'Allemand analiza el sistema conceptual de Cornejo Polar en cuanto a la crítica de la noción de literatura y cultura nacional, y define como parámetros de este sistema crítico la diversidad de la producción literaria, la conflictividad de los modos de producción coexistentes, y, a partir de ellos, la constante reformulación de las nociones de cultura y literatura nacional. D'Allemand destaca que en los primeros trabajos de Cornejo Polar al respecto, es decir, en los artículos en que se definen los conceptos de "heterogeneidad" y "totalidad contradictoria" (Cornejo Polar, "El indigenismo y las literaturas heterogéneas", "La literatura peruana: totalidad contradictoria"), todavía rigen un cierto esencialismo y una perspectiva binaria respecto de las categorías de literaturas heterogéneas y homogéneas. Esto se debe a una perspectiva fundamental en los proyectos intelectuales y político-culturales tanto de Cornejo Polar como de Ángel Rama: ambos tratan de mantener un proyecto unificador latinoamericano que entra en contradicción con la pluralidad de las prácticas culturales. Esta contradicción se resuelve en la obra de Cornejo Polar a partir de la revisión de la categoría de la "totalidad contradictoria" que se convierte en un concepto explicativo en comparación con el meramente descriptivo de la pluralidad. De la totalidad contradictoria, convertida en categoría temporal, histórica y socio-cultural, se desprende el cambio en la definición de los sistemas literarios y sus relaciones que ahora se estudian en su conjunto, y no como sistemas a grandes rasgos independientes. Partiendo de esta categoría analítica de la totalidad contradictoria, Cornejo Polar reconceptualiza y recontextualiza las nociones de cultura y literatura nacionales y las legitima mediante la incorporación de las culturas populares e indígenas. D'Allemand sostiene que aun en sus trabajos de los años '90 el peso de la problemática transnacional no elimina las relaciones entre las culturas y literaturas indígenas, populares y las cultas en el espacio de la totalidad contradictoria a nivel nacional. Más bien, los conflictos a nivel internacional y transnacional, aun cuando se sobreponen a los locales/regionales y nacionales, refuerzan estos últimos y los resemantizan.

En la tercera parte, "Oralidad, representación, construcción del sujeto", tres críticos se ocupan de las relaciones de los diferentes sistemas literarios y culturales de la totalidad contradictoria —sistemas ya no entendidos como entidades independientes sino permeables y relacionadas entre sí en espacios conflictivos— y de las consecuencias de esta situación socio-cultural heterogénea para la representación y la construcción del sujeto. En gran parte, en este apartado se analizan los cambios que Cornejo Polar introduce en sus conceptos teóricos durante los años '90 y el desplazamiento de una teoría de la producción o de las prácticas culturales a una teoría de la representación discursiva de la heterogeneidad, la construcción del sujeto no dialéctico y/o migrante y la conflictividad de los procesos culturales.

Carlos Pacheco, en su análisis de la oralidad y de su función en la dinámica del pensamiento de Cornejo Polar, destaca dos vertientes en la obra del crítico peruano que se complementan en la noción de la totalidad contradictoria/conflictiva y que son visibles en sus interpretaciones de la relación compleja entre oralidad y escritura: una constructiva, en que se interpretan panoramas de la literatura y cultura latinoamericanas (sistemas y procesos literarios, literaraturas homogéneas y heterogéneas, etc.); y otra de-constructiva, en que se analizan ciertas obras o corrientes literarias y las prácticas discursivas. En ambas vertientes, Cornejo Polar amplía cada vez más las perspectivas y los objetos de investigación. En este sentido, su estrategia discursiva es similar a la de José María Arguedas, en cuya obra los espacios de representación y los niveles de conflicto se amplian durante todo el proceso de su producción literaria y antropológica. La interpretación de Pacheco se ocupa primordialmente del libro *Escribir en el aire*, en el que la cultura es vista como un texto que desborda los linderos de la escritura. Esta ampliación del objeto de estudio conduce, en el libro de Cornejo Polar, a una revisión de sus postulados teóricos que va más allá de la mera crítica de la marginación sistemática de las literaturas o las culturas no hegemónicas. Según Pacheco, Cornejo Polar pone énfasis en las categorías de discurso, sujeto, y representación, y es mediante éstas que se dedica a una arqueología de las relaciones entre voz y letra. La oralidad se percibe como otra racionalidad, que construye y cuenta otra historia que desborda los límites de la historia/historiografía occidental. En este libro, Cornejo Polar se abre a los estudios culturales mediante el análisis de eventos culturales o *performances* de la oralidad, como son las danzas y las representaciones teatrales y festivas de la Conquista. Al mismo tiempo, el objeto de análisis influye de manera inmediata en la escritura del propio Cornejo Polar, es decir, la estructura en sí heterogénea de *Escribir en el aire* revela la heterogeneidad del sujeto que escribe sobre ella. Si partimos de la suposición de que "no es lo mismo escribir la historia que bailarla", tenemos que insistir en la *différence* en un sentido cultural, estructural y a la vez discursivo que nos lleva —en nuestro oficio de críticos y teóricos de la cultura y la literatura— a una escritura heterogénea, fronteriza, y de esta manera nos convertimos en sujetos heterogéneos.

Es precisamente esta categoría del sujeto heterogéneo, la que se encuentra en el centro de atención crítica del artículo de Raúl Bueno. Parte de un análisis detallado del desarrollo de la categoría de la heterogeneidad a lo largo de la trayectoria intelectual de Cornejo Polar, con especial énfasis en los aspectos lingüísticos y semiológicos de la heterogeneidad. Para este procedimiento, se basa en el modelo de comunicación lingüística de Roman Jakobson, sistema que, en la confrontación con la teoría de Cornejo Polar, se modifica para el caso de las literaturas heterogéneas. Bueno muestra los diferentes niveles en que la heterogeneidad se presenta (referencialidad, códigos/mensaje, medio, sujetos y discursos), y aclara que la heterogeneidad, en su nivel referencial, no sólo se refiere a otros mundos o culturas, sino a contextos heterogéneos. Afirmación que rompe con la idea de sistemas culturales relativamente autónomos confrontados en la producción y en el proceso literario de las literaturas heterogéneas, idea que todavía está presente en las primeras formulaciones de la heterogeneidad y de la totalidad contradictoria de Cornejo Polar. Después de haber descrito la categoría de la heterogeneidad *interna* en todos los niveles del proceso literario, Bueno analiza la conexión entre esta reformulación de la noción de heterogeneidad y la del sujeto migrante. La categoría del sujeto migrante se desarrolla precisamente a partir de la heterogeneidad interna, como transferencia de ésta al nivel del sujeto representado en las literaturas heterogéneas, tomando como ejemplo el sujeto migrante en la producción literaria de José María Arguedas. El sujeto migrante se convierte en el pensamiento de Cornejo Polar en el sujeto internamente heterogéneo por excelencia. Esta noción del sujeto migrante, representado tanto en las literaturas como en otras escenificaciones o *performances* culturales de carácter heterogéneo, implica una crítica de la noción del sujeto moderno construido a partir del Romanticismo europeo.

Gracia María Morales Ortiz destaca las estrategias discursivas paralelas en la producción crítica de Cornejo Polar y la producción literaria y antropológica de Arguedas. Morales Ortiz interpreta la teoría de Cornejo Polar como una sistematización del pensamiento de Arguedas. En este sentido, Arguedas *vive* las características del sujeto migrante, tal como lo define Cornejo Polar: la inestabilidad, los desplazamientos continuos, la multiplicidad. De esta manera, la noción del sujeto migrante se desplaza del sujeto representado en las literaturas y escenificaciones culturales heterogéneas al sujeto que produce estas representaciones. La diferencia fundamental entre el pensamiento de Arguedas y el de Cornejo Polar —a pesar de los paralelos de estrategias discursivas y de la conciencia de heterogeneidad cultural— consiste en la persistencia de la utopía del mestizaje en Arguedas, por una parte, y el reconocimiento de la irremediable conflictividad de los procesos culturales en Cornejo Polar, por otra.

El siguiente capítulo del presente libro, "Heterogeneidad, dialogismo, ginocrítica", consiste de una serie de trabajos que tienen en común su intento de trazar modelos de intertextualidad y diálogo entre las nociones teóricas de Cornejo Polar y las de otras corrientes actuales de la crítica. Los trabajos de Cornejo Polar dialogan, sobre todo a partir de los '90, con los estudios culturales latinoamericanos (heterogeneidad versus transculturación y culturas híbridas) e internacionales, los estudios subalternos, el poscolonialismo, y realizan este diálogo, si lo comparamos con sus escritos anteriores, de una manera más explícita, pero manteniendo una perspectiva crítica que nunca pierde de vista el contexto específico de las prácticas culturales en América Latina. Los artículos reunidos en este apartado siguen este diálogo, al mismo tiempo que muestran los puntos vacíos en la teoría de Cornejo Polar (sobre todo la perspectiva ginocrítica) para contextualizar sus conceptos teóricos en los debates actuales de la crítica.

Ana Peluffo dedica su artículo al papel central de la obra de Clorinda Matto de Turner en las interpretaciones de la literatura indigenista, que realiza Cornejo Polar a lo largo de sus investigaciones y sobre todo en *Clorinda Matto de Turner, novelista. Estudios sobre Aves sin nido, Índole y Herencia*, de 1992. Según Peluffo, en este libro se detectan las contradicciones internas de las novelas de Matto de Turner, pero no se consideran los aspectos de género que hacen aún más complejas estas contradicciones. En la narrativa de Matto de Turner, la estrategia discursiva se refiere no tanto a modelos ideológicos del indigenismo sentimental percibidos por Cornejo Polar, sino más bien a un feminismo-mesticismo disfrazado de indigenismo. Aunque el objetivo explícito de Matto de Turner es el de rescatar a los indígenas de su status de objeto dentro de la comunidad nacional, en realidad sólo la mujer criolla (y no la indígena) consigue acceder a un status de sujeto. Los desacuerdos de Peluffo con ciertas interpretaciones de Cornejo Polar le llevan a introducir la categoría de "heterogeneidad de género del sujeto femenino letrado". A pesar de esta crítica de la falta de reflexión en torno al discurso ginocrítico en los escritos de Cornejo Polar, Peluffo reconoce la importancia de sus interpretaciones, porque detectan las contradicciones ideológicas de la escritura de Matto de Turner, y abren el camino para investigaciones de la ginocrítica con respecto a la obra de la escritora.

En mi artículo, propongo una lectura comparada de las nociones de heterogeneidad, carnavalización y dialogismo de Cornejo Polar y Mijail Bajtín, respectivamente. Es un primer intento de sondear la posibilidad de aplicar las categorías bajtinianas al contexto de las culturas y literaturas heterogéneas y de analizar los múltiples puntos de referencia y diálogo entre los conceptos de ambos teóricos. El mayor obstáculo para este procedimiento consiste en la persistencia de la noción de totalidad en el sentido de la unidad del sujeto y de la homogeneidad de la cultura, a pesar del concepto de "polifonía" en los escritos de Bajtín. Cornejo Polar, en cambio, parte de la falta de unidad interna en las literaturas heterogéneas. Por esto, las categorías de polifonía y diálogo sólo pueden aplicarse al caso de las literaturas heterogéneas, si introducimos la noción de diálogo intercultural, un diálogo en que las contradicciones entre las diferentes culturas confrontadas en los textos no se hacen desaparecer por completo mediante una operación lingüística autocentrada y armonizante. Al mismo tiempo, la crítica del sujeto y de la dialéctica de Hegel, en ambos teóricos les lleva a una reconsideración de la noción de sujeto. En Bajtín, éste se define por la incorporación de los puntos de vista del otro en la percepción y actitud dialógica no terminada, pero de todos modos unitaria; en Cornejo Polar, el sujeto no dialéctico, migrante, ya no se caracteriza por esta unidad interna. La diferenciación entre estas nociones de Bajtín y Cornejo Polar tiene también consecuencias para la aplicación de la categoría de la carnavalización literaria al contexto latinoamericano. La carnavalización en las literaturas heterogéneas latinoamericanas ya no sólo se refiere a los discursos dominantes, sino a todo el sistema de la cultura dominante. Se trata, entonces, de una carnavalización intercultural que, en el mejor de los casos, se manifiesta como un acto de revelación de una polifonía intercultural, de la heteroglosia y del plurilingüismo. La carnavalización literaria contribuiría así a la desmitificación de los discursos y de las culturas hegemónicas, a una relativización de las jerarquías culturales, y a una revelación de la misma heterogeneidad socio-cultural en América Latina.

El trabajo de Kemy Oyarzún retoma y amplifica algunas de las nociones discutidas en los dos artículos anteriores. Interpreta el modelo de las literaturas heterogéneas como una reformulación crítica de las categorías bajtinianas del diálogo y de la carnavalización —categorías que se formularon sobre la base de un momento histórico altamente conflictivo y hasta "heterogéneo" a finales de la Edad Media— reformulación en el sentido de una heterogeneidad etnocultural en que el ideologema del rito no sólo es polifónico (como en Bajtín) sino poligráfico, y en que la palabra es mera designadora, no representante logocéntrico-homogeneizador. De esta manera, la autora establece un diálogo entre los modelos teóricos de Cornejo Polar y los del posestructuralismo (Foucault, Kristeva, Deleuze y Guattari). Una relación intertextual que en los escritos del crítico peruano de los años 90 casi siempre se percibe entre líneas y sin que se cite explícitamente. En un segundo paso, Oyarzún constata que aun la crítica más abierta a las especificidades etnoculturales y a la "hibridación" discursiva en América Latina ha descuidado elaborar paradigmas que den cuenta del sistema sexo-género, y relaciona la noción de las culturas heterogéneas con la necesidad de insertar un dispositivo genérico-sexual en los estudios culturales latinoamericanos. Trazando la genealogía del monologismo genérico sexual reinante en la crítica cultural masculina y las relaciones entre feminismo y etnocrítica en América Latina, Oyarzún llega a la formulación de una ginocrítica que, dadas las condiciones de producción de esta misma, será necesariamente una *crítica heterogénea*. Esta ginocrítica heterogénea *in statu nascendi* se ejemplifica en las prácticas culturales y las estrategias discursivas de autoras como Julieta Kirkwood, calificada por Oyarzún como una intelectual "orgánica" de nuevo tipo, porque se trata de subjetividades bipolares, fragmentarias, nomádicas. Esta categoría dialoga —sin que Oyarzún lo mencione— perfectamente con la del sujeto no dialéctico en los últimos trabajos de Cornejo Polar.

En el siguiente capítulo del libro se reúnen una serie de notas o comentarios breves que en su conjunto forman una polémica con respecto al último ensayo de Cornejo Polar, "Mestizaje e hibridez: los riesgos de las metáforas. Apuntes". Lo que él había titulado cautelosamente como "Apuntes", se convirtió en América Latina, pero sobre todo en los Estados Unidos, en el punto de arranque de una polémica que, más que debatir los riesgos de las metáforas, trata cuestiones del poder en el ámbito de la academia, de la hegemonía del inglés en las teorías culturales, y del futuro del latinoamericanismo o los estudios de área en general. En este sentido, los comentarios aquí reunidos (con la excepción de Raúl Bueno) son una muestra del estado actual de estos debates en que los apuntes de Cornejo Polar figuran como motivo, pero al mismo tiempo como pretexto para discusiones más amplias sobre el futuro de los Estudios Culturales (Latinoamericanos), tanto en el sentido de una disciplina como en el campo de investigación.

Para John Beverley, el último artículo de Cornejo Polar es un esfuerzo de reterritorializar el campo disciplinario de la crítica hispanoamericana, de redefinir y defender sus fronteras contra la influencia de teorías metropolitanas —sobre todo contra los estudios culturales, poscoloniales, subalternos, feministas, gay— y contra la dominación del campo por el inglés. Las teorías metropolitanas que surgen como consecuencia de la globalización cultural y de las nuevas relaciones geo-políticas en las Américas, significan un desplazamiento de la autoridad del intelectual latinoamericano a que éste reacciona con una especie de neo-arielismo. Esta reacción está representada, según Beverley, en el último artículo de Cornejo Polar, a pesar de que la noción de heterogeneidad cultural corresponde a una de las preocupaciones interiores de los estudios culturales y subalternos.

Carlos García Bedoya, a diferencia de los planteamientos de Cornejo Polar, ve más coincidencias que contradicciones entre las metáforas de mestizaje, hibridez, transculturación y heterogeneidad. Aparte de esta breve referencia a "los riesgos de las metáforas", se dedica en su comentario a la discusión de la segunda parte del artículo de Cornejo Polar. Critica la actual división internacional del trabajo intelectual en que existe el peligro de que el "Tercer Mundo" quedaría relegado a la condición de productor de materia prima cultural que las academias del "Primer Mundo" transforman en sofisticados artefactos teórico-críticos. A partir del artículo de Cornejo Polar y del concepto de posoccidentalismo de Walter Mignolo, insiste en la validez del conocimiento local y la necesidad del reconocimiento de varios lugares de enunciación para el pensamiento teórico o científico, y critica el predominio del inglés en la producción teórica que produce una latinoamericanística diglósica. Proclama una tradición crítico-teórica latinoamericana autocentrada que toma en cuenta las peculiaridades y problemáticas específicas de América Latina, sin menospreciar el diálogo necesario con otros centros de producción intelectual o lugares de enunciación.

La tesis de la resistencia a las teorías "metropolitanas" sostenida por Beverley y otros críticos —especialmente por miembros del *Latin American Subaltern Studies Group*— con respecto al trabajo de Cornejo Polar es también el punto de partida del comentario de Ileana Rodríguez sobre los debates del multiculturalismo estadounidense y del feminismo. Para ella, tanto la heterogeneidad como la subalternidad y los Estudios Culturales señalan los límites de la epistemología occidental de y en la nación, como bien lo ha mostrado Cornejo Polar en su análisis de las danzas y representaciones teatrales indígenas de la Conquista. Pero ella niega que los conceptos de Cornejo Polar hayan sobrepasado las limitaciones del espacio nacional al que se refirieron en un comienzo y afirma que no pueden aplicarse al contexto de la globalización cultural.

El comentario de Raúl Bueno es quizás el único de los reunidos en esta sección polémica que se escapa a los actuales debates y que apunta a una autocrítica del último artículo de Cornejo Polar, aspecto hasta ahora omitido o negado en un debate impregnado por cuestiones de poder en la academia y del futuro del latinoamericanismo (sea internacional o "vernáculo"). Aunque destaca los mismos aspectos centrales del artículo que los otros autores de la polémica, se ocupa, en primer lugar, de las consecuencias de los debates mencionados para la producción teórica de Cornejo Polar y sobre todo para su autorreflexión crítica. Bueno compara el predominio del inglés en los estudios culturales y poscoloniales con el predominio del español sobre las lenguas indígenas, y junto con éste de los discursos occidentales sobre las culturas indígenas en América Latina. De esta manera, sale a la vista la reflexión permanente de Cornejo Polar sobre su propia actitud intelectual y, en un sentido más amplio, su propia heterogeneidad. Cornejo Polar incluye en su crítica del "mareante embrujo de metáforas" como mestizaje, transculturación e hibridez, su concepto de heterogeneidad literaria y cultural, porque él está consciente del carácter representacional de toda noción teórica, y porque "ninguna de las categorías mencionadas resuelve la totalidad de la problemática que suscita y todas ellas se instalan en el espacio epistemológico que —inevitablemente— es distante y distinto".

Mabel Moraña, en el último artículo del presente volumen, sitúa las nociones teóricas de Cornejo Polar en el contexto de los debates actuales sobre globalización, transdisciplinariedad y los estudios de área. Analiza la estrecha vinculación entre los usos de la lengua, el posicionamiento geocultural de discursos y sujetos, y los desplazamientos transterritoriales que son el trasfondo de los conceptos teóricos de Cornejo Polar (heterogeneidad, totalidad contradictoria/conflictiva, sujeto migrante). Partiendo de una crítica de la noción de cultura nacional que considera la existencia de imaginarios sub, supra o post-nacionales, Cornejo Polar estudia las contradicciones culturales de la totalidad conflictiva a nivel regional, nacional y transnacional, y enfatiza la dinámica discontinua de la resistencia popular a la historiografía liberal y eurocéntrica en distintos contextos. Afirma Moraña que, junto con el desplazamiento crítico desde la interrogación sobre las políticas de la lengua a las estrategias de recuperación de las voces ocultas de otras culturas en textos o discursos, Cornejo Polar —representante del *establishment* de la alta cultura universitaria y del paradigma del discurso letrado— se reconoce entrando indirectamente al universo de la otra cultura, a través de transcripciones y traducciones. Percibe en su propio trabajo una heterogeneidad y desubicación que tienen que ver con las posiciones de poder que afectan el proceso de construcción de subjetividades colectivas y con su propio "locus letrado", que de alguna manera construye a su objeto de estudio, negociando la diferencia a través de estrategias interpretativas que no operan sin dejar un resto irrecuperable que no puede ser alcanzado en su totalidad.

Finalmente, cabe señalar que el presente libro no aspira a una síntesis del pensamiento crítico de Antonio Cornejo Polar, ni tampoco quiere ser un homenaje con las frecuentes posiciones sumisas y elogios fáciles que muchas veces caracterizan a este género. Es, como ya se ha dicho, un primer balance de los alcances de las categorías centrales que definen el trabajo intelectual y político-cultural de Cornejo Polar, así como de su contextualización en los debates actuales de los estudios literarios y culturales de y sobre América Latina. Representa, sobre todo, una gran variedad de posiciones y perspectivas críticas sobre la obra de Cornejo Polar que interactúan entre ellas, y quizás más allá de ellas. Esperamos que el diálogo iniciado con esta publicación se fomentará con la misma actitud autorreflexiva y autocrítica que caracterizó el trabajo intelectual de Cornejo Polar. Al fin y al cabo, como diría él, ninguna categoría resuelve la totalidad de la problemática que suscita, ya que todas se instalan en un espacio epistemológico que inevitablemente es distante y distinto, pues no es lo mismo escribir la historia que bailarla.

Me queda entonces, solamente, la tarea de agradecer a todos los que de una u otra manera apoyaron la realización de este libro. En primer lugar, a Mabel Moraña, la editora de la serie *Críticas*, por su generosa invitación a coordinar este volumen y su afán permanente de mejorar el proyecto. A todos los colaboradores por sus valiosos ensayos y paciente cooperación. A Cristina Soto de Cornejo, U. Juan Zevallos Aguilar, y Rolando Carrasco, por sus múltiples sugerencias y apoyos. Al equipo del Instituto Internacional de Literatura Iberoamericana, por sus tareas editoriales. A Günther Maihold, director del Instituto Ibero-Americano de Berlin, por haber integrado este libro al programa de publicaciones de nuestro Instituto.

BIBLIOGRAFÍA

Achugar, Hugo. "Leones, cazadores e historiadores, a propósito de las políticas de la memoria y del conocimiento". *Revista Iberoamericana* 63/180 (1997): 379-87.

Bueno, Raúl. "Sobre la heterogeneidad literaria y cultural de América Latina". *Asedios a la heterogeneidad cultural. Libro de homenaje a Antonio Cornejo Polar*. José Antonio Mazzotti y U. Juan Zevallos Aguilar, coords. Philadelphia: Asociación Internacional de Peruanistas, 1996. 21-36.

_____ y Nelson Osorio, ed. "La trayectoria intelectual de Antonio Cornejo Polar". *Revista de Crítica Literaria Latinoamericana* 25/50 (1999).

Cornejo Polar, Antonio. *Escribir en el aire. Ensayo sobre la heterogeneidad socio-cultural en las literaturas andinas*. Lima: Editorial Horizonte, 1994.

_____*La formación de la tradición literaria en el Perú*. Lima: Centro de Estudios y Publicaciones, 1989.

_____ *Sobre literatura y crítica latinoamericanas*. Caracas: Universidad Central de Venezuela, 1982.

_____*La cultura nacional: problema y posibilidad*. Lima: Lluvia Editores, 1981.

_____"Para una teoría literaria hispanoamericana: a veinte años de un debate decisivo". *Revista de Crítica Literaria Latinoamericana* 25/50 (1999): 9-12.

_____"Mestizaje e hibridez: los riesgos de las metáforas. Apuntes". *Revista Iberoamericana* 63/180 (1997): 341-44. (También en *Revista de Crítica Literaria Latinoamericana* 24/47 (1998): 7-11; y en *Perfil y entraña de Antonio Cornejo Polar. Homenaje*. Tomás G. Escajadillo (ed.) Lima: Amaru Editores, 1998: 187-192.)

_____"Una heterogeneidad no dialéctica: sujeto y discurso migrantes en el Perú moderno". *Revista Iberoamericana* 62, 176-177 (1996): 837-44.

_____"Condición migrante e intertextualidad multicultural: el caso de Arguedas". *Revista de Crítica Literaria Latinoamericana* 21/42 (1995): 101-09.

_____"Mestizaje, transculturación, heterogeneidad". *Revista de Crítica Literaria Latinoamericana* 20/40 (1994): 368-71.

_____"Sobre el sujeto heterogéneo: análisis de dos fragmentos de *Los ríos profundos* de José María Arguedas". *Escritura* 18/35-36 (1993): 5-18.

_____"Heterogeneidad y contradicción en la literatura andina. (Tres incidentes en la contienda entre oralidad y escritura)". *Nuevo Texto Crítico* 5/9-10 (1992): 103-11.

_____"Los sistemas literarios como categorías históricas. Elementos para una discusión latinoamericana". *Revista de Crítica Literaria Latinoamericana* 15/29 (1989): 19-25.

_____"La literatura peruana: totalidad contradictoria". *Revista de Crítica Literaria Latinoamericana* 9/18 (1983): 37-50.

_____"El problema nacional en la literatura peruana". *Qué hacer* 4 (1980): 100-09.

_____"El indigenismo y las literaturas heterogéneas: su doble estatuto socio-cultural". *Revista de Crítica Literaria Latinoamericana* 4/7-8 (1978): 7-21.

_____ "Para una interpretación de la novela indigenista". *Casa de las Américas* 18/100 (1977): 40-48.

D'Allemand, Patricia. *Latin American Cultural Criticism. Re-Interpreting a Continent*. Lampeter, Lewiston, Queenston: Edwin Mellen Press, 2000.

De la Campa, Román. "América Latina: confección y marketing de un campo de estudios". *Revista de Crítica Literaria Latinoamericana* 26/51 (2000): 177-88.

Dispositio 19/46 (1994). [Número especial: "Subaltern Studies in the Americas".]

Escajadillo, Tomás G., ed. *Perfil y entraña de Antonio Cornejo Polar. Homenaje.* Lima: Amaru Editores, 1998.

García Canclini, Néstor. *Culturas híbridas. Estrategias para entrar y salir de la modernidad.* México: Grijalbo, Consejo Nacional para la Cultura y las Artes, 1990.

_____"Entrar y salir de la hibridación". *Revista de Crítica Literaria Latinoamericana* 25/50 (1999): 53-57.

Jameson, Fredric. "Metacommentary". *The Ideologies of Theory. Essays 1971-1986. Volume 1: Situations of Theory.* Minneapolis, MN: University of Minnesota Press, 1988. 3-16.

Kaliman, Ricardo. "Identidades heterogéneas. Aciertos e ilusiones del conocimiento local". *Revista de Crítica Literaria Latinoamericana* 25/50 (1999): 113-20.

Levinson, Brett. "The Death of the Critique of Eurocentrism: Latinamericanism as a Global Praxis/Poiesis". *Revista de Estudios Hispánicos* 31/2 (1997): 169-201.

Lienhard, Martin. "De mestizajes, heterogeneidades, hibridismos y otras quimeras". *Asedios a la heterogeneidad cultural. Libro de homenaje a Antonio Cornejo Polar.* José Antonio Mazzotti y U. Juan Zevallos Aguilar. coords. Philadelphia: Asociación Internacional de Peruanistas, 1996. 57-80.

Mariátegui, José Carlos. *7 ensayos de interpretación de la realidad peruana.* 28va ed. Lima: Biblioteca Amauta, 1989.

Mazzotti, José Antonio y U. Juan Zevallos Aguilar, coords. *Asedios a la heterogeneidad cultural. Libro de homenaje a Antonio Cornejo Polar.* Philadelphia: Asociación Internacional de Peruanistas, 1996.

Mignolo, Walter. "Posoccidentalismo: las epistemologías fronterizas y el dilema de los estudios (latinoamericanos) de áreas". *Revista Iberoamericana* 62/176-177 (1996): 679-96.

_____ "La razón postcolonial: herencias coloniales y teorías postcoloniales". *Revista Chilena de Literatura* 47 (1995): 91-114.

Moraña, Mabel., ed. *Indigenismo hacia el fin del milenio. Homenaje a Antonio Cornejo Polar.* Pittsburgh: IILI-Biblioteca de América, 1998.

_____"De metáforas y metonimias: Antonio Cornejo Polar en la encrucijada del latinoamericanismo internacional". *Nuevas perspectivas desde/sobre América Latina: el desafío de los estudios culturales*. Mabel Moraña, ed. Santiago de Chile: Cuarto Propio, Instituto Internacional de Literatura Iberoamericana, 2000. 221-29.

_____"Antonio Cornejo Polar y los debates actuales del latinoamericanismo: noción de sujeto, hibridez, representación". *Revista de Crítica Literaria Latinoamericana* 25/50 (1999): 19-27.

_____"*Escribir en el aire*, 'heterogeneidad' y estudios culturales". *Revista Iberoamericana* 61/170-171 (1995): 279-86.

Palermo, Zulma. "De apropiaciones y desplazamientos: el proyecto teórico de Fernández Retamar". *Roberto Fernández Retamar y los estudios latinoamericanos*. Elzbieta Sklodowska, Ben A. Heller, eds. Pittsburgh: IILI-Serie *Críticas*, 2000: 181-98.

Ramos, Julio. "Genealogías de la moral latinoamericanista: el cuerpo y la deuda de Flora Tristán". *Nuevas perspectivas desde/sobre América Latina: el desafío de los estudios culturales*. Mabel Moraña, ed. Santiago de Chile: Cuarto Propio, Instituto Internacional de Literatura Iberoamericana, 2000. 185-207.

Richard, Nelly. "Intersectando Latinoamérica con el latinoamericanismo: saberes académicos, práctica teórica y crítica cultural". *Revista Iberoamericana* 63/180 (1997): 345-61.

_____"Mediaciones y tránsitos académico-disciplinarios de los signos culturales entre Latinoamérica y el latinoamericanismo". *Dispositio* 22/49 (1997): 1-12.

Rojo, Grínor. "Crítica del canon, estudios culturales, estudios postcoloniales y estudios latinoamericanos: una convivencia difícil". *Mapocho. Revista de Humanidades y Ciencias Sociales* 43 (1998): 73-83.

Rowe, William. "La regionalidad de los conceptos en el estudio de la cultura". *Revista de Crítica Literaria Latinoamericana* 25/50 (1999): 165-72.

Schmidt-Welle, Friedhelm. *Stimmen ferner Welten. Realismus und Heterogenität in der Prosa Juan Rulfos und Manuel Scorzas*. Bielefeld: Aisthesis, 1996.

_____ "Literaturas heterogéneas y alegorías nacionales: ¿paradigmas para las literaturas poscoloniales?" *Revista Iberoamericana* 66/190 (2000): 175-85.

_____ "¿Literaturas heterogéneas o literatura de la transculturación?" *Nuevo Texto Crítico* 7, 14/15 (1994/95): 193-99.

Trigo, Abril. "De la transculturación (a/en) lo transnacional". *Ángel Rama y los estudios latinoamericanos*. Mabel Moraña, ed. Pittsburgh: IILI-Serie ***Críticas***, 1997. 147-71.

1. Práctica del discurso y arqueología del saber

Heterogeneidad cultural y estudios coloniales: la prefiguración y la práctica de una ruptura epistémica

José Antonio Mazzotti
Harvard University

A la memoria de Antonio Cornejo Polar, colonialista

Estoy seguro de que el Maestro Antonio Cornejo Polar habría tomado la dedicatoria de este artículo con el humor y la paciencia que lo caracterizaban, pues no se trata de insinuar aquí una acusación política —fácilmente desmentible, además, con el vivo recuerdo de su marcada inclinación progresista—, sino sólo de hacer un recorrido y evaluación de sus aportes sustanciales al campo de los estudios literarios coloniales hispanoamericanos. Si bien el adjetivo "colonialista" y su derivación contemporánea de "neocolonialista" encierran desagradables connotaciones históricas, el término de marras es el que la convención académica más al uso ha establecido para la especialización en el periodo de la dominación española sobre el suelo continental americano. Es cada vez más aceptado que, en rigor, hablar de "colonia" a secas para el periodo mencionado es una simplificación reforzada tanto por el supérstite discurso nacionalista y antihispanista hispanoamericano como por la facilidad de la traducción del marco teórico anglosajón que trata del homólogo aunque posteriormente iniciado periodo de dominación europea en Asia, África y Norteamérica. Sin embargo, el adjetivo en "literatura colonial" o en "crítica colonialista" tiene al menos un uso operativo y contingente, y así es como el propio Cornejo Polar lo asumía. Y esto, especialmente, porque entendía que las fronteras diacrónicas y sincrónicas son artificiales para algunos sistemas literarios, dada la persistencia de las formaciones económicas, sociales y culturales heredadas desde aquel tiempo hasta nuestros días. Para hablar de las categorías gnoseológicas inmanentes en la producción discursiva indígena, por ejemplo, Cornejo Polar aludía a la noción de "un tiempo interferido y dañado por una conquista cuyos efectos no cesan" ("Los sistemas literarios" 20). De ahí que, para él, estudiar las literaturas heterogéneas dentro de los sistemas "cultos" del periodo republicano, entre las cuales ubicaba, entre otras, "la gauchesca, el indigenismo [...], el realismo mágico [y] el relato testimonial" (22), fuera una forma de proyectarse hacia el llamado periodo colonial, en el que se produce el inicial agravamiento de la heterogeneidad de lenguas y sistemas culturales que aún hoy disgregan y subvierten el afianzamiento de algunos estados nacionales de la región. Pese al énfasis de la labor crítica madura de Cornejo Polar en las mencionadas literaturas republicanas, la conciencia de la multiplicidad de los sistemas discursivos latinoamericanos y de la presencia del pasado colonial puede rastrearse desde sus primerísimos trabajos. Veremos que, de alguna manera, el cambio de paradigmas realizado en los estudios literarios coloniales durante la década del '80 por connotados críticos como Ángel Rama (esp. caps. 1-3), Rolena Adorno y Walter Mignolo bien podría acompañarse por la ruptura epistémica que la labor de Cornejo Polar venía realizando paralelamente.[1]

1. La primera etapa "colonialista": un examen de las poéticas coloniales

Por eso, el recorrido y evaluación de sus aportes sustanciales al campo colonial no puede sino remontarse a los mismos pinitos de su labor crítica, cuando en los tempranos '60 aparecieron sus artículos —periodísticos algunos, otros más especializados— sobre don Luis de Góngora, Lope de Vega, el *Lazarillo* y Cervantes ("Aproximación a don Luis de Góngora", "Góngora visto por los pintores"; "Lope de Vega: de la sumisión a la rebeldía", "Palabras y cosas: algunos tiempos en la estética literaria", "Descripciones en *La vida del Lazarillo de Tormes*", "Don Quijote y la realidad"). Puede llamar la atención que un crítico tan connotadamente latinoamericanista haya cultivado como parte de su formación primeriza los estudios de la literatura del Siglo de Oro, más aun si esos acercamientos están enmarcados dentro de una corriente crítica intra-disciplinaria, tan vigente en ese entonces. Por aquellos años, la impronta de los grandes trabajos de Leo Spitzer, Dámaso Alonso y Carlos Bousoño se veía complementada por las lecturas de los manuales y tratados teóricos de Wolfgang Kayser y de Austin Warren y René Wellek, que ejercieron una poderosa influencia en las jóvenes promociones de críticos literarios hispanoamericanos. Fue con esa preocupación por los sistemas internos de significado, por la *literariedad* de la obra, como se decía en la época, que Cornejo Polar emprendió su primer gran proyecto dentro de la literatura hispanoamericana: el *Estudio y edición del "Discurso en loor de la poesía"*, aparecido en Lima en 1964.[2]

Este libro fue distinguido con el Premio Nacional de Fomento a la Cultura "Manuel González Prada", otorgado por el Ministerio de Educación del Perú. El *Estudio* se comenzó a escribir hacia fines de 1960, cuando el crítico peruano se encontraba en Madrid realizando un post-doctorado. Allí, como nos dice en el prólogo, se interesó por ampliar el conocimiento de las fuentes principales del célebre poema anónimo que se incluye entre los preliminares de la *Primera Parte del Parnaso Antártico de Obras Amatorias*, publicada en Sevilla en 1608. El *Parnaso Antártico* es en realidad una traducción en tercetos castellanos de las *Heroidas* de Ovidio, veintiún epístolas que representan la voz de amantes famosas (Dido, Penélope, Fedra, Ero, Elena y otras) escribiendo a sus amados, y en algunos pocos casos (Paris, Leandro) las correspondientes respuestas de los invocados. El *Parnaso Antártico* incluye también una traducción del *In Ibin*, poema político satírico escrito por Ovidio desde su exilio en las islas del "Ponto Euxino" o Mar Negro. El traductor es el poeta sevillano Diego Mexía, que vivió entre los Virreinatos de México y Perú, y al parecer formó parte de una hipotética "Academia Antártica" agrupada en Lima hacia fines del siglo XVI.

El "Discurso en loor de la poesía" ha sido tema de debate desde los tiempos de Ricardo Palma, quien decidió arbitrariamente bautizar a la autora como "Clarinda", cuando en realidad éste es sólo un personaje mencionado en el poema como musa del poeta Juan de Salzedo Villandrando, otro de los miembros de la supuesta Academia Antártica (565-70). Lo cierto es que el autor o autora es presentado por Mexía como "señora principal deste Reino [del Perú]" y encierra en 269 tercetos un prolongado elogio del arte de la poesía y de la alta capacidad de los poetas antárticos, como se autodenominaban entonces algunos letrados del Perú, para llevar las banderas de la expresión poética hasta los confines del mundo conocido sin desmerecer en absoluto su antecedencia europea.[3]

Aunque los avatares sobre el texto y sobre el género de su autor han presenciado encendidas polémicas, Cornejo Polar no se detiene demasiado durante su *Estudio* en elucidar ese aspecto, si bien se inclina hacia la tendencia más generalizada de atribuirle sexo femenino por las numerosas autorreferencias en ese sentido a lo largo del poema. El gran aporte del *Estudio* consiste más bien en ordenar el complicado mapa de las relaciones textuales y temáticas que el poema guarda con el corpus de la preceptiva literaria de la época. En ese sentido, este primer libro de Cornejo Polar constituye un claro ejemplo de investigación seria y consistente, tratándose sobre todo de un intelectual que entonces no había aún cumplido los treinta años de edad.

El ordenamiento practicado por Cornejo Polar comienza por desechar los juicios exagerados de críticos anteriores, desde Riva Agüero y Mariátegui hasta L. A. Sánchez y Ventura García Calderón, sobre la poca o nula calidad literaria del periodo colonial. Más allá de proclamar, en contraposición, una edad dorada durante el Virreinato, Cornejo desde entonces ya plantea un esbozo elemental de lo que más tarde constituiría su modelo de explicación de la sociedad peruana como totalidad contradictoria y como heterogeneidad básica de lenguas y culturas. Me refiero a la conciencia temprana de dos sistemas discursivos que corren paralelos a lo largo del periodo de dominación española: un sistema "culto", epígono de los modelos metropolitanos más prestigiosos, y otro "popular", que muchas veces penetra aquél aunque generalmente pasa desapercibido por la crítica literaria, la cual sólo admite como objeto de estudio al primero. Resulta falsa, así, la división entre una literatura popular y una culta concebida como una secuencia de momentos separados en el devenir discursivo. Si bien Cornejo Polar no se refiere en su *Estudio* a las formas populares indígenas, sino que siguiendo la tendencia general alude más bien a una literatura popular con raíces en el romancero, el chiste y la canción en español coloquial, es claro que su planteamiento apunta hacia la coexistencia de sistemas discursivos mayores: "Es imposible seguir sosteniendo que a un tipo de creación popular sucede otro más bien culto (como si quisiera pensarse que aquél desaparece), puesto que la poesía del pueblo se mantiene intacta dentro de su cauce paralelo al de la erudita, académica o cortesana" (*Estudio* 85-6 [5-6]). De este modo — propone —, la división teleológica y cancelatoria de la crítica tradicional con respecto a una producción popular perdida y agotada en el tiempo (a fines del XVI) resulta inconsistente en función de la presencia y valoración *también en términos de estudios literarios* del enorme caudal de discursos ajenos a la escritura. Este planteamiento temprano deja sentada la posibilidad de que los paradigmas del ejercicio crítico se modifiquen sustancialmente y trasciendan sus límites disciplinarios. En 1964, sin embargo, la tarea se verá postergada por el poco caudal recopilado en relación con el sistema discursivo indígena. Los trabajos pioneros de Jorge A. Lira y las compilaciones y ensayos de Jesús Lara (*Tragedia del fin de Atawallpa*, *Poesía popular quechua*, *Leyendas quechuas*) recién habían aparecido pocos años antes y tardarían aún varias décadas para ser asimilados como parte de los estudios literarios académicos. Asimismo, la célebre *Antología general de la poesía peruana* de Alejandro Romualdo y Sebastián Salazar Bondy en 1957, que incluía una sección con textos pertenecientes al corpus indígena, no había aún sido abordada en ese aspecto como objeto de estudio desde la crítica especializada, abocada más bien a la producción en castellano escrito. Las bases del marco teórico posterior de Cornejo Polar ya estaban, sin embargo, sentadas desde entonces, y se desarrollarían hasta el punto de renovar los estudios literarios peruanos y latinoamericanos al ser retomadas en sus posteriores trabajos sobre el indigenismo, las crónicas y la oralidad.

Pero dentro de su línea general, el *Estudio* de 1964 se explaya más bien por el examen de la vida cultural y la actividad bibliográfica del Virreinato peruano a fin de trazar las condiciones en que "Clarinda" realizó su labor. Es importante señalar aquí que, pese a sus filiaciones inmanentistas, Cornejo Polar es de los primeros en reconocer la pertinencia del conocimiento contextual y hasta biográfico en determinados casos, pues generalmente los sentidos últimos de las obras no se definen únicamente con el análisis desligado del momento histórico de su producción. Reconoce que hubo un momento de la "crítica penúltima" en que el biografismo primaba y la especificidad literaria de la obra quedaba en segundo lugar. Sin embargo, acepta que el reciente extremo opuesto de aislamiento puede ser asimismo contraproducente:

> La verdad es que el movimiento pendular que suele dominar el itinerario del pensamiento humano ha podido llevar a

ciertas exageraciones, pero el principio antes anotado [de la necesidad de abordar el contexto] tiene validez sustancial en la ciencia de la literatura y no mera importancia histórica dentro de su proceso de desarrollo (*Estudio* 100-101 [20-21]).

Esta confianza en una "ciencia de la literatura" no debe extrañarnos. Las disciplinas sociales y humanas ya habían llegado entonces a un grado de autonomía relativa en su lenguaje y metodología gracias a los aportes fundamentales de la lingüística estructural, la matriz de las modernas ciencias humanas. El problema en ese momento estribaba sobre todo en el peso que la especificidad de la disciplina literaria le iba a dar a la información histórica, incorporándola como parte de su material de trabajo a manera de recurso explicativo, pero sin abandonar como centro de atención la complejidad semántica y formal del corpus estudiado. En tal sentido, Cornejo Polar intuyó otra de las rupturas epistémicas que más tarde se impondrían en los estudios literarios coloniales: la importancia de la categoría de sujeto antes que la de autor para el análisis y la evaluación del texto. En relación con el género sexual de "Clarinda", por ejemplo, señala Cornejo Polar que "incluso si se aceptase la importancia del conocimiento del autor, en este caso concreto el problema resultaría superfluo, porque nada nuevo se aportará el día que se sepa cómo se llamaba quien escribió nuestra obra. Ella seguirá siendo lo que es, significando lo que significa y valiendo lo que vale" (*Estudio* 101 [21]). En otras palabras, el conocimiento del contexto nos sirve para llegar a la certeza relativa de que el autor de la obra fue una dama criolla y no uno de los poetas varones de la Academia Antártica (según sostenían Ricardo Palma, V. García Calderón y L. A. Sánchez); pero deja de tener importancia ante la inminencia de las focalizaciones que ese sujeto criollo propone frente al conjunto de las letras del momento, situándose desde un lugar de enunciación propiamente americano. De este modo, el texto se encuadra en una lectura histórica, pero no historicista y mucho menos biografista, y a la vez en una lectura intertextual, en la que se destaca su específico papel frente a otros elogios y alabanzas de la poesía hechos desde la metrópolis.

Es así como en la segunda parte de su *Estudio*, Cornejo Polar logra establecer los vínculos del "Discurso" con numerosos tratados y poéticas del momento, ampliando las pesquisas ya elaboradas por Alberto Tauro del Pino en su importante *Esquividad y gloria de la Academia Antártica*, de 1948. Propone Cornejo Polar que son cinco los temas principales del "Discurso": la poesía como don de Dios, la majestad de la poesía, su utilidad, el conflicto entre vena y arte, y la suprema sabiduría y ética que todo verdadero poeta debe tener. Para rastrear la aparición y tratamiento de estos temas en el corpus anterior, se refiere, entre otros, al *Arte de la poesía castellana*, de Juan del Enzina; *El arte poética en romance castellano*, de Miguel Sánchez de Lima; el *Arte poética española*, de Diego García Rengifo; el *Cisne de Apolo*, de Luis Alfonso de Carballo; la *Filosofía antigua poética*, del Pinciano, etc. Con un amplio bagaje de erudición, Cornejo Polar se encarga de trazar una a una las semejanzas y diferencias entre el "Discurso" de la anónima y sus homólogas peninsulares. Desarrolla, por ejemplo, la idea de origen medieval de que la poesía es la reina de las ciencias, y se remonta, para otros temas, a una doble fuente clásica en el "Discurso": Horacio y Cicerón, proponiendo que el clasicismo de "Clarinda" es más bien un latinismo decantado a través de diversos tratados de corte petrarquista. Encuentra, sobre todo, una relación directa con el *Arte poética española* (1592), de Diego García Rengifo, a través de dieciocho puntos de contacto, y por lo menos trece coincidencias con *El arte poética en romance castellano* (1580), de Miguel Sánchez de Lima, considerado por Díez Echarri (65) como la primera poética petrarquista en lengua castellana. Asimismo, plantea que con el *Cisne de Apolo* (1602), de Luis Alfonso de Carballo, el "Discurso" presenta veintidós coincidencias de tema y tratamiento. Sin embargo, dada la casi contemporaneidad en la fecha de composición de ambos textos, calcula que la consulta de Carballo fue improbable por parte de "Clarinda".[4] Por otro lado, a pesar de que Juan de la Cueva, con su *Ejemplar poético* (1606), y Fernando de Herrera con sus *Anotaciones* (1580) a Garcilaso de la Vega pertenecen al grupo de los tratadistas petrarquistas (Díez Echarri 96), Cornejo Polar no encuentra mayores puntos específicos de contacto, lo cual, sin duda, se debe, al menos en el primer caso, a un problema de fechas. Asimismo, el contacto con Alonso López el Pinciano no resulta tan importante como con los mencionados tratadistas petrarquistas. El diálogo directo —concluye— se dio sobre todo con Sánchez de Lima y con García Rengifo.[5] Pese a las numerosas coincidencias, Cornejo Polar ubica una diferencia importante con los tratados metropolitanos: la insistencia en la condena de la inmoralidad de los poetas, que suele ser secundaria en los tratadistas españoles.

Las conclusiones de este primer *Estudio* de Antonio Cornejo Polar se condensan en las siguientes líneas:

> [...] es exacto afirmar que el "Discurso en loor de la poesía" aparece fuertemente ligado al platonismo —en su versión cristiana— en lo que atañe a su concepción básica de la poesía como don precioso de la divinidad; a la cultura retórica de Roma, —Cicerón, fundamentalmente, y Horacio— en lo que toca al subrayamiento de los servicios y provechos que la poesía regala al hombre, a más de decenas de temas concretos; a la teoría literaria medieval, por su devoción hacia la poesía hebrea y su extremado moralismo, como también por la preocupación acerca de si es lícito o no el invocar dioses paganos; a las poéticas españolas del Renacimiento, a partir de la de Sánchez de Lima, por el culto a obras y autores clásicos, por la pleitesía que se rinde a la poesía, y genéricamente, por el tratamiento de casi todos los aspectos importantes que se leen en dichos tratados del Renacimiento. Como ellos, además, el "Discurso" carece de originalidad y limítase a sintetizar temas de filiación clásica, propios de la cultura general de entonces (*Estudio* 215 [135]).

La capacidad de síntesis mostrada hacia el final de su *Estudio* es ya una muestra de la visión global que Cornejo Polar mantendría en relación con las literaturas andinas en los años posteriores. También es visible su cuidado en mantener las peculiaridades ortográficas y puntuacionales del "Discurso en loor de la poesía" para facilitar el examen filológico de futuros especialistas. Aunque es obvio que el *Estudio* está encuadrado en una práctica crítica muy al uso a principios de los años '60, pueden verse desde entonces, como hemos anotado, los primeros atisbos de lo que después constituirían sus mayores aportes al pensamiento latinoamericano. Me refiero, por un lado, al planteamiento de la interdependencia de sistemas discursivos a partir de una heterogeneidad de base y, por otro, a la visión democratizante de la labor intelectual en el cuestionamiento de los objetos de estudio tradicionalmente concebidos.

2. El retorno al "colonialismo": el Inca Garcilaso y la continuidad de los traumas de la conquista

Sin duda, la consagración internacional de Cornejo Polar llegó con su ya clásico estudio *Los universos narrativos de José María Arguedas*, de 1973. En él desarrollaba de manera amplia sus postulados sobre el estatuto específico de la literatura indigenista y su visión sobre los sistemas discursivos que se interfieren mutuamente, alterando, en el caso específico de Arguedas, las mismas formas occidentales de la novela a partir de la incorporación de la oralidad quechua, la canción, el mito y otros formatos discursivos generalmente relegados al campo de la folclorología. La literatura indigenista, como expresión representativa de la heterogeneidad cultural, revelaba, a su vez, los enormes conflictos sociales, políticos e históricos de las sociedades andinas, y era punto de partida para una reflexión global sobre los países del área desde una orientación política no aséptica ni ciegamente europoide, según llegaba a ocurrir en algunos críticos de esos mismos años, que aplicaban mecánicamente la semiótica greimassiana al estudio de otros autores importantes, como el propio César Vallejo.

Luego siguieron los libros sobre *La novela peruana* (1977) y *Literatura y sociedad en el Perú: la novela indigenista* (1980), la recopilación de artículos de teoría general y específica *Sobre literatura y crítica latinoamericanas* (1982), el trabajo de reflexión histórica sobre el canon literario peruano *La formación de la tradición literaria en el Perú* (1989), y el conjunto de ensayos sobre *Clorinda Matto de Turner, novelista* (1992). Como puede verse, esta prolífica labor, que comprende más de veinte años de investigación y seguimiento de la literatura peruana y que no se limita a los temas presentados en los títulos, sino que incluye decenas de artículos especializados sobre otros autores contemporáneos (por ejemplo, Edgardo Rivera Martínez, Mario Vargas Llosa y Antonio Cisneros), tiene como periodo de concentración la etapa republicana. En este sentido, Cornejo Polar pasó a ser conocido como especialista en literatura de los siglos XIX y XX, quedando sus aportes iniciales sobre el corpus colonial oscurecidos por la importancia de su obra comprendida entre las décadas del '70, el '80 y principios del '90.

Sin embargo, la preocupación por la "larga duración", como diría el historiador francés Fernand Braudel, no había quedado excluida de su agenda, pues hacia fines de los '80 aparecieron algunas de sus intervenciones sobre dos temas fundamentales del campo colonial: el sentido del mestizaje desgarrado en la obra del Inca Garcilaso y el conflicto entre oralidad y escritura impresa, partiendo, en este caso, del contacto inicial entre Atahualpa y los conquistadores en Cajamarca, la tarde del 16 de noviembre de 1532. Podría decirse, según esta cronología, que Antonio Cornejo Polar es un colonialista circular, en la medida en que sus trabajos iniciales y finales tienen que ver directamente con la investigación del corpus colonial, y en ambos casos se proyectan hacia la elucidación de problemas del presente. Es decir, la erudición y el conocimiento del pasado no resultan una finalidad en sí mismas, sino que sirven para comprender mejor algunos aspectos de la complejidad cultural contemporánea y para explicar de manera más eficaz algunos rasgos de la literatura actual.

Tanto su reflexión sobre "la armonía imposible" del Inca Garcilaso como su examen de la oralidad y su accidentada continuidad pasaron a formar parte de su último libro, *Escribir en el aire* (1994).[6] El título mismo revela esa tensión constante que hay entre dos sistemas discursivos, el de la escritura y el de la oralidad, con las numerosas variantes y matices internos de cada uno de ellos, y cómo esa tensión se revela de manera característica en las literaturas andinas. El título, como se sabe, alude al conocido poema III de *España, aparta de mí este cáliz*, de Vallejo, en que el obrero ferroviario Pedro Rojas exclama (o escribe) "Viban los compañeros". Por eso, sostiene Cornejo Polar:

> [...] intuía [...] que el hirsuto conflicto entre la voz y la escritura, plasmado dramáticamente en 1532, seguía de algún modo vigente en la cultura letrada andina, pero que −con todo el peso que la paradoja conlleva− esa vigencia se expresaba en la extendida e imposible nostalgia que nuestros escritores sienten por la oralidad perdida, asumiendo − oscuramente casi siempre− que es en la palabra hablada donde reside la autenticidad del lenguaje [...]. (*Escribir en el aire* 235)

El examen de las crónicas tempranas que relatan el "encuentro" de Cajamarca lleva a Cornejo Polar a proponer un "grado cero" de la literatura peruana, sin desestimar por ello la existencia de formas discursivas anteriores a la llegada de los españoles que han tenido su propia continuidad y que no deben ser marginadas del concepto general y amplio de "literatura". Por ello, acepta la suplantación del paradigma de "obra literaria" por el de "discurso", como plantearon en la década del '80 Rolena Adorno y Walter Mignolo, y reconoce que flexibiliza enormemente los criterios con que se manejaba un corpus "literario" europoide y tradicional, limitado apenas a la poesía y el teatro. Sin embargo, prefiere por comodidad seguir usando el término "literatura", en su sentido más amplio, para referirse a las crónicas que relatan el encuentro de Cajamarca, así como a las versiones indígenas posteriores que se inscriben más bien en el ámbito de la representación teatral y el rito colectivo de rectificación histórica. Así ocurre, por ejemplo, con las representaciones de la muerte de Atahualpa en numerosas comunidades del área andina.[7] Al modificar el concepto estándar de la "literatura", lo que hace Cornejo es resemantizar una categoría históricamente limitada al ejercicio profesional escrito de determinados individuos de los sectores privilegiados. Con ello, sin embargo, incurre en un riesgo más amplio, como es el de diluir las fronteras entre discursos modelados bajo patrones primordialmente estéticos (cualquiera que sea la cultura o la tradición desde la que se fijen esos patrones) y aquellos que tienen una finalidad operativa o meramente informativa inmediata. Pese al riesgo, el beneficio posible de la resemantización es doblemente político: por un lado, no cede directamente a la boreal tendencia extradisciplinaria de convertir los estudios literarios en estudios culturales, y, por el otro, propone que dentro de la crítica académica el campo latinoamericano no tiene por qué seguir imitando los gestos del peninsularismo más conservador, ya que puede fijar sus propios parámetros considerando los tipos específicos de oralidad que entran en juego en los diversos "grados cero" de las fundaciones literarias de la región. De este modo, el "Capítulo Uno" de *Escribir en el aire* implica que el área andina es el espacio en que las infiltraciones de la oralidad indígena no sólo se activan constantemente sobre un corpus letrado más restringido y aparentemente excluyente, sino que han logrado constituirse en sí mismas como receptáculo de una historia colectiva que excede en su emisión real los límites de la palabra y pasa a integrarse con otros sistemas significativos (música, vestuario, coreografía, iconografía) para exorcizar de alguna manera el trauma histórico de la conquista. En tales representaciones, o comparsas del Inca/ Capitán, Pizarro termina siendo juzgado por el rey de España o simplemente vencido por las fuerzas de Atahualpa, como recuerda Cornejo Polar (*Escribir en el aire* 52).

Es importante señalar, a pesar de los méritos innegables de este capítulo de *Escribir en el aire*, que la formación básicamente literaria y la especialización post-ilustrada de Cornejo Polar se dejan sentir en su apoyatura cuestionable sobre dos conceptos históricos básicos: a) la reducción de la cultura incaica a una oralidad primaria (definida en términos de Walter Ong como carente de formas de inscripción gráfica), restando cualquier importancia a la cada vez más verosímil tesis de la existencia de los quipus históricos, y; b) la simplificación histórica sobre "la conciencia indígena temprana [que] otorgó a los conquistadores condición divina" (*Escribir en el aire* 48), cuando se sabe, según Polo de Ondegardo en su "Informe al licenciado Briviesca de Muñatones sobre la perpetuidad de las encomiendas en el Perú" [1561], que los incas de Cajamarca —partidarios de Atahualpa— llamaban a los españoles con el equivalente de "barbudos" y no los consideraban dioses. La divinización de Pizarro y sus soldados fue, pues, más que nada una construcción *a posteriori* ejercida por los incas cuzqueños —enemigos de Atahualpa— para justificar, con un providencialismo netamente indígena, su prevalencia sobre el supuesto "usurpador" quiteño. Con todo, el trabajo de Cornejo resulta iluminador para los estudios literarios coloniales por establecer la continuidad —a través de distintas épocas, regiones y géneros discursivos y semióticos en general— de manifestaciones de la subjetividad colectiva que afectan directamente no sólo las formas como se conciben los espacios nacionales y las propias tradiciones culturales, sino sobre todo del quehacer crítico contemporáneo.

En cuanto al Inca Garcilaso, cuyos *Comentarios reales* aborda en el segundo capítulo de *Escribir en el aire*, Cornejo Polar es uno de los primeros en plantear la revisión profunda a la que viene siendo sometido el Inca dentro de la especialidad. La larga tradición garcilasista de este siglo se ha encargado de desbaratar el célebre juicio reduccionista de don Marcelino Meléndez Pelayo a fines del xix sobre el carácter meramente utópico de los *Comentarios*. Desde los estudios de José de la Riva Agüero a principios del siglo xx y los posteriores de José Durand se ha llegado a establecer una relativa base histórica confiable en la obra del Inca y al mismo tiempo la sofisticación de sus estrategias argumentativas, que exceden largamente el dominio de temas y calidad formal de casi todos sus contemporáneos, dentro y fuera de la escritura historiográfica. Pese a ello, Riva Agüero, Durand y otros connotados garcilasistas estaban a la vez labrando una imagen coherente, monolítica y homogénea del Inca, quizá inspirados en su propia concepción de un modelo nacional arquetípico, con piel y perfil algo cobrizos, pero con una profunda cultura anclada en el Renacimiento y en referencias occidentales en general.

Contra esta celebración falseadora de la complejidad del Inca, Cornejo Polar propone una lectura en la que puedan apreciarse las contradicciones internas en la visión de Garcilaso, los fracasos de sus intentos armonizadores, y de ahí, justamente, su carácter genuino como uno de los primeros grandes autores andinos en los que el conflicto entre oralidad y escritura se manifiesta de manera cabal. Al recusar la construcción de una "gran síntesis [nacional rivagüeriana] sobre el insalvable abismo de las diferencias que ella misma postula" (1994: 107), Cornejo Polar propone a su vez una imagen de la identidad colectiva peruana menos homogenizadora y engañosa, y más a tono con el respeto por la contradictoria multiplicidad étnica y cultural del territorio peruano. La lucha por la autoridad crítica, nuevamente, se desplaza al campo político: las formas de ejercer la profesión muchas veces están orientadas por interpretaciones del problema nacional en consonancia con formas de ejercicio democrático más reales que las del mero voto universal, la libertad de prensa y, ciertamente, la modernización occidentalizante. Por el contrario, en la última etapa de su labor investigadora, Cornejo Polar llegó a asumir la idea de un principio regulador menos autoritario que el de la vieja izquierda y, ciertamente, que el de la nueva derecha globalizadora. De ahí que la matriz ética de su ejercicio crítico, al margen de sus aportes concretos en el mejor conocimiento de la literatura colonial, dejara una huella visible entre los especialistas del campo.

3. CODA

En muchos aspectos, y sobre todo después de publicado su *Estudio* en el '64, el pensamiento de Cornejo Polar se nutrió de algunos de los principios básicos del estructuralismo genético en su versión goldmanniana. Al aceptar la relación sinuosa entre discurso histórico y antropológico, por un lado, y discurso literario, por el otro, planteó sus correspondencias apelando al diseño de las mediaciones lingüísticas, de género, sociales, institucionales e ideológicas, entre otras. Asimismo, propuso un "grado cero" (siguiendo la fórmula bartheana) de las literaturas andinas y, más adelante, como refuerzo de su propuesta general de la heterogeneidad cultural, la noción de una "conciencia desgarrada" de la historia, en lo que parecería ser una apelación a la modernidad literaria a través de un sector del indigenismo.

A partir de su migración a los Estados Unidos en 1986 vuelve a los temas coloniales, pero con un aparato teórico y una sofisticación metodológica mucho mayores. La preocupación por trazar la a veces tenue continuidad entre el periodo de dominación española y el presente republicano lo llevó a investigar sobre formatos discursivos que escapaban a la concepción más antigua de "literatura". Por último, nos recuerda constantemente, parafraseando a Bajtín, que "no todo diálogo es dialéctico" y, por ello mismo, no todos los procesos de contacto derivan en una forma de transculturación. No, al menos, tal como la entendía Rama (1982), a manera de base de una "auténtica cultural nacional". Una crítica frecuente en Cornejo Polar al modelo de la transculturación es que universalizaba su objeto de estudio y lo presentaba como superación dialéctica (curiosamente parecida a la del mestizaje) de la disgregación social y cultural de las repúblicas latinoamericanas. Por esa vía derivó hacia el final de su vida en el examen de subjetividades migrantes a través de diversos textos. Ese dinamismo de los sectores migrantes andinos, su capacidad de adaptarse y dominar paulatinamente el espacio y el medio criollos lo llevaron a diseñar una explicación sobre la subjetividad neo-colonial peruana de sugestivos alcances (v., p. ej., Cornejo Polar, "Condición migrante e intertextualidad multicultural: el caso de Arguedas"). En todo ello, sus investigaciones en el campo colonial fueron de fundamental importancia, y nos constatan una vez más sobre la pérdida de uno de los más completos críticos latinoamericanos de las últimas décadas, por no decir, de hecho, el más notable crítico peruano de la segunda mitad del siglo xx.

NOTAS

[1] La noción de "ruptura epistémica" tiene una larga trayectoria y difusión desde los célebres trabajos de Foucault en los años '60. La tarea de la renovación disciplinaria y la certeza de que cada disciplina tradicional creaba su propio objeto de estudio motivó en el pensamiento post-estructuralista una reformulación de las disciplinas vigentes hasta entonces, haciendo de tales "formaciones discursivas" verdaderos "sistemas de dispersión" con resultados novedosos en la producción de conocimiento y en la ampliación de sus métodos y objetos de estudio (Foucault 37).

[2] Véase también la nueva edición preparada por mí, y acompañada por sendos estudios de Luis Jaime Cisneros y Alicia de Colombí-Monguió (Berkeley: Latinoamericana Editores, 2000).

[3] Véase Firbas para un valioso rastreo del uso del término "antártico" en obras de fines del XVI y principios del XVII en el Perú.

[4] Si bien el *Parnaso Antártico* apareció en 1608, las aprobaciones datan de 1604. Miró-Quesada (84) propone como fecha máxima de composición del "Discurso" el año de 1602, ya que el *Parnaso Antártico* en su conjunto fue entregado por Diego Mexía a Pedro de Avendaño el 30 de abril de ese año "para que lo llevara a España".

[5] Para un desarrollo pormenorizado del petrarquismo en el "Discurso en loor de la poesía", entendido como una "carta de ciudadanía del humanismo sudamericano", puede verse Colombí-Monguió.

[6] Las primeras versiones de estos trabajos pueden verse en Cornejo Polar, "El comienzo de la heterogeneidad en las literaturas andinas", "Heterogeneidad y contradicción en la literatura andina" y "El discurso de la armonía imposible".

[7] Para una lista de sus fuentes directas, especialmente las transcripciones hechas por Jesús Lara y Teodoro Meneses, v. Cornejo Polar, *Escribir en el aire* 54-55. V., para un acercamiento antropológico al tema, Millones *El Inca por la coya* y *Actores de altura*.

BIBLIOGRAFÍA

Adorno, Rolena. "Nuevas perspectivas en los estudios coloniales literarios hispanoamericanos". *Revista de Crítica Literaria Latinoamericana* 14/28 (1988): 11-28.

Alonso, Dámaso, y Carlos Bousoño. *Seis calas en la expresión literaria española*. Madrid: Gredos, 1951.

Alonso, Dámaso. *Ensayos y estudios gongorinos*. Madrid: Gredos, 1955.

Colombí-Monguió, Alicia de. "El *Discurso en loor de la poesía*, carta de ciudadanía del humanismo sudamericano". *Mujer y cultura en la colonia hispanoamericana*. Mabel Moraña, ed. Pittsburgh: IILI-Biblioteca de América, 1996. 91-110.

Cornejo Polar, Antonio. *Escribir en el aire. Ensayo sobre la heterogeneidad socio-cultural en las literaturas andinas*. Lima: Horizonte, 1994.

_____*Clorinda Matto de Turner, novelista*. Lima: Lluvia Ed., 1992.

_____*La formación de la tradición literaria en el Perú*. Lima: Centro de Estudios y Publicaciones, 1989.

_____*Sobre literatura y crítica latinoamericanas*. Caracas: U Central de Venezuela, 1982.

_____*Literatura y sociedad en el Perú: la novela indigenista*. Lima: Lasontay, 1980.

_____*La novela peruana: siete estudios*. Lima: Horizonte, 1977.

_____*Los universos narrativos de José María Arguedas*. Buenos Aires: Losada, 1973.

_____*Edición y estudio del "Discurso en loor de la poesía"*. Lima: Universidad Nacional Mayor de San Marcos, 1964. (La paginación, por errata, empieza en el número 81).

_____"Condición migrante e intertextualidad multicultural: el caso de Arguedas". *Revista de Crítica Literaria Latinoamericana* 21/42 (1995): 101-09.

_____"El discurso de la armonía imposible. El Inca Garcilaso: discurso y recepción social". *Revista de Crítica Literaria Latinoamericana* 19/ 38 (1993): 73-80.

_____"Heterogeneidad y contradicción en la literatura andina: tres incidentes en la contienda entre oralidad y escritura". *Nuevo Texto Crítico* 5/9-10 (1992): 103-11.

_____"El comienzo de la heterogeneidad en las literaturas andinas: voz y letra en el 'diálogo' de Cajamarca". *Revista de Crítica Literaria Latinoamericana* 17/33 (1991): 155-207.

_____"Los sistemas literarios como categorías históricas: elementos para una discusión latinoamericana". *Revista de Crítica Literaria Latinoamericana* 15, 29 (1989): 19-24.

_____"Don Quijote y la realidad". *El Pueblo* (Arequipa, 2-IV-1965).

_____"Descripciones en *La vida del Lazarillo de Tormes*". *Humanitas* 2 (Arequipa, 1964).

_____"Palabras y cosas: algunos tiempos en la estética literaria". *Humanitas* 1 (Arequipa, 1963).

_____"Lope de Vega: de la sumisión a la rebeldía". *Letras* 68-69 (Lima, 1962).

_____ "Aproximación a don Luis de Góngora". *El Pueblo* Arequipa (12-VII-1961).

_____"Góngora visto por los pintores". *El Pueblo* (Arequipa, 22-III-1961).

Díez Echarri, Emiliano. *Teorías métricas del Siglo de Oro*. Madrid: Consejo Superior de Investigaciones Científicas, 1949. (Anejo XLVII de la *Revista de Filología Española*.)

Firbas, Paul. "Épica americana y discurso criollo. La construcción del mundo antártico". *Agencias criollas: La ambivalencia de "lo colonial" en las letras hispanoamericanas*. José Antonio Mazzotti, ed. Pittsburgh: IILI-Biblioteca de América, 2000.

Foucault, Michel. *The Archaeology of Knowledge*. A. M. Sheridan Smith, trad. Nueva York: Pantheon Books. [1969] 1972.

Kayser, Wolfgang. *Interpretación y análisis de la obra literaria*. Madrid: Gredos, 1954.

Lara, Jesús. *La literatura de los quechuas. Ensayo y antología*. Cochabamba: Canelas, 1960.

_____ *La poesía quechua*. México: Fondo de Cultura Económica, 1947.

Lara, Jesús, ed. *Leyendas quechuas. Antología*. La Paz: Librería Juventud, 1960.

_____*Poesía popular quechua. (Colección de coplas recogidas y traducidas por...)*. La Paz: Canata, 1958.

_____ *Tragedia del fin de Atawallpa. (Monografía y traducción de...)*. Cochabamba: Imprenta Universitaria, 1957.

Lira, Jorge A. *Farmacopea tradicional indígena y prácticas rituales. (Recogido y anotado por...)*. Lima: Talleres Gráficos "El Cóndor", 1946.

_____*Canto de amor. (Recogido y traducido por....)*. Cuzco: P. L. Villanueva, 1956.

Mignolo, Walter. "El metatexto historiográfico y la historiografía indiana". *Modern Language Notes (MLN)* 96 (1981): 358-402.

_____"La semiosis colonial: la dialéctica entre representaciones fracturadas y hermenéuticas pluritópicas". *Crítica y descolonización: el sujeto colonial en la cultura latinoamericana*. Caracas: Universidad Central de Venezuela, 1992. 27-47.

Millones, Luis. *Actores de altura: ensayos sobre el teatro popular andino*. Lima: Horizonte, 1992.

_____ *El Inca por la coya: historia de un drama popular en los Andes peruanos*. Lima: Fundación Friedrich Ebert, 1988.

Miró-Quesada, Aurelio. *El primer virrey-poeta en América (Don Juan de Mendoza y Luna, Marqués de Montesclaros)*. Madrid: Gredos, 1962.

Polo de Ondegardo. "Informe al licenciado Briviesca de Muñatones sobre la perpetuidad de las encomiendas en el Perú". [1561]. *Histórica* 13 (Lima, 1940): 129-96.

Rama, Ángel. *La ciudad letrada*. Hanover, NH: Ediciones del Norte, 1984.

_____ *Transculturación narrativa en América Latina*. México: Siglo XXI, 1982.

Romualdo, Alejandro y Sebastián Salazar Bondy, eds. *Antología general de la poesía peruana. (Selección, prólogos y notas de...)*. Con una bibliografía de estudios generales y antologías del mismo tema por Alicia Tisnado. Lima: Librería Internacional del Perú, 1957.

Spitzer, Leo. *Lingüística e historia literaria*. Madrid: Gredos, 1955.

Tauro, Alberto. *Esquividad y gloria de la Academia Antártica*. Lima: Huascarán, 1948.

Warren, Austin y René Wellek. *Teoría literaria*. Madrid: Gredos, 1953.

Antonio Cornejo Polar: la práctica del discurso

Héctor Mario Cavallari
Mills College

A partir de la década de 1970, la labor de Antonio Cornejo Polar se realiza en dos dimensiones absolutamente complementarias e inseparables: la crítica y la teórica. Tal complementariedad se comprueba, por ejemplo, en los diversos trabajos que el autor junta en su libro, *Sobre literatura y crítica latinoamericanas* (1982), así como se despliega en la propia disposición interna de aquéllos. A lo largo de toda la obra cornejiana, por lo demás, se percibe bien el entrecruzamiento de esas dos dimensiones en el ejercicio analítico de una pulsión hermenéutica que se constituye doblemente, como metacrítica i.e., una indagación radical y problematizadora de diversas posiciones críticas frente a la literatura latinoamericana como objeto de estudio —y como reflexión teórica autorreflexiva— i.e., un planteamiento teórico cuyas condiciones de sistematicidad informan la inteligibilidad del propio discurso que las formula. Corolario de lo recién dicho es la propuesta y el ejercicio de un discurso crítico caracterizado por una incisiva fuerza *problematizadora*, tanto de las materias observadas cuanto del propio movimiento de disquisición. Cabe considerar, de entrada, un ejemplo importante de esta pulsión crítica y autocrítica en la labor de Cornejo.[1]

El seminal ensayo sobre "El indigenismo y las literaturas heterogéneas: su doble estatuto socio-cultural" (*Sobre literatura* 67-85), elaborado originalmente en 1977, arranca cuestionando la categoría de "literatura nacional" por cuanto ésta resulta problemática para el estudio de la heterogeneidad cultural, vale decir, de las "literaturas sujetas a un doble estatuto socio-cultural" (67). Aunque limitado y limitante, sin embargo, el concepto de literatura nacional no es de por sí descartable; de hecho, el examen de las limitaciones de esta noción conducen a

Cornejo a enfatizar la instancia del método en la operación de recorte del objeto de estudio, vale decir, en la elaboración de ideas adecuadas para abordar la conceptualización discursiva del fenómeno que se pretende analizar: en este caso, la producción literaria del indigenismo dentro de la literatura y la cultura peruanas. Es así como surge la heterogeneidad como categoría teórica y principio metodológico medulares en la obra cornejiana.

Como el propio autor señala, sucede a veces que ciertas nociones ingresan al proceso analítico como un "presupuesto no reflexivo", tal el caso del "*empleo* de la *idea* de literatura nacional" (*Sobre literatura* 69; énfasis mío). Como los términos subrayados denotan, éste es un problema de *utilización discursiva*, respecto de la cual la vigencia o no de un concepto adquiere, por último, su real y significativa dimensión epistemológica. Mediante la perfilada problematización del uso de una categoría fundamental como la de "literatura nacional", entonces, Cornejo enmarca dialécticamente —es decir, de un modo recíprocamente inter-determinativo— las bases teóricas de su propio discurso y las de la crítica de otros recortes críticos (reduccionistas, unilaterales u homogeneizantes) del indigenismo.

De manera que la cuestión metodológica reviste siempre particular importancia en el trabajo analítico no sólo en el escrito que aquí sirve de ejemplo, sino en todos los textos que jalonan la praxis crítica de Cornejo, dado que el proceso de conceptualización involucra la *utilización* de categorías que condicionan el círculo hermenéutico dentro del cual la actividad crítico-cognoscitiva delimita el recorte formal de un determinado objeto analítico. La atención a la especificidad formal de la literatura y lo literario, sin embargo, no implica para Cornejo un sometimiento a los dictados formalistas de ciertos centros dominantes de la crítica académica contemporánea. Por el contrario, articula las instancias formales del discurso crítico (captado en su momento cósico como producto de una actividad elaborativa) a las instancias políticas del ejercicio de una práctica discursiva que se abre y se despliega sobre el campo histórico sociopolítico de la acción cultural:

> Lo que quiero enfatizar es que la construcción del tantas veces mencionado "objeto" (nuestra literatura) no depende solamente de una opción propia de la teoría literaria [i.e.,

puramente formal] sino también, y tal vez sobre todo, de una opción inocultablemente política acerca de quiénes (y quiénes no) formamos parte de "nuestra América". ("Para una teoría" 11)

Como es sabido, Cornejo Polar desarrolló y utilizó seminalmente la categoría de heterogeneidad a lo largo de toda su obra. Puede afirmarse que esta constancia no contradice el hecho de que el autor fuera matizando y articulando dicha categoría durante casi tres décadas de trabajo intelectual, enriqueciéndola mediante numerosos vínculos, expansiones y precisiones.[2] A mi modo de ver, este dinámico enriquecimiento dialéctico de la categoría de heterogeneidad se fue realizando como parte y resultado de una lúcida *puesta a prueba* de la misma, en el modo auto-crítico como Cornejo ejerció la práctica discursiva.[3]

La sostenida y decisiva orientación metacrítica y teórico-reflexiva de la obra de Cornejo delimita un tipo por cierto inconfundible de trabajo cuyo anclaje sistemático se encuentra en los principios definitorios de la literatura como una forma socio-cultural de productividad simbólica. La mirada cognoscitiva enfoca consistentemente el "análisis simple del proceso literario que permite distinguir la producción, el texto resultante, su referente y el sistema de distribución y consumo" (*sobre literatura* 72). En la obra cornejiana, la praxis crítica elabora instrumentos de conceptualización que sin duda la definen; vale decir que la actividad crítica no sólo usa ciertos instrumentos sino que es definida por ellos y, sobre todo, por el uso que hace de ellos. Por otro lado, esa misma praxis que los usa interviene, en cuanto proceso activo, en las interdeterminaciones necesarias del trabajo crítico-erudito: ambas pulsiones son recíprocamente inseparables. Por ello mismo, Cornejo hace hincapié en la instancia de la *utilización* de las herramientas analíticas, dado que ésta puede ser o no ser dialéctica, determinando así, más que las categorías utilizadas mismas, el grado de adecuación de "los principios y métodos de nuestro ejercicio crítico a las peculiaridades de la literatura latinoamericana" (*Sobre literatura* 67): "Las categorías puestas de manifiesto [...] no tienen por qué ser contradictorias. Un buen tratamiento dialéctico podría dar razón de la coherencia de su funcionamiento en el proceso real de nuestras literaturas" (*Sobre literatura* 72).

Cornejo combate así, en los contenidos de su discurso y en la acción efectiva de su práctica discursiva, la fetichización de las teorías literarias y culturales y de sus instrumentos de configuración conceptual. Un corolario de esto será la constante preocupación del autor por el sentido de la actividad crítico-teorética respecto de sus vínculos con el "proceso real" de las literaturas y culturas de América Latina, puesto que "el ejercicio de la crítica no es desligable de las opciones básicas de quien lo realiza" (*Sobre literatura* 11; el aserto es de 1974). De allí su irónico juicio, veinte años después: "También es desdichado el esfuerzo por leer toda nuestra literatura, y siempre, bajo el paradójico canon crítico de una crítica [posmoderna] que no cree en los cánones" (*Escribir en el aire* 15).

Sobre el espesor del sobrevuelo de diversas propuestas críticas y de variadas modelaciones y modulaciones teóricas, el trabajo intelectual de Cornejo retorna cuestionadoramente a las pautas epistemológicas y metodológicas del saber literario inscrito en recortes históricos concretos del *corpus* latinoamericano. Varios son los conceptos, categorías y principios que —en diversos momentos, instancias y niveles— movilizan y organizan el discurso de Cornejo: heterogeneidad, sujeto, representación, estatuto literario, sistema cultural, producción artística; sin embargo, ninguno de ellos queda constituido en eje ordenador fijo o en centro permanente de la praxis discursiva que los asume y utiliza. El propio Cornejo definió la orientación y la estrategia fundamentales de todo su trabajo crítico en uno de sus últimos escritos: "leer los textos como espacios lingüísticos en los que se complementan, solapan, intersectan o contienen discursos de muy variada procedencia, cada cual en busca de una hegemonía semántica que pocas veces se alcanza de manera definitiva" (*Escribir en el aire* 17). Y complementó esta declaración con esta otra: "Ciertamente la perspectiva analítica, que separa lo distinto para no reincidir en globalizaciones tan abstractas como hechizas, no invalida, sino más bien urge, el estudio de la red de relaciones que se teje entre esa diversidad a ratos agobiante" (*Escribir en el aire* 16).

Ahora bien, la gestión intelectual de Cornejo se caracteriza, a mi modo de ver, por la movilización y productivización efectiva del concepto de *práctica discursiva*, es decir, de una idea que involucra las categorías de actividad, de producción de enunciados; una idea, por lo tanto, indisolublemente vinculada a los temas de la materialidad. En este contexto, se hace posible pensar en un proyecto de anclaje teórico de la obra cornejiana en los aportes lingüísticos de N. M. Volosinov, en la semiótica del texto artístico y de la cultura de Yuri Lotman y la Escuela de Tartu, en las aplicaciones de la glosemática hjelmsleviana a la forma poética por parte de Galvano Della Volpe, en el estructuralismo genético de Lucien Goldmann o, de modo más distante, en el semanálisis de Julia Kristeva. Imprescindible fue, sin duda, el diálogo constante de Cornejo con las ideas y las prácticas de numerosos críticos y pensadores latinoamericanos: José Carlos Mariátegui, Ángel Rama y Roberto Fernández Retamar, entre los más abiertamente incorporados al sostenido y fecundo proceso intelectual de Cornejo. Me parece, sin embargo, que es un acercamiento parcial de ciertas teorizaciones de Michel Foucault sobre el discurso lo que mejor me permitirá aquí iluminar un sentido específico de la práctica teórico-crítica de Cornejo en su proyección sobre el campo más amplio de problemas teóricos que condicionaron su pensamiento.

Como es bien sabido, Foucault instaló sus investigaciones en el campo de la historia de los sistemas de pensamiento, enfocando particularmente la historia del saber occidental y orientándose hacia la configuración de una englobante "morfología de la voluntad de saber", según delimita el propio autor en su opúsculo de 1971, "Historia de los sistemas de pensamiento". Es por estas fechas, entre 1968 y 1972, cuando aparecen los más decisivos cambios en la teorización y el empleo sistemático del concepto de práctica discursiva, destacándose aquí *La arqueología del saber* (1969), en cuyo texto Foucault propone "un dominio inmenso, pero que se puede definir: está constituido por el conjunto de todos los enunciados efectivos (hayan sido hablados o escritos), en su dispersión de acontecimientos y en la instancia que le es propia a cada uno" (*L'Ordre du discours* 43). En este libro se esboza ya la firme delimitación de la práctica discursiva en términos de sus "productos" o "resultados", quedando éstos aprehendidos como acontecimientos de dicha práctica. De manera que los discursos, tomados en su realidad consolidada como *enunciados* (i.e., como objetos), quedan insertos en un *locus* específico de lo discursivo, un tejido social e histórico de prácticas discursivas cuyas normas y reglas determinan el concreto régimen de materialidad del proceso de entretejimiento dentro del dominio mayor de la producción cultural.

Esta teorización se ajusta bien a los notables alcances de Cornejo sobre la heterogeneidad corporizada en "la enunciación cronística" (*Sobre literatura* 77), estudiada ésta en el entrecruzamiento de múltiples discursos que convergen en el espacio textual de las crónicas. Dicho espacio entabla "un sutil y complejo juego de distancias y aproximaciones" (75): por un lado, las crónicas ponen en comunicación lo indígena con lo metropolitano, pero en ese mismo gesto destacan "los vacíos que separan y desarticulan la relación de las fuerzas [metrópolis/colonia, sitio dominante/sitio dominado] que movilizan" (75). Esta doble relación determina, sin duda, particulares y estratificadas configuraciones en la densidad del texto cronístico, en las formas y contenidos textuales; sin embargo, Cornejo muestra que su peculiaridad se despliega en dos instancias del espacio discursivo donde las crónicas se ejercen como prácticas. Por un lado, la instancia de la recepción es "un signo del sistema de comunicación que preside el enunciado cronístico" (75), dado que la crónica revela la peculiaridad del mundo nativo ante un lector que se caracteriza por ignorar dicho mundo. Por otro, la instancia referencial y contextual responde a "una doble solicitación": fidelidad al mundo referido y adaptación al "mundo que produce y recibe su historia, [...] de suerte que la peculiaridad del referente queda velada por la intromisión de otras formas de realidad, comenzando con la del idioma" (75). Elaborado por Cornejo, como puede apreciarse, el discurso cronístico deja de ser un puro objeto textual, cosificado y contenido entre las tapas de un libro, para emerger en un tejido estratégico de actividades discursivas en el espesor cultural de una formación social.

En el ya mencionado opúsculo de 1971, Foucault define su proyecto de analizar la formación discursiva con la finalidad de "aislar un nivel distintivo de investigación":

> Este contexto revela una organización sistemática que no puede ser reducida a las exigencias de la lógica [del contenido] y de la lingüística [de la expresión]. Las prácticas discursivas se caracterizan por la delimitación de un campo de objetos, por la definición de una perspectiva legítima para el agente de conocimiento, y por la fijación de normas para la

elaboración de conceptos y teorías. Cada práctica discursiva implica, entonces, un juego de prescripciones que designa sus opciones y sus rechazos" ("Historia de los sistemas" 199; la traducción al español es mía).

Con este último "juego de prescripciones que designa sus opciones y sus rechazos" en el espacio discursivo de la producción socio-cultural se vinculan, me parece, las precisiones de conjunto que Cornejo propuso en 1992, "a veinte años de un debate decisivo" sobre la teoría literaria latinoamericana ("Para una teoría" 9-12).[4] En el texto de esta ponencia, en efecto, Cornejo identifica "la suposición de que la literatura latinoamericana era una y coherente, y que (para peor) transportaba o expresaba los signos de una identidad también pensada en términos globalizantes", definiendo esa suposición como el problema crucial que hizo crisis en "la propuesta de producir una teoría realmente nuestra en concordancia con la especificidad" de dicha literatura (9). El planteamiento actual de "la condición múltiple, plural, híbrida, heterogénea o transcultural de los distintos discursos y de los varios sistemas literarios que se producen en nuestra América" (10) revoca, en la década del '90, ciertas bases de esa propuesta veinte años anterior.

Lo significativo aquí es que, para Cornejo, estas determinaciones no son completamente inteligibles si sólo se las enclaustra dentro "de los distintos discursos y de los varios sistemas literarios", ya que "se refieren al espacio general de la literatura latinoamericana, donde efectivamente se realizan aunque con mayor o menor profundidad según la región de que se trate" (10). El contexto de razonamiento que el texto de Cornejo configura no deja lugar a dudas acerca de que ese "espacio general de la literatura latinoamericana" es un *locus* concreto, discursivo, que permite desplegar el trabajo crítico dentro de una regularidad sistemática cuya organización recorta un nivel específico de análisis de la formación social, nivel en el espesor del cual toman cuerpo las heterogéneas producciones literarias y culturales.

Hay dos corolarios que se desprenden de la previamente citada definición foucaultiana de *práctica discursiva* que cabe destacar, por cuanto iluminan concretos aspectos del trabajo de Cornejo. En primer lugar, el concepto de práctica discursiva abre el camino para superar las figuras tradicionales de muchos sistemas teóricos hegemónicos, basados en formas implícitas o explícitas del dualismo substancialista: las categorías de objeto y sujeto formuladas en contraposición anti-dialéctica es decir, en contraposición externa y unilateral. Como puede verse en la definición foucaultiana transcrita, el *sujeto* resulta aprehendido en los mismos términos regulados por una práctica específica y articulado como función-agente (o función-autor) dentro de un *locus* enunciativo concretamente situado; su estatuto nocional y sus límites de valor y validez críticos quedan sistematizados en y por esa misma práctica. Por su parte, los *objetos* en estudio dejan de trascender al discurso cognoscente que los estudia, haciéndose inseparables de éste, de las operaciones de recorte que construyen a aquéllos, y compartiendo con él los condicionamientos y las posibilidades político-culturales de su accionar en el espesor discursivo de una formación social históricamente dada.

En segundo lugar, así como el *sujeto* y el *objeto*, en cuanto entidades previamente exteriores al discurso, han sido inscritos en éste mediante el concepto instrumental de *práctica discursiva*, así también lo han sido las nociones y las teorías del proceso cognoscitivo en cuanto contenidos inseparables de la cognición. De hecho, según Foucault, una práctica discursiva sólo se concibe adecuadamente como un tipo muy desarrollado y complejo de *código*: como "juego de prescripciones" o estructura de "normas para la elaboración de conceptos y teorías" (199). Sin embargo, no podemos olvidar que, como ya señalé más arriba, estas formales prescripciones y normas operan, no de modo abstracto, desgajado y descorporizado de la concreción histórico-material, sino dentro de un particular sistema socio-discursivo de "opciones" y "rechazos", vale decir de inclusiones y exclusiones; y esto es, a mi parecer, lo que más enfatizó Cornejo a lo largo de toda su gestión crítico-intelectual.

Es imprescindible dejar indicada aquí la relación que guardan los dos corolarios arriba analizados con la elaboración crítica del concepto de "totalidad conflictiva" en la propia práctica discursiva de Cornejo. Esa elaboración se enfrenta, desde el primer momento, a otras nociones ya bien establecidas en la crítica hegemónica peruana y latinoamericana de los años '70. El problema que captó Cornejo es el siguiente, según él mismo lo formuló en 1981, al preparar el manuscrito de *Sobre literatura y crítica latinoamericanas*: la especificidad real de la literatura peruana (como caso concreto de las literaturas y culturas latinoamericanas) no sólo no puede ser correctamente aprehendida sino que —lo que es peor— queda radicalmente desvirtuada en dos tipos complementarios de prácticas de modelización: las que se basan en las exclusiones "cultistas", hegemónicas, operadas por el concepto homogeneizante de *unidad*, y las que se fundan en las inclusiones "etnicistas" y dispersas efectuadas por la noción de *multiplicidades* atomizadas y desagregadas. "Lo anterior", escribe Cornejo, "parece demostrar que la crítica literaria latinoamericana trabaja sobre *corpus* ilegítimamente recortados" (*Sobre una literatura* 46); y agrega una nota de profundo alcance reflexivo teórico-crítico:

> Ciertamente se puede discutir si en determinadas circunstancias no se trata [respecto de dichos recortes] sólo de opciones metodológicas, relativas a la posibilidad de manejo de una materia compleja, e inclusive cabría debatir la validez o invalidez epistemológica del criterio de unidad, como postulación de la impracticabilidad del conocimiento sobre objetos que carezcan de esa unidad interior, pero en todo caso queda en claro que el recorte básico, que elimina todo lo que no sea literatura culta, y muchos otros recortes sucesivos, como los que se han tomado de ejemplo, son operaciones críticas que tienen un carácter marcadamente ideológico y que esa ideología corresponde, en último término, a los grupos dominantes. (46)

Frente a esta deficiente ambivalencia, Cornejo responde con la propuesta de la noción de "totalidad concreta" o "conflictiva", como parte de un proyecto "de reivindicar el conocimiento histórico de la literatura, ahora recesado y en crisis" (47). Dadas las innumerables y cambiantes estratificaciones y disyunciones —los "verdaderos abismos de inestabilidad y poliformismo" (*La formación* 14)— que desafían a la formulación de la praxis cognoscitiva de las sociedades y culturas heterogéneas, lo que garantiza una adecuada noción de "totalidad" es el recurso a la realidad histórica:

> En efecto, la perspectiva histórica obliga a considerar que, pese a la pluralidad real de nuestras literaturas, existe un nivel integrador concreto: el que deriva de la inserción de todos los sistemas y subsistemas en un solo curso histórico

global. [...] En el campo de la literatura, hasta los sistemas
literarios más alejados entre sí tienen en común el estar
situados dentro de un solo proceso histórico (*Sobre literatura*
48).

La praxis de Cornejo, a lo largo de todo su ejercicio, deja
fuera de duda la aguda autoconsciencia crítica del autor al
elaborar nociones como las de "totalidad" y "curso histórico
global": no se puede ver en ellas ningún criterio de clausura o
de finalidad aplastante. Por el contrario, Cornejo insiste en que
cada modalidad de "inserción" de las multiplicidades "debe ser
analizada con exactitud", aunque "el hecho decisivo es otro: la
inscripción de los sistemas literarios en el proceso de la historia
social latinoamericana" (48). Y agrega lo siguiente:

> Por cierto, la inserción no es nunca igual, pues en los casos
> extremos las bases socioeconómicas condicionantes están
> situadas en las antípodas de una formación social
> determinada, pero sí se trata de un solo curso histórico porque
> en él, a pesar de su compleja estratificación, actúa
> hegemónicamente el peso de las articulaciones. Inscribir todos
> los sistemas literarios, o los que estén en juego en una
> determinada circunstancia, dentro de un proceso histórico-
> social englobante, equivale a construir una totalidad concreta.
> (48-49)

De modo que, en la práctica teórico-crítica de Cornejo Polar,
el concepto de *heterogeneidad* se hace inseparable de la categoría
de *totalidad conflictiva* y del criterio analítico de *conocimiento
histórico*, definiendo en sus vínculos recíprocos el particular
sistema de opciones internas de dicha práctica, así como el perfil
concreto de la misma dentro de un horizonte discursivo en cuyo
dominio histórico, social y político-cultural se inscribe según
pautas de responsabilidad, solidaridad y compromiso
intelectuales.

La idea de "organización sistemática", inherente a toda
práctica discursiva, permite superar el enfrentamiento anti-
dialéctico de términos contrapuestos en conocidas series de
dicotomías tradicionales: lógica *versus* lingüística, contenido
versus forma, pensamiento *versus* lenguaje, sujeto *versus* objeto,
literatura *versus* realidad. Este contexto pone bien de relieve la
amplitud del sentido estratégico de la perspectiva planteada por

Cornejo en 1981, acerca de la disyuntiva por la que atravesaba la crítica literaria latinoamericana hacia 1965:

> [...] o crítica 'ideológica', militante y comprometida, [...] o crítica 'científica', aparentemente autónoma, neutral y objetiva, casi siempre preocupada sólo por el tratamiento algo tecnológico de las categorías formales de la literatura, y habitualmente fundada en un agresivo inmanentismo teórico. (33)

Frente a esta dicotomía, Cornejo adelanta "otra perspectiva":

> Ciencia e ideología convergen en una sola operación intelectual cuando la conciencia ideológica, por ser la de las clases populares, tiene la posibilidad objetiva de ser también conciencia científica: supera y convierte en tradición legítima los valores y el saber logrados históricamente por otras clases y se ofrece como la opción más concreta y definida de auténtica universalidad. La perspectiva de clase tiene pues, para la crítica, significado de condición de ciencia. (33-34)

Es interesante observar que la noción sistémica de práctica discursiva, agudamente teorizada por Foucault a comienzos de los años '70, inaugura un *locus* de trabajo en el cual se disuelven tanto la supremacía del *logos* cuanto lo que él mismo llamó "la soberanía del significante" (*L'Ordre du discours* 53). Cornejo, por su parte, combatió incansablemente el tendencioso predominio de tal soberanía en el campo de la crítica latinoamericana, advirtiendo una vez y otra contra los excesos del "textualismo" y del formalismo inmanentista que se despliegan en prácticas hegemónicas de enorme poder difusivo, prácticas invariablemente originadas en las metrópolis intelectuales y por éstas puestas de moda. También merece destacarse aquí que las delimitaciones de Foucault en torno de la práctica discursiva se entrecruzan con las pautas teórico-críticas de Cornejo sobre compartidas bases de conceptualización, por cuanto ambas instancias coinciden en parte con ciertos aspectos de las formulaciones epistemológicas del materialismo histórico-dialéctico, según el cual toda forma de praxis (y sus objetos correspondientes) inscribe su proceso autoconstitutivo en el régimen relativamente autónomo de sus respectivos y específicos niveles y momentos de organización material. No está demás recordar que el marxismo entiende la praxis —una de sus categorías centrales— como actividad que produce un recorte particular de objetos (para el sujeto) y una perspectiva específica (del sujeto para, o hacia, dichos objetos). La praxis se define, entonces, como proceso interconstitutivo, por cuanto ella (a la vez) *delimita* y *es delimitada por* las determinaciones de concretas consistencias históricas especificadas como niveles coherentes en la textura material de la realidad social.[5]

A partir de lo elucidado hasta aquí, se puede despejar una perspectiva diferente, tal vez más eficaz o más aguda, del sentido que adquiere la práctica teórico-crítica de Cornejo. La relación de este sentido con el del movimiento histórico de la teoría y la crítica latinoamericanas siempre ocupó una parte significativa en el pensamiento cornejiano, como puede comprobarse, por ejemplo, en la ponencia de 1992 ("Para una teoría" 9-12) y en las reflexiones que dan inicio a su último libro publicado, *Escribir en el aire* (11-24). En aquélla, por ejemplo, vuelve sobre el concepto de heterogeneidad y su función en la necesaria ampliación del *corpus* literario latinoamericano, planteando una reflexión sobre los vínculos entre la actividad crítica y la construcción de sus objetos de conocimiento, y conduciendo el hilo argumentativo hacia "una postulación radical al menos en apariencia radical":

> Concretamente, a la construcción epistemológica de un nuevo "objeto" al que convenimos en denominar —según los gustos— literatura hispanoamericana, iberoamericana, latinoamericana, etc. Postulación aparentemente radical, porque en realidad a nadie debería extrañar que "eso" que llamamos literatura es un objeto social y culturalmente construido, y en esa misma medida un objeto histórico, mudable, cambiante y escurridizo como pocos. [...] O más drásticamente todavía: la literatura constituye un cierto "objeto" si la ligamos excluyentemente a la escritura, pero es otro, bastante distinto, si aceptamos eso que para algunos es un oxímoron: la "literatura oral". ("Para una teoría"10-11)

De esta manera se puede indagar el ejercicio de confrontaciones latentes y manifiestas dentro de determinados paradigmas epistemológicos dominantes. Dichos paradigmas se imponen siempre al interior de un orden concreto, dentro del ámbito específico de las representaciones de lenguaje, entendidas éstas no como meros *datos*, sino como acciones verbales de representar, de volver a introducir y a hacer presente lo que retorna como modificación. El enfoque recae aquí, entonces, sobre un sistema histórico de poder político, económico, social y cultural captado en el dominio específico del discurso; y entendiendo que este discurso, como escribe Foucault, "no es simplemente aquello que traduce las luchas o los sistemas de dominación, sino aquello por lo que, y por medio de lo cual, se lucha: el poder del que quiere uno adueñarse" (*L'Ordre du discours* 12; mi traducción).

Las bases de la práctica teórico-crítica de Cornejo han quedado formuladas en los textos de ese libro magistral (y difícil por la alta concentración de principios fundamentales, sistemáticamente enunciados de modo lacónico), *Sobre literatura y crítica latinoamericanas*. Cornejo ensambla allí una reflexión coherentemente unitaria —aunque no antidialécticamente unívoca, unitiva u homogeneizante— sobre la crítica literaria en general y la latinoamericana en particular. Aunque no quedan enunciadas de modo explícito, creo que hay al menos dos preguntas que subtienden y organizan esa reflexión: ¿Dónde se localiza la práctica crítico-teorética? ¿Qué discursos y qué modelos conceptuales movilizan ese lugar? Formulada en dicho libro con notable economía y precisión, y radicalmente vigente a lo largo y a lo hondo de toda su labor intelectual, la indagación crítica que Cornejo propone involucra cauces metodológicos, epistemológicos e históricos que merecen un examen más detenido, aunque forzosamente somero por los límites de este estudio. Ya caractericé la orientación metodológica en la obra de Cornejo; en cuanto al aspecto gnoseológico, la reflexión cornejiana se pregunta por las *condiciones* históricas y formales del conocimiento literario y esa pregunta se articula en los términos específicos inherentes al objeto de estudio, este último concebido y modelado como un proceso productivo: sujeto-agente productor, objeto-texto producido, receptor-consumidor y mercado englobante de producción, distribución y consumo simbólicos.

Este proceso, como forma cultural de producción simbólica, es distinguible pero no disociable del horizonte sistemáticamente trabajado de la realidad: realidad que, para lo literario, no es la de un referente abstracto o cosificado, sino la de *su* referente específico y particular:

> No postulo en absoluto que la realidad no exista, sino que en cuanto materia de un discurso (y la realidad lamentablemente no habla por sí misma) es una ríspida encrucijada entre lo que es y el modo según el cual el sujeto la construye como morada apacible, espacio de contiendas o purificador pero desolado "valle de lágrimas". (*Escribir en el aire* 22)

Tal construcción de realidad por parte del sujeto es aprehendida por Cornejo como una relación intradiscursiva entre éste, la mímesis y el mundo representado:

> En cuanto construcción discursiva de lo real, en la mímesis el sujeto se define en la misma medida en que propone como mundo objetivo un orden de cosas que evoca en *términos* de realidad independiente del sujeto y que, sin embargo, no existe más que como el sujeto la dice. (22)

Estas puntualizaciones se relacionan muy de cerca con el tema del cauce histórico en la praxis de Cornejo, respecto del cual cabe enfatizar que la categoría histórica no sólo se instala y se productiviza de modo intrínseco en el discurso cornejiano (i.e., no sólo es inmanente a tal discurso *qua* textualidad concreta), sino que es asumida por la propia *estrategia* de inserción y despliegue histórico-social que caracteriza constante e irrevocablemente a la práctica de ese mismo discurso a lo largo de todos los años de su ejercicio. Todo esto conduce a afirmar que, en el contexto de la gestión intelectual de Cornejo, hablar de literatura y crítica conlleva una consideración de los factores ideológicos de la producción socio-cultural, pero que tales factores deben ser considerados en las formas específicas que revisten dentro del campo sistémico-estructural de las convenciones de semiosis y representación.

En la práctica de Cornejo, una de las primeras tareas consiste en encarar la posibilidad de leer el texto literario desde una perspectiva atenta a las relaciones complejas entre literatura e ideología dentro del *campo verbal* de trabajo. La preocupación por el aspecto verbal de la relación entre literatura, ideología y realidad coloca al pensamiento de Cornejo en la corriente de búsquedas teóricas que hacen del lenguaje (entendido en un sentido amplio que va más allá del que delimita la lingüística) un tema fundamental. Tal el caso, por ejemplo, de Franz Fanon, que comenzó su seminal ensayo, *Piel negra, máscaras blancas*

(1952), con la cuestión del lenguaje: "Hablar significa poder usar cierta sintaxis, comprender la morfología de tal o cual lengua; pero significa, sobre todo, asumir una cultura, sostener el peso de una civilización" (17; mi traducción).

El perfil de lectura que la obra cornejiana propone busca inscribirse así en un marco crítico que interroga los nexos discursivos entre las formas de la escritura y las del sistema histórico-cultural que las interpela. Surgen entonces un par de criterios que forman parte del modelo teórico-metodológico que subtiende a dicha obra, criterios que se sitúan en ese sitio problemático del conocimiento de la literatura en su contexto social.

"La literatura no es más que una forma específica de la producción social", escribió Cornejo en "El problema nacional en la literatura peruana" (*Sobre literatura* 31). Este concepto lo llevó a explorar, directa e indirectamente, los problemas de la referencialidad y la contextualización literarias. En "Sobre la literatura de la emancipación en el Perú", por ejemplo, declaró: "Naturalmente, la reproducción literaria de los hechos sociales no es ni mecánica ni automática" (*Sobre literatura* 58). Y en ese mismo ensayo enfatizó el hecho de "la no pertinencia teórica de las articulaciones globalizantes entre sociedad y literatura, pues una y otra no son nunca entidades homogéneas, sino estratificadas y fluyentes, hechas de clases y etnias, en un caso, y de sistemas y subsistemas, en el otro" (64). Queda claro, entonces, que para Cornejo la literatura entendida como producción simbólica contextualiza su referente bajo la forma de un sitio múltiple y complejamente articulado de discurso: como una red o entramado de relaciones, de vínculos recíprocos, entre innumerables prácticas discursivas heterogéneas. En esa malla, lo estético, lo ético y lo político se cruzan vasta y minuciosamente. De allí que el abordaje de ese orden social, desde la perspectiva de lo literario, sólo pueda ser eficazmente realizado a través de una modalidad microfísica y capilar de trabajo verbal. En sentido inverso y complementario, el texto literario, en cuanto hecho de lenguaje, constituye el dato de un acaecimiento social por su propia índole semiótica, como ocurre también con las prácticas hermenéuticas de la lectura y la interpretación.[6]

Por otra parte, hablar de "referente" o de "contexto" es acudir implícitamente a los supuestos de una relación latente entre el texto y "otra cosa": una alteridad del texto que lo excede y que, sin embargo, le está indisolublemente vinculado. En efecto, el texto sólo puede ser signo de una producción de sentido en cuyo proceso se diferencia del referente, diferenciación/distanciamiento por el cual precisamente se conecta con éste. Creo que esta puntualización permite identificar el juego relacional que abre una de las líneas teóricas necesarias, de base, en la indagación del trabajo intelectual de Cornejo. Este factor reflexivo es el contexto *del* texto, es decir, el referente que el texto *se apropia* al contextualizarlo mediante las variadas modalidades de contextualización de que dispone virtualmente toda escritura, toda producción literaria.[7] No está de más recordar aquí los difundidos alcances del eminente crítico marxista italiano, Galvano Della Volpe, cuando promediando la década del '60 define la estructura formal de la semiosis del texto literario bajo la categoría de lo multicontextual orgánico, es decir, como configuración textual en cuya formación significativa inmanente se ordena el agenciamiento modelado de su apropiación contextual. En este sentido, puede decirse que el contexto "está en" el texto: se agencia y se realiza *en la* y *por la* estructura misma de "consistencias" del objeto discursivo. De modo que el "referente" literario y cultural no constituye una especie de "otro" del discurso; lo propiamente "otro" no serían sino las *circunstancias* externas, transdiscursivas, de la producción simbólica practicada en el discurso.

En conclusión (harto provisional, por cierto), puede destacarse lo que me gustaría llamar "el retorno problematizador" del discurso crítico de Cornejo: un trazado complejo, también el "heterogéneo" sin duda, que se articula en tres grandes líneas entrecruzadas de indagación: una, la situación de la práctica discursiva en el campo del estudio riguroso, actual y actualizado, de las literaturas latinoamericanas; dos, el ajuste del discurso al referente que estudia, adecuación especialmente difícil y necesaria en el caso de objetos agudamente complejos como la literatura y la cultura latinoamericanas tomadas en un sentido amplio, cuya problemática complejidad resulta tanto de su concreta índole socio-histórica cuanto de la situación conflictiva surgida de los asedios y abordajes teóricos, con frecuencia contradictorios y anti-dialécticos, que repetidamente ha recibido y sigue recibiendo; y tres, la propiedad y la coherente pertinencia del método utilizado, así como las de la teoría que lo fundamenta y lo potencia como tal instrumento metódico, sistemáticamente ceñido a las complejas y cambiantes particularidades histórico-culturales de las formaciones sociales latinoamericanas. Un excelente ejemplo del entrecruzamiento de estas líneas de trabajo crítico se encuentra en las indagaciones de Cornejo en las diversas y entrecruzadas problemáticas discursivas de la producción literaria y cultural, cuyo conjunto traza el perfil de una actividad hermenéutica crítico-cognoscitiva que no dudo en caracterizar llamándola, en modesto homenaje a Antonio, "práctica total".[8]

Notas

[1] Agradezco a Cristina Soto de Cornejo Polar la generosidad de haber puesto a mi disposición valiosos documentos de y sobre la obra de su esposo, mi querido y extrañado amigo, Antonio Cornejo Polar.

[2] Concuerdo con Mabel Moraña cuando señala que "la evolución fundamental en el pensamiento" de Cornejo, "desde el concepto de heterogeneidad [...] hasta la categoría de sujeto", constituye "una forma de superación (no de renuncia) con respecto a las instancias críticas" (20) anteriores en el desarrollo de su obra.

[3] Véase, en este respecto, el entrañable artículo de José Antonio Mazzotti, en el cual enfatiza la incansable renovación, actualización y reformulación, por parte de Cornejo, de "sus propios planteamientos" (38).

[4] Estas precisiones se vinculan con las que Cornejo formuló en "Problemas y perspectivas de la crítica literaria latinoamericana" (1974), "Apéndice: Problemas de la crítica, hoy" (1977), "Para una agenda problemática de la crítica literaria latinoamericana: Diseño preliminar" (1981) y "Unidad, pluralidad, totalidad: El *corpus* de la literatura latinoamericana" (1981). Todos estos textos se encuentran en Cornejo Polar, *Sobre literatura y crítica latinoamericanas*.

[5] En el artículo citado en la nota 3 del presente trabajo, Mazzotti destaca, entre las influencias absorbidas por el pensamiento de Cornejo, el marxismo, el estructuralismo genético de Lucien Goldmann, la reflexión crítica de Walter Benjamin y las influyentes teorizaciones del pensador soviético, Mijail Bajtín.

[6] Agradezco a Friedhelm Schmidt-Welle el haberme indicado los vínculos entre el pensamiento de Cornejo y la hermenéutica. Ya que los límites de este trabajo no me permiten abordar este importante asunto aquí, dejo para otra ocasión el análisis de dichos vínculos, señalando solamente que habría que buscarlos sobre todo en determinadas propuestas de José Ortega y Gasset, Martin Heidegger,

Ernst Cassirer y Hans-Georg Gadamer, con proyecciones a explorar en la obra de Hans R. Jauss y de Jürgen Habermas.

[7] En esto, Cornejo parece compartir ciertos aspectos del criterio de "ilusión referencial" elaborado por Stierle.

[8] Muchos son los testimonios de la total congruencia entre las dimensiones crítico-eruditas, humanísticas, éticas y políticas (personales y profesionales) de la abarcadora gestión intelectual y académica de Cornejo. Véase, por ejemplo, los escritos de Raúl Bueno Chávez, Nelson Osorio y Martin Lienhard.

BIBLIOGRAFÍA

Bueno Chávez, Raúl. "Antonio Cornejo Polar y la universidad popular latinoamericana: su experiencia como Rector de San Marcos". *Revista de Crítica Literaria Latinoamericana* XXV/50 (1999): 41-49.

Cavallari, Héctor Mario. *La práctica de la escritura*. Concepción (Chile): Literatura Americana Reunida, 1990.

Cornejo Polar, Antonio. *Escribir en el aire. Ensayo sobre la heterogeneidad socio-cultural en las literaturas andinas*. Lima: Horizonte, 1994.

_____*La formación de la tradición literaria en el Perú*. Lima: Centro de Estudios y Publicaciones, 1989.

_____ *Sobre literatura y crítica latinoamericanas*. Caracas: Universidad Central de Venezuela, 1982. [Reúne ensayos trabajados entre 1974 y 1981.]

_____"Para una teoría literaria hispanoamericana: a veinte años de un debate decisivo". *Revista de Crítica Literaria Latinoamericana* XXV/50 (1999): 9-12.

Della Volpe, Galvano. *Crítica del gusto*. Manuel Sacristán, trad. Barcelona: Seix-Barral, 1966.

Foucault, Michel. *L'Ordre du discours*. Paris: Gallimard, 1971.

_____ *La arqueología del saber*. Aureliano Garzón del Camino, trad. México: Siglo XXI, 1970.

_____"Historia de los sistemas de pensamiento. Resumen de un curso dictado en el Collège de France". *Language, Counter-Memory, Practice*. Donald Bouchard, ed. y trad. Ithaca, NY: Cornell University Press, 1977. 198-208.

Lienhard, Martin. "El campo de la literatura y el *campus*". *Revista de Crítica Literaria Latinoamericana* XXV/50 (1999): 81-86.

Mazzotti, José Antonio. "La evolución crítica de Antonio Cornejo Polar: de San Marcos a Berkeley". *Revista de Crítica Literaria Latinoamericana* XXV/50 (1999): 35-39.

Moraña, Mabel. "Antonio Cornejo Polar y los debates actuales del latinoamericanismo: noción de sujeto, hibridez, representación". *Revista de Crítica Literaria Latinoamericana* XXV/50 (1999): 19-27.

Osorio Tejeda, Nelson. "Antonio Cornejo Polar: contribución a una crítica latinoamericana de nuestra literatura". *Revista de Crítica Literaria Latinoamericana* XXV/50 (1999): 29-34.

Stierle, Karlheinz. "Réception et fiction". *Poétique* 10/39 (1979): 297-320.

Mariátegui en el itinerario crítico de Antonio Cornejo Polar

Antonio Melis
Università di Siena

La reflexión de José Carlos Mariátegui sobre la literatura no ha conocido una suerte diferente con respecto al resto de su obra. Durante la vida del autor, esta parte tan significativa, desde el punto de vista cualitativo y cuantitativo, de su trabajo, ha sido objeto de atención y polémicas constantes. A partir de los años '30, poco tiempo después de su muerte, cae el silencio sobre el pensador peruano. Cuando se reanuda el debate sobre su figura, estamos muy lejos de un rescate auténtico. La deformación estalinista se apropia de su imagen, en contraste chocante con su verdadera personalidad.

Por lo que se refiere al tema literario, se observa un proceso reduccionista del mismo género. Mariátegui se transforma arbitrariamente en un adalid del realismo (incluso del llamado "realismo socialista"), olvidando la acepción peculiar que él confiere al vocablo y desconociendo su reivindicación explícita y reiterada de los fueros de la fantasía, así como, siguiendo la conocida paradoja de Oscar Wilde, la afirmación del carácter prioritario del arte sobre la naturaleza.

En el proceso de revaloración del pensamiento de Mariátegui, al que contribuyen varios investigadores peruanos y extranjeros, a partir de la década del '60 Antonio Cornejo Polar desempeña un papel decisivo en el terreno de la crítica literaria. No es que falten, anteriormente, aportes parciales significativos sobre este tema. Pero la novedad que Cornejo Polar introduce es el enfoque de esta herencia como clave para la comprensión de la literatura nacional.

Una muestra explícita de este planteamiento se encuentra en un trabajo de 1980, publicado en el volumen colectivo *Mariátegui y la literatura* (Cornejo Polar, "Apuntes sobre" 49-60). Por supuesto, ya en la obra crítica anterior de Cornejo se pueden hallar referencias significativas al pensamiento de Mariátegui. En la memorable monografía de 1973 dedicada a José María Arguedas, que impuso el nombre del joven crítico a nivel continental (*Los universos narrativos de José María Arguedas*), se percibe claramente la huella profunda de ese maestro. Desde las primeras páginas de ese trabajo, las alusiones a Mariátegui son numerosas e importantes. Por un lado se recuerda su influencia en la formación de Arguedas, evocada por el mismo escritor, sobre todo en el célebre discurso de 1968 "Yo no soy un aculturado" (Arguedas 13-14). Por el otro se coloca históricamente la experiencia arguediana, a partir de la reflexión de Mariátegui sobre el indigenismo. Cornejo subraya la analogía entre los dos autores, en la formulación de una drástica disyuntiva entre gamonales e indios. Otro rasgo común es la tesis dualista fundada en la contraposición entre costa y sierra. Finalmente, Arguedas asume de Mariátegui la idea del papel protagónico que los indios deben jugar en la solución de sus problemas.

Se podría seguir con los ejemplos sacados de esta clásica monografía, pero es con el ensayo citado de 1980 con el que se realiza una confrontación orgánica de Cornejo con el pensamiento mariateguiano. Entre las dos fechas se coloca el comienzo de su elaboración sobre el concepto de literaturas heterogéneas. Entre 1977 y 1978, Cornejo primero adelanta algunas hipótesis en un ensayo sobre la novela indigenista (Cornejo Polar, "Para una interpretación de la novela indigenista") y luego las vuelve a presentar en forma más sistemática en un Seminario en Caracas. La publicación de este texto en su *Revista de Crítica Literaria Latinoamericana* (1978), es un auténtico acontecimiento. Entre las reacciones provocadas por este ensayo, vale la pena recordar el intercambio de opiniones con el peruanista italiano Roberto Paoli ("Sobre el concepto de heterogeneidada a propósito del indigenismo literario").[1] No es aquí el lugar para reconstruir toda la articulación de este debate, cuya calidad honra al hispanoamericanismo contemporáneo. Pero es importante subrayar que uno de los puntos fundamentales debatidos es justamente la interpretación del pensamiento de Mariátegui sobre ese tema.

A propósito de la relación de la revista fundada por Cornejo con Mariátegui, al lado de los ensayos sobre ese autor publicados en sus páginas, merece señalarse un episodio significativo, que se coloca al comienzo del itinerario de esa publicación. Me refiero a la reproducción, en su número 4, de los editoriales que marcan las dos etapas de la revista *Amauta* (Mariátegui, "Dos editoriales de *Amauta*"), precedidos por un homenaje firmado por el propio director (Cornejo Polar, "Homenaje a *Amauta*"). Se trata de una declaración evidente de continuidad entre las dos experiencias, rematada por estas palabras: "La crítica literaria que queremos hacer es, en definitiva, la misma que José Carlos Mariátegui fundó entre nosotros" (7).

A partir de estas premisas se desarrolla el ensayo de 1980. El núcleo fundamental de su lectura es la propuesta de una literatura nacional. En este sentido, la formulación mariateguiana se presenta como antítesis a las visiones hispanistas, especialmente a la de José de la Riva-Agüero. Se percibe claramente la vinculación que existe entre las proposiciones del marxista peruano y un concepto nuevo de tradición. La consigna de arrebatar la tradición a los tradicionalistas es la culminación de este momento decisivo en la elaboración teórica de Mariátegui. Cornejo Polar capta sobre todo su fecundidad en vista de la recuperación de un concepto integral de la tradición. Su acercamiento a la obra mariateguiana no es meramente exegético. Al lado de la interpretación, se presenta siempre la exigencia de comprobar la vigencia actual de esas intuiciones. Se establece entonces desde el comienzo una relación creativa con el texto mariateguiano. En este sentido, Cornejo Polar se halla en perfecta sintonía con todo el movimiento de recuperación de la obra mariateguiana. Ya no se trata, como se hizo durante demasiado tiempo, de repetir algunas frases aisladas de un pensamiento reducido en píldoras, sino que se advierte la urgencia de una relectura integral. La palabra clave es la complejidad, que se asume como legado y se trata de aplicar a la realidad actual. Para Mariátegui, entonces, "el problema nacional es parte del problema global de la sociedad peruana" (Cornejo, "Apuntes sobre" 52-53). En esta afirmación se encuentra el momento decisivo de su interpretación. Ella permite apreciar en todo su alcance la "anomalía" del séptimo ensayo de la obra mayor de Mariátegui. Su extensión sorprendente, con respecto a la economía del libro, adquiere su significado cabal. La literatura se presenta como un campo de batalla imprescindible para la construcción de la identidad nacional.

Cornejo se encuentra asismismo en perfecta simbiosis con Mariátegui en su práctica de una crítica ideológica, en el buen sentido de la palabra. En ningún caso esto significa la formulación de un juicio de valor estético a partir de una coincidencia con el pensamiento socio-político de un autor. Los ejemplos de esta actitud en Mariátegui sobran. Los trabajos dedicados a Eguren y a Martín Adán, entre otros, son suficientes para confirmarla. A Eguren llega a dedicar buena parte de un número de la revista *Amauta* (*Amauta* 1929). Escribe para Martín Adán el colofón para la novela *La casa de cartón* (Mariátegui, "Colofón"), después de haber adelantado una parte del texto en la revista. En la misma *Amauta,* además de reproducir el colofón, dedica al poeta dos breves notas, ambas muy agudas ("Defensa del disparate puro"; "El anti-soneto").

Para Cornejo Polar, una crítica ideológica significa sobre todo una superación del mero inmanentismo. La serie literaria no puede prescindir de las otras series. La enseñanza de Mariátegui se cruza, de esta manera, con las que proceden de otras elaboraciones de la crítica literaria internacional, como las de los formalistas rusos, y especialmente de Tynianov. No se trata, por otra parte, de una forma de eclecticismo. Cornejo remata, con esta actitud, una manera nueva y no fósil de relacionarse con la herencia mariateguiana.

De hecho, el punto de partida sigue siendo la interrogación sobre la identidad nacional. En el ensayo citado sobre la crítica de Mariátegui subraya sobre todo este aspecto. Se aleja de todo sociologismo barato y asume la propuesta de los *7 ensayos* en todo su alcance. La periodización de la literatura peruana, por ejemplo, empieza a emanciparse de las categorías ajenas. Se necesita razonar en términos propios, con una adhesión a la dinámica peculiar de la literatura hispanoamericana, y especialmente andina. El aporte de Mariátegui consiste sobre todo en la asimilación de la gran tradición romántica europea y en su negación creadora como instrumento para leer la realidad americana. Análogamente, Cornejo asume las intuiciones mariateguianas, pero no se detiene en ellas. Las desarrolla en todas sus potencialidades, encontrando en esos planteamientos una confirmación de su idea de la "heterogeneidad". Incluso advierte claramente el límite hasta donde había llegado el análisis de Mariátegui: "Lamentablemente Mariátegui no desarrolló su tesis sobre el modo como la disgregada realidad peruana produce una literatura no orgánicamente nacional" ("Apuntes sobre" 55).

Encuentra también una explicación de esta ausencia, a partir de la literatura indígena oral que se sigue produciendo en la contemporaneidad. El hecho de que Mariátegui no tome en consideración esa experiencia, indica su vinculación inevitable con un determinado contexto histórico y cultural, a pesar de sus intuiciones anticipatorias. Una vez más, Cornejo Polar rechaza toda actitud fetichista hacia su herencia. La manera mejor de relacionarse con el pensamiento mariateguiano es la de proponerse su superación. Eso significa, por otra parte, asumir hacia el gran pensador de los años '20 la misma actitud abierta que él tuvo frente al debate cultural de su época. Pero conlleva también una idéntica disponibilidad para captar las relaciones de los textos literarios con la red de elementos contextuales que les confieren espesor.

Otro elemento importante de continuidad entre los dos críticos, es la visión dinámica de la tradición literaria con respecto a la realidad nacional. Cornejo Polar afirma que la tradición no es única, sino que cada grupo social propone su tradición como *la* tradición. En un país dividido como el Perú, este contraste aparece en forma particularmente chocante.

Por otra parte, estas formulaciones no se limitan sólo a la literatura peruana. El mismo concepto de heterogeneidad se puede aplicar, en términos más amplios, como lo aclara el mismo crítico, a varios aspectos de la literatura hispanoamericana. También en este caso, se oponen dos concepciones: una basada en un enfoque sectorial, y la otra que se hace cargo de la complejidad. Cornejo Polar advierte claramente que el ya nombrado "inmanentismo" en el estudio de la literatura está vinculado con una perspectiva que excluye de su horizonte crítico la problemática de la heterogeneidad. Hay un pasaje muy significativo de un libro suyo, donde esa relación se expresa en la forma más lúcida:

> Se ha hecho frecuente detectar en la novela regional sobre todo ciertos elementos no novelescos que suelen ser descritos como propios del mito, la epopeya, la historia, los relatos folclóricos, el testimonio, la denuncia social, etc. A partir de un cierto concepto de novela, con frecuencia del de "novela de lenguaje", se establece la defectividad de estas formas

> heterogéneas y se postula la necesidad de liberar a la nueva novela de esas impurezas. No se sospecha siquiera que tal heterogeneidad, al margen de producir un sesgo peculiar en la constitución del género, representa la formalización del conflicto básico de una literatura que quiere revelar la índole de un universo agrario, semifeudal, con recursos y desde perspectivas que inevitablemente están señaladas por su procedencia citadina burguesa. (*Sobre literatura* 16)

Es evidente, en esta cita, la elaboración del pensamiento mariateguiano como clave para comprender la escena literaria de hoy. Hay una clara apertura hacia los que actualmente se llaman "estudios culturales". Al rechazo de los elementos "heterogéneos" contenidos en esa clase de obras, se opone su aceptación y valorización como rasgo caracterizante. Al mismo tiempo, se subraya el elemento conflictivo que se encuentra en ese mundo. Cornejo Polar prosigue así su análisis:

> La tensión que subyace en este proyecto, que naturalmente incluye en primera línea un conflicto entre culturas distintas, según se hace evidente en el indigenismo, determina la apertura de la forma novela para dar cabida a otras formas que provienen, no de la instancia productiva, sino, más bien, del mundo referido. Este hecho específicamente literario, pues consiste en la modificación de la estructura del género, incluso en sus aspectos formales, resulta inexplicable al margen de su peculiar correlato social; o sea, al margen de la heterogeneidad básica de la sociedad y cultura latinoamericanas. (16)

Lo que en los planteamientos tradicionales aparece como un aspecto negativo, adquiere aquí su valor pleno de subversión. No se trata de marginar a la novela indigenista en nombre de un supuesto arquetipo de novela, constituido en términos normativos. La tarea de la crítica consiste, en cambio, en la capacidad de percibir las modificaciones que el esquema consabido del género sufre a través del impacto con formas que proceden de otro universo cultural.

Las consecuencias de esta propuesta son muy importantes. En el ensayo citado anteriormente sobre Mariátegui, anticipado en parte en la revista *Qué hacer* ("El problema nacional en la literatura peruana"), Cornejo Polar subraya certeramente el significado nacional que el pensador peruano otorga a esas experiencias. Al fondo de esta actitud se encuentra, una vez más, un concepto de la tradición que Cornejo comparte con el mismo Mariátegui. En los últimos años he expresado, en varias oportunidades, que la "tesis revolucionaria" de la tradición que elabora Mariátegui me parece el punto más alto de su pensamiento desde el punto de vista teórico (Melis, "Tradición y modernidad en el pensamiento de Mariátegui"). Creo que en Cornejo se asoma una apreciación análoga, aunque tal vez no explicitada totalmente. Eso se desprende de algunas afirmaciones contenidas en la parte final de su ensayo. En primer lugar, el crítico subraya la visión del indigenismo en Mariátegui como algo que carece de todo rasgo regresivo: "Es claro que a Mariátegui no le interesa un indigenismo arcaizante, enclaustrado en una normatividad estética superada; le interesa más bien, muy vivamente, un movimiento plenamente inserto en la modernidad y proyectado hacia el futuro" ("Apuntes sobre" 59).

Por eso mismo, no se encuentra en contradicción con la vanguardia y hasta llega a exaltar y auspiciar un indigenismo vanguardista. En términos más generales, el indigenismo, por lo menos en algunas de sus expresiones más significativas, se pone en sintonía con los procesos de renovación formal de la literatura.

Con estos aportes, la obra de Cornejo se coloca dentro de un proyecto coherente de rescate del auténtico pensamiento mariateguiano. El tema de la tradición encuentra su elaboración más orgánica en el libro dedicado a la formación de la historiografía literaria peruana (*La formación de la tradición literaria en el Perú*). A partir de las premisas bosquejadas por Mariátegui, Cornejo reafirma el carácter plural de la tradición. A la presencia de tradiciones distintas, elaboradas a partir de distintas lecturas de la realidad, corresponden varios proyectos de nación. Por otra parte, la tradición literaria, en esta perspectiva, se afirma como auténtica generadora del proyecto nacional y no como mero reflejo del mismo. Al lado de las coincidencias, se pueden percibir algunos matices diferentes en el enfoque de ciertas personalidades literarias. El caso más notable es el de Ricardo Palma, a propósito del cual Cornejo, aun apreciando la tentativa de Mariátegui de liberarlo del abrazo mortal de los hispanistas, expresa un juicio objetivamente más crítico.

Ya en este libro, el autor se refiere al tema controvertido del mestizaje, que ocupará sus últimas reflexiones. Analizando la incorporación de la producción literaria precolombina al corpus de la literatura peruana, reconoce el papel precursor del joven Luis Alberto Sánchez. Al mismo tiempo subraya el carácter ambiguo de esta operación, que aparece con toda evidencia en la célebre polémica sustentada con Mariátegui sobre el indigenismo. También en este caso, el rasgo que caracteriza la posición del pensador marxista es la capacidad de asumir la contradictoriedad de la situación peruana, evitando los fáciles atajos de la simplificación. El tratamiento dialéctico de los contrastes entre modernidad y tradición es la base de su aporte innovador. Su concepto del Perú como nacionalidad en formación ofrece a Cornejo algunas sugerencias decisivas para el desarrollo de su pensamiento en los últimos años.

Al mismo tiempo, el autor empieza a trabajar sistemáticamente sobre los temas que Mariátegui intuyó pero no pudo desarrollar. Entre ellos, por ejemplo, sobresale la misma definición del corpus de la literatura indigenista. Más allá de la conocida oposición establecida en los *Siete ensayos* entre literatura indigenista y literatura indígena que, por otra parte, sigue siendo fundamental, al punto que Cornejo la suscribe —y trata de desarrollarla— es evidente que el campo de observación de Mariátegui resulta limitado por razones históricas. Su horizonte abarca sólo la literatura escrita, puesto que en su época recién empezaban las investigaciones literarias y antropológicas sobre la oralidad. Por eso no toma en consideración la producción no oficial, que como un río subterráneo recorre toda la historia andina a partir de la conquista. El proyecto complementario de Cornejo aparece enunciado en forma muy clara en el ensayo varias veces citado:

> Consideramos que el análisis del pensamiento mariateguiano debe examinar no sólo lo explícitamente referido en él, sino, sobre todo, las perspectivas que se abren a partir de sus afirmaciones. Mariátegui no está al final de una etapa: está —de aquí su vigencia— en la instancia fundadora de un proyecto que no ha terminado. ("El problema nacional" 49)

Justamente a partir de estas intuiciones se desarrolla la parte más fecunda de la reflexión del crítico. Su punto de llegada es la elaboración sobre oralidad y escritura que se despliega en sus ensayos de los últimos años, para culminar en el volumen *Escribir en el aire* (1994). De Mariátegui recoge también la exigencia de remontarse a los antecedentes del desarrollo literario nacional. A la luz de las nuevas investigaciones, detecta la presencia de esta problemática en los comienzos mismos de la cultura peruana. El "diálogo" fracasado de Cajamarca, en esta perspectiva, aparece algo así como la escena primaria, según las palabras tomadas de Max Hernández. El encuentro entre la oralidad y la escritura se presenta, ya en esta fase originaria, en términos de choque dramático. En el enfoque de este nuevo objeto de investigación, al lado de los recientes estudios de procedencia etno-antropológica sobre la realidad americana, el autor utiliza en forma acertada todo el debate teórico internacional sobre el tema de la oralidad. Se trata de trabajos ya clásicos, que se refieren a distintas épocas históricas, desde la antigüedad griega hasta la Edad Media. Al mismo tiempo, se incorporan a la reflexión los aportes de alcance general más importantes, como los de Ong o Vansina. En esta actitud encontramos una actualización coherente del modelo intelectual mariateguiano. Cornejo Polar considera su deber asumir hacia la cultura contemporánea la misma actitud que tuvo Mariátegui hacia la cultura de su época. Así como el teórico marxista no renunció a ninguna de las sugerencias que procedían a veces de planteamientos muy lejanos de su ideología, Cornejo Polar utiliza todos los recursos de la reflexión actual. No se trata, en este caso tampoco, de una forma de eclecticismo, sino del rechazo de todo sectarismo que impide aprovechar las verdades parciales que proceden de distintos enfoques.

Esta disposición hacia lo nuevo, por otra parte, no tiene nada que ver con el "sistema de la moda". Es suficiente leer en una perspectiva cronológica su obra para comprobar en cada uno de sus momentos una soberana independencia de juicio. Las nuevas metodologías críticas se consideran con atención y se aprecian, en la medida en que pueden contribuir a iluminar mejor el texto literario, que queda como el objetivo firme de su tarea. Nunca adquieren un valor por sí mismas, como ha acontecido a menudo en estas últimas décadas, marcadas a veces por un verdadero delirio de omnipotencia de la crítica, complacida en su propio narcisismo.

Detrás de esta actitud, se encuentra una visión de la literatura como momento fundamental de la vida de un país. El análisis estilístico —que forma parte imprescindible de la formación de Cornejo— por eso, debe acompañarse constantemente con el examen multidisciplinario de la red compleja de relaciones en las que se inscribe la obra literaria. El equilibrio entre estos dos momentos es asismimo una prueba de su capacidad de actualizar la herencia de Mariátegui. Por un lado se aleja de todo planteamiento meramente formalista. Por el otro, como ya lo dije, rechaza todo sociologismo vulgar, que tiende a establecer una relación mecánica entre la obra literaria y su entorno histórico-social.

Cornejo Polar, en plena sintonía con Mariátegui también en este aspecto, no olvida la actitud del pensador marxista hacia la práctica literaria de su tiempo. Si bien es cierto que alentó el desarrollo de una literatura comprometida, sobre todo en su vertiente indigenista, no pensó nunca que las buenas intenciones políticas fueran suficientes para garantizar la calidad literaria de un texto. En una reseña dedicada a la novela *El libertino,* del escritor alemán Hermann Kesten, encontramos esta afirmación elocuente, aún más significativa por pertenecer a los últimos meses de vida de Mariátegui:

> Esta es una literatura de guerra, de combate, producida sin preocupación artística, estética. No le interesa sino su eficacia como arma agresiva. Tal vez la traducción es algo premiosa y dura; pero de toda suerte no hay duda de que al autor no le importa mucho la realización literaria de su idea. Y bajo este aspecto, esta literatura no es equiparable al dibujo de Grosz, en que el artista con los trazos más simples e infantiles se mueve siempre dentro de una órbita y una atmósfera de creación artística. La sátira pierde su alcance y su duración, si no está lograda literariamente. A la revolución, los artistas y los técnicos le son tanto más útiles y preciosos cuanto más artistas y técnicos se mantienen. ("*Un libertino* por Hermann Kesten" 4-5)

Cornejo Polar hubiera seguramente suscrito este auténtico manifiesto, así como las apreciaciones ya citadas de autores como Martín Adán o José María Eguren. El crítico de hoy coloca su aproximación crítica dentro de estas mismas coordenadas metodológicas. En los dos autores, a distancia de algunas décadas, existe una misma visión coherente de crítica literaria, estética y política cultural.

Dentro de la misma orientación, se advierte también por parte de Cornejo Polar la asimilación de la lección de Antonio Gramsci. Seguramente actúa, en esta elección, la afinidad profunda que advierte entre el pensador italiano y Mariátegui. A pesar de que Mariátegui había conocido sólo en forma muy parcial la obra gramsciana, son evidentes los puntos de contacto, en particular en la actitud hacia la literatura. Más allá de las referencias explícitas, la enseñanza de Gramsci se percibe justamente en el tratamiento de la relación entre autor y sociedad. Gramsci es en efecto el pensador que invita a superar toda vinculación esquemática entre la práctica literaria y su contexto. Advierte que no es suficiente constatar que un escritor es expresión de su tiempo y que ésta puede hasta llegar a ser una afirmación meramente tautológica. Dos escritores, observa Gramsci, expresan la misma época histórica, pero esto no impide que uno de ellos pueda ser un gran artista y el otro un pobre diablo.

La herencia mariateguiana y gramsciana —en última instancia la herencia del marxismo no dogmático— se transforma en un juicio firme sobre la producción literaria contemporánea. Su exégesis de la obra mariateguiana, por eso, asume cada vez más un carácter autobiográfico. Al mismo tiempo, considerando la totalidad de su recorrido, interrumpido dolorosamente por su desaparición prematura en un momento de gran creatividad, aparece con evidencia la función fundamental de su lectura de Arguedas, como estímulo decisivo para ir más allá de Mariátegui.

La línea Mariátegui-Arguedas-Cornejo Polar representa un patrimonio precioso para los que siguen investigando la realidad compleja y fascinante de la literatura andina. Para su continuación fecunda, se necesita no sólo asimilar los resultados alcanzados por estos maestros, sino también asumir, frente a los nuevos retos de la batalla cultural, su misma libertad intelectual.

NOTA

[1] Al respecto, véase la respuesta a Paoli de Antonio Cornejo Polar en *Sobre literatura y crítica latinoamericana*; 87-91.

BIBLIOGRAFÍA

Amauta 21 (1929).
Arguedas, José María. "El zorro de arriba y el zorro de abajo". *Obras completas.* Tomo V. Lima: Horizonte, 1983.
Cornejo Polar, Antonio. *Escribir en el aire. Ensayo sobre la heterogeneidad socio-cultural en las literaturas andinas.* Lima: Horizonte, 1994.
_____ *La formación de la tradición literaria en el Perú.* Lima: Centro de Estudios y Publicaciones, 1989.
_____ *Sobre literatura y crítica latinoamericanas.* Caracas: Universidad Central de Venezuela, 1982.
_____ *Los universos narrativos de José María Arguedas.* Buenos Aires: Losada, 1973 (II ed. Lima: Horizonte, 1997).
_____ "El problema nacional en la literatura peruana". *Qué hacer* 4 (1980): 100-109.
_____ "Apuntes sobre la literatura nacional en el pensamiento crítico de Mariátegui". *Mariátegui y la literatura.* Lima: Biblioteca Amauta, 1980. 49-60.
_____ "El indigenismo y las literaturas heterogéneas: su doble estatuto socio-cultural". *Revista de Crítica Literaria Latinoamericana* 7-8 (1978): 7-21.
_____ "Para una interpretación de la novela indigenista". *Casa de las Américas* 100 (1977): 40-48.
_____ "Homenaje a *Amauta*". *Revista de Crítica Literaria Latinoamericana* 4 (1976): 7.
Mariátegui, José Carlos. *Siete ensayos de interpretación de la realidad peruana.* Lima: Biblioteca Amauta, 1928.
_____ "Colofón". *La casa de cartón.* [1928]. Martín Adán. Lima: Impresiones y Encuadernaciones "Perú": I-IV (ahora en José Carlos Mariátegui. *Peruanicemos al Perú.* 7a ed. Lima: Biblioteca Amauta, 1981: 150-54).
_____ "Defensa del disparate puro". *Amauta* 13 (1928): 11 (ahora en José Carlos Mariátegui. *Peruanicemos al Perú.* 7a ed. Lima: Biblioteca Amauta, 1981: 155).
_____ "El anti-soneto". *Amauta* 17 (1928): 76 (ahora en José Carlos Mariátegui. *Peruanicemos al Perú.* 7a ed. Lima: Biblioteca Amauta, 1981: 156-57).
_____ "*Un libertino* por Hermann Kesten". *Variedades* 11 de diciembre de 1929 (ahora en José Carlos Mariátegui. *El alma*

matinal y otras estaciones del hombre de hoy. 7a ed. Lima: Biblioteca Amauta, 1981: 233-36).

_____"Dos editoriales de *Amauta*". *Revista de Crítica Literaria Latinoamericana* 4 (1976): 9-13.

Melis, Antonio. "Tradición y modernidad en el pensamiento de Mariátegui". *Anuario Mariateguiano* 6 (1994): 73-80 (ahora en *Leyendo Mariátegui 1967-1998*. Lima: Biblioteca Amauta, 1999: 191-200).

Paoli, Roberto / Antonio Cornejo Polar. "Sobre el concepto de heterogeneidad a propósito del indigenismo literario". *Revista de Crítica Literaria Latinoamericana* 12 (1980): 257-67.

2. Totalidades contradictorias: cultura, nación y formación de la tradición literaria en América Latina

Cuestiones disputadas: las imágenes de la nación

Alexander Betancourt Mendieta
Universidad Nacional Autónoma de México

> Antaño se creía que la historia era la maestra de la vida, la forjadora de la conducta, la fuente del patriotismo. Prejuicio intelectualista demasiado ingenuo (...) No se quiere decir con esto que se deba abandonar el estudio de la Historia Nacional, sino, simplemente, que han de mirarse junto con ella los sucesos ocurridos en el mundo que a ella atañen.
>
> Jorge Basadre

El trabajo de Antonio Cornejo Polar se inserta de manera crítica en el marco de una tradición cultural bastante clara y precisa. Es importante no obstante pensar que la propuesta teórica del crítico peruano representaría un reto interesante si pudiera implementarse en la labor que realizan otras disciplinas. Los aportes de Cornejo Polar, aún en el ámbito de la crítica literaria, todavía carecen de una contrastación en otros ámbitos literarios fuera de América Latina (Schmidt, "Literaturas heterogéneas y"); a pesar de ello, me interesa examinar, de una manera exploratoria, el uso y alcance de categorías como totalidad contradictoria y heterogeneidad con respecto a las pretensiones y horizontes que se han desarrollado en el ámbito de la historiografía nacional en América Latina.

La historiografía latinoamericana

En el entorno historiográfico latinoamericano no es difícil percibir el desinterés por la teoría y por la reflexión sobre el oficio del historiador. Las excepciones, por supuesto, existen

(O'Gorman; Gaos; Romero) pero ha sido insuficiente para que la escritura de la historia haya podido escapar de los modelos rígidos que, paradójicamente, detuvieron el proceso que pretendían estudiar. Como en otras disciplinas sociales, la historia sufrió el embate de las categorías ahistóricas que se superpusieron a los acontecimientos que querían explicar y comprender. Esto no fue una novedad exclusiva del siglo que acaba de concluir sino que parece consustancial a la conformación misma de los estudios históricos en el subcontinente (Colmenares).

El surgimiento de la historiografía en América Latina se vislumbra a principios del siglo XIX. Esto no significa que se desconozca que con la llegada de los españoles en el siglo XV se diera vía libre a la crónica como una forma de preservar en la memoria los acontecimientos extraordinarios del Descubrimiento y que se obvie el hecho de que las comunidades prehispánicas también tenían maneras de relacionarse con el pasado. Por eso, es necesario precisar que el oficio histórico al que se hace referencia es entendido como el ejercicio de dar cuenta del pasado, bajo unos criterios metodológicos más o menos uniformes, con la pretensión de ligarlo a la instauración de la vida republicana.

La finalidad última que orientó los relatos históricos posteriores a la Independencia determinó el carácter representativo y proyectivo de la producción historiográfica y literaria que se elaboró en ese siglo. El acento en el futuro es el centro de atención de la producción intelectual y política de unas sociedades y unas tradiciones culturales que, supuestamente, estaban apenas "haciéndose" o "por hacerse". Como lo señala Perus, esto marcó un desequilibrio entre "el ser" y "el deber ser" percibido reiteradamente por quienes trataban de moldear y comprender esta realidad (Perus 58; Zea). A este devenir orientado hacia el futuro y fallido constantemente en el presente podía reconocérsele un límite concreto: el de la nacionalidad.

Dos supuestos generales: el Estado y la Nación

El período republicano inauguró el proceso de construcción del Estado y posteriormente el de la Nación, que se convirtieron rápidamente en los supuestos generales de la producción historiográfica latinoamericana. El conocimiento histórico hace parte del establecimiento y la consolidación de estos procesos, pero también señala constantemente sus singularidades y alteraciones (De Castro 20). Esta labor producida sobre aquellas presunciones determina una forma de selección y recreación de símbolos enraizados en el pasado de las sociedades. Elección, entonces, que se basa en valores preexistentes y ambiciona llegar a ser la clave de un proyecto cuya aspiración es el establecimiento de la igualdad política y la unidad cultural hacia el interior, y la diferenciación hacia el exterior. De tal suerte que tanto el Estado como la nación se instauran a la manera de una sofisticada construcción política y estatal en la que juegan un papel muy importante los elementos culturales (Hobsbawm; Smith).

Ahora bien, no se puede perder de vista que durante el siglo xx, la consolidación y reformulación de distintos proyectos nacionales con sus respectivos nacionalismos en América Latina se han percibido como un fenómeno bastante negativo. Este estigma, que inmiscuye por definición a los fenómenos populistas, está asociado a los prejuicios de las ideologías más extendidas en el subcontinente como el marxismo y el neoliberalismo. Ambas consideran que tanto el nacionalismo como el populismo son vías equivocadas para alcanzar el desarrollo.

En el mundo de la historiografía producida en América Latina se ha sostenido principalmente el horizonte de la nación. Esto es indiferente de las distintas coyunturas históricas e ideológicas que orientan las perspectivas en las cuales se inscriben los relatos históricos. Por ejemplo, el interés inmediatamente posterior a la Independencia se centró en darle legitimidad a la institucionalidad forjada después de las guerras y con ello construir un discurso incluyente de los miembros que conformarían el nuevo Estado. Esta operación se afincó en una interpretación del pasado que estuvo permeada por la ideología, ya que el discurso histórico y político trató de imponerse a la realidad. De este modo, se trató de establecer paulatinamente el origen de "el pasado nacional" y "la cultura nacional", con lo cual la meta máxima de buena parte de la elaboración historiográfica en el subcontinente encarna el ideal de unidad y sus preocupaciones por la delimitación de la nación.

La disputa que se generó entre la Ilustración y el historicismo definió la consolidación de la disciplina histórica en el seno de las sociedades occidentales europeas durante el siglo xix. Esta polémica sentó las bases de "las convenciones narrativas" que se emplearon en América Latina para elaborar los relatos del pasado nacional, pero sin que ese debate trascendiera de manera consciente en la construcción del pasado, hasta el punto en que las producciones historiográficas latinoamericanas se integraran a esa discusión.

Más que un interés por reflexionar en los términos de la cientificidad de la historia, la preocupación que asaltó a los historiadores latinoamericanos del siglo XIX se centró en el problema de cómo representar la realidad americana, viejo problema que venía desde la época del Descubrimiento, lo que derivó en que el acento se pusiera en las formas de figuración que debían emplearse. Este vacío le da un peso considerable a la conformación de la tradición literaria producida en el subcontinente, pero las dificultades que se desplegaban en esta misma tradición planteó a los historiadores el inconveniente de encontrar modelos adecuados que los llevó a que debieran afrontar las tensiones sociales a través de la idiosincracia del autor. Por lo tanto, en la historiografía decimonónica latinoamericana no se puede percibir la presencia de un "lenguaje homogéneo y unívoco" para reconstruir el pasado nacional (Colmenares 165-202). Los esfuerzos de los historiadores por forjar una "imagen nacional" no contaron con el respaldo de la unanimidad. La controversia de orden político e ideológico en las interpretaciones se tradujeron en la variabilidad de los períodos que interesaron y la forma como abordaron estas épocas los distintos relatores del pasado nacional.

Por supuesto, el despliegue mismo de la actividad historiográfica producida durante el siglo XX en Latinoamérica permite señalar que después de los años sesenta la construcción de la nación no fue más el interés que guió los estudios históricos. La existencia de la nación fue un hecho que dio por descontado la historiografía profesional, y si bien los temas cambiaron, se desatendieron los héroes y las batallas, el marco nacional no se abandonó. De aquí proviene la creencia de que las historias nacionales constituyen una tradición acabada y cerrada. Ello permite la crítica fácil e inmediata.

No se puede desconocer, sin embargo, que los cuestionamientos hechos a los empeños de unidad nacional que se expresan en los trabajos historiográficos de los historiadores latinoamericanos, forjados principalmente desde la literatura y ciertas disciplinas de las ciencias sociales como la antropología y la etnología, se debe a que estas disciplinas pusieron en evidencia que aquellos deseos de unidad se inscribían en el seno de un proyecto político, generalmente impulsado por un cierto estrato de la sociedad que trataba de hacerlo extensivo a todo el ámbito social. Por eso, estos puntos ponen de manifiesto uno de los aportes más interesantes de Antonio Cornejo Polar, justamente el señalamiento de los criterios empleados por los historiadores literarios peruanos para valorar las obras que debían integrar "la tradición literaria nacional".

LAS REFLEXIONES DE UN CRÍTICO LITERARIO

Las contribuciones que queremos hacer notar aquí de Antonio Cornejo Polar son aquellas que clarifican las contiendas para imponer una "imagen de la nación". Sus aportes, en este sentido, se sintetizaron en un breve pero denso estudio publicado en 1989 con el título: *La formación de la tradición literaria en el Perú*. Este esfuerzo de elaboración historiográfica pone en juego las posibilidades del reconocimiento de la heterogeneidad cultural y literaria de una sociedad bastante escindida y compleja como la que trató de construirse e imaginarse después de la ruptura con el imperio español en el territorio donde se establecería la actual república del Perú.

La pregunta fundamental de esta labor tiene que ver con una reflexión que se había hecho desde 1983 el propio Cornejo Polar acerca de la forma como se forjaron las tradiciones literarias en el Perú y cómo se construyeron las historias de la literatura peruana. Por eso, más que una tarea modernizadora y rectificadora de la historia literaria el objetivo del crítico peruano es la convicción de que había que ocuparse de la historia literaria para poder "discutir cuál es el campo y cómo se constituye el objeto de una reflexión científica sobre la literatura nacional peruana" (Cornejo Polar 1983: 38). Repensar el sentido y la forma como opera la historia literaria requiere la articulación de categorías teóricas nuevas y para ello es necesario remitirse a las consideraciones hechas por la obra de Cornejo Polar en torno a la literatura, a su papel en la sociedad y a la necesidad de reconocer en todo momento su carácter histórico.

¿Historia social de la literatura?

Cornejo Polar es determinante al reiterar en varias ocasiones que había que superar la noción de que la literatura era una expresión aleatoria de la realidad y con base en ello tener la necesidad de "situar nuestra literatura *dentro* de la historia social de América Latina, como parte constitutiva de ella" (Cornejo Polar, "La literatura latinoamericana y sus" 123; énfasis en el original. Cf. también "Para una agenda" 118). Esta observación se inscribe en la discusión más general dentro de la crítica literaria latinoamericana en torno al problema, no resuelto, de la historia social de la literatura.

Este tema se planteó en la década de los setenta cuando entraron en crisis las consideraciones inmanentistas y formalistas de la literatura, gracias a la difusión que alcanzaron las obras de Georg Lukács y Lucien Goldmann. Sin embargo, el problema tuvo características particulares en América Latina debido a las dificultades que implicaba precisar qué era una "historia social". Los esfuerzos para determinar "lo social" en la literatura estuvieron permeados desde el principio por la amplia recepción en la crítica literaria latinoamericana de la inversión marxista de Hegel a través de la teoría del reflejo de Lenin y en el uso y abuso de los términos de "base" y "superestructura".

A todo esto, no obstante, se ha perdido de vista que para esos años la pretensión de hacer una historia social de la literatura contaba con un obstáculo adicional más severo que el anteojo ideológico: la precariedad de la tradición historiográfica. La historia social se instaura en la década de los setenta a partir de las propuestas hechas por la historiografía marxista británica de la mano de E. P. Thompson, Cristopher Hill y Eric Hobsbawm. Esta producción histórica se inscribió en una discusión teórica y política dentro de las corrientes marxistas que apuntaba directamente al cuestionamiento de la categoría de proletariado.

Si se retoma la inexistencia de la historia social en la tradición historiográfica latinoamericana en los años setenta, esta insuficiencia llevaba a suprimir el respaldo empírico a cualquier esfuerzo que quisiera elaborar una "historia social de la literatura"; la cual, como lo ha advertido Rafael Gutiérrez Girardot, debe precisar las redes sociales e institucionales que posibilitan la valoración del fenómeno literario: todos aquellos que participan en la producción y difusión de los libros

(Gutiérrez Girardot, *Temas y problemas, La formación del intelectual*). Estas materias apenas empiezan a ganar espacio en las investigaciones históricas, la mayor parte dependientes de novedades como la que ha impulsado la divulgación de obras como las de Roger Chartier.

Los trabajos individuales excepcionales en la tradición historiográfica latinoamericana acerca de estos temas han sido marginales (Medina 1958; Henríquez Ureña; Reyes). Por ejemplo, una obra añeja para la época en que se formuló el tema de lo social en la literatura como la de Pedro Henríquez Ureña tuvo muchos problemas para ser reconocida en los primeros intentos de elaboración de esa historia (Gutiérrez Girardot). Como lo ha sintetizado Carlos Rincón, pareció partirse de cero o de hacer "encomios o desquites" al maestro dominicano en la conmemoración de su centenario abandonando el tema clave en cuestión:

> (...) hacer, justamente, historia de la ciencia (literaria A.B.), de las formas adoptadas por la conciencia histórica y su articulación en diversos proyectos historiográficos o ensayísticos, trazar la historia de la historiografía sobre las letras de América Latina y el Caribe. (Rincón 15-16)

Desconocer el trabajo de Henríquez Ureña era dar una especie de salto en el vacío a la hora de tratar de hacer una historia social de la literatura, independientemente de las diferencias ideológicas o metodológicas. Sin embargo, los tanteos en este sentido, como los que coordinó Ana Pizarro en los años ochenta, reconocieron que el campo de la historiografía literaria en América Latina es un ámbito de problemas no resueltos, no delimitados y, sobre todo, no percibidos como problemas; por eso, el punto de partida de estos esfuerzos reconocían, como Henríquez Ureña, que el objetivo último debía ser la toma de "conciencia de lo que significa América en la historia, de sus posibilidades y de sus metas" (Pizarro 20).

De otra parte, la marginalidad de las obras de Henríquez Ureña y de José Toribio Medina, entre otros, responde también a la manera que se desenvuelven los estudios históricos en América Latina. A pesar de los "avances" notorios en esta tradición hacia la profesionalización y la puesta al día con la producción que se hace en Europa y los Estados Unidos, esto es un esfuerzo que no se remonta más allá de los años sesenta del siglo XX, cuando se manifestó el deseo y la práctica para romper con los esquemas positivistas del siglo XIX; aunque, como siempre, hubo excepciones desde los años cuarenta. No obstante estas realizaciones, la historiografía profesional no ha discutido abiertamente con la historiografía tradicional y ha olvidado, a menudo, los logros historiográficos dentro de la misma producción latinoamericana. Prácticamente se ha limitado a convivir y a compartir espacios académicos y de difusión con las instituciones y los autores que desarrollan una historia "tradicional" y a las elaboraciones "marginalizadas", a las que se ha hecho mención, simplemente las obvia (Eslabones; Matute; Betancourt).

Los alcances de la reflexión

En un contexto como éste, las pretensiones de Cornejo Polar adquieren un carácter hipotético pero fundamental. Las implicaciones inmediatas de sus aseveraciones pretenden resaltar dos fenómenos: la historia como el sustrato sobre y en el que se despliega la actividad literaria y la reconsideración sobre la forma cómo se comprende el devenir histórico.

La apuesta por realizar una operación histórica tiene el alcance de una hipótesis dadas las dificultades señaladas. A esto se une la ausencia del ejercicio reflexivo en la actividad histórica. No obstante estos obstáculos, el crítico peruano tiene en claro que se debe intentar una tarea previa a la construcción de la historia social de la literatura, la de precisar cuál es la categoría o las categorías que permitan comprender el proceso de la literatura en América Latina (Cornejo Polar, "Las literaturas marginales"). Para ello, el camino que emprende es el de intentar fundar otra interpretación del pasado. El interés de postular una nueva comprensión de la realidad nacional y latinoamericana a través de la literatura, entendida como una tradición histórica y sintética en busca de una definición sólida y estable lleva a

> proponer una redefinición del corpus de la literatura latinoamericana incluyendo dentro de él a los sistemas ahora marginados, tarea que implica, en primera instancia, la formulación de un problema teórico ("Las literaturas marginales" 95).

Cornejo Polar se lanza a establecer las bases de esa futura historia, del nuevo canon de la literatura nacional peruana ("Para una agenda" 120).

El establecimiento de una nueva lectura del proceso histórico de la literatura peruana se inscribe en el magisterio que ejerce sobre el crítico peruano las obras de José Carlos Mariátegui y José María Arguedas. El estudio histórico publicado en 1989, no en balde establece como límite terminal el período que la historiografía peruana conoce como la "Patria Nueva", correspondiente al gobierno de Augusto B. Leguía (1919-1933). En este gobierno se desplegó la aspiración de la integración nacional que tenía como problema básico tratar de disolver los dos polos antagónicos del país ligados a la geografía: la sierra y la costa. Como proyecto político estatal, la propuesta del mestizaje como base de la integración nacional se presenta, entonces, como una imposición (Flores Galindo; Quijada 576).

La frontera puesta por el estudio de Cornejo Polar se debe a que el crítico considera que allí se forjó la imagen de la tradición literaria peruana que subsistió en buena parte del siglo XX, y a la que respondió una interpretación distinta la que él se adscribe, "como una nueva alternativa de entender el problema nacional y para replantear sus proyectos y destino" (Cornejo Polar, *La formación* 117) que fue la que forjó de manera contemporánea Mariátegui, y a la que continuó la obra de Arguedas. De este modo, Cornejo Polar es claro en reconocer que el debate literario y la construcción misma del objeto de estudio por parte de la crítica literaria representa una discusión sobre los proyectos nacionales en pugna.

En este horizonte, la historia de la literatura cumple con la tarea de asignarse a sí misma un objeto de estudio y con ello la necesidad de establecer una tradición. La elaboración y lectura de esa tradición corresponde a la dinámica de construcción y sustentación de una realidad nacional, que tiene en el plano político a su principal espacio de discusión y clarificación.

Dentro del proceso de la literatura en América Latina, la literatura nacional ha facilitado la integración cultural de un país en la medida en que se ha acercado a lo típico (Wentzlaff-Eggebert 286). Esta comprobación reconoce que las literaturas nacionales se comenzaron a construir en el momento en el que se formalizaron los discursos sobre la nación y los proyectos modernizadores. La primera historia de la literatura nacional en América Latina corresponde al escritor bogotano José María Vergara y Vergara en 1867 (Vergara), pero la gran eclosión de estas historias se da en la época de conmemoración de los primeros centenarios de la Independencia (Wentzlaff-Eggebert). Las historias de las literaturas nacionales fueron unos de los primeros eslabones en la exploración y en el autoconocimiento de las estructuras sociales que conllevaban a una serie de cuestionamientos y revisiones de las relaciones sociales establecidas (Moraña 37-39). Al tener en cuenta este proceso de exploración y exaltación de la nación, Ángel Rama reconoce el triunfo de un "proyecto letrado" a través de la literatura porque

> (...) la *escritura* con que se maneja ("la ciudad modernizada" A.B.), aparece cuando declina el esplendor de la *oralidad* de las comunidades rurales (...) En este sentido, la *escritura* de los letrados es una sepultura donde es inmovilizada, fijada y detenida para siempre la producción oral. (Rama, *La ciudad letrada* 87, énfasis en el original)

Inscrito en la aceptación de los efectos dependentistas en la literatura latinoamericana y de sus reacciones hacia el proceso mundial de modernización, Rama señala el triunfo de la ciudad sobre el campo. Por eso, la literatura entra también en el debate sobre la nación no como un reflejo del mismo sino como un elemento que hace parte de esa discusión.

Precisamente, Cornejo Polar al rescatar la historicidad del fenómeno literario, que le permite dejar atrás al inmanentismo al que se vio tentado por largo tiempo la crítica literaria en América Latina, permite que la historia se convierta en una herramienta decisiva para abordar la literatura. La carencia de esta dimensión negó la posibilidad de problematizarla como ejercicio de conocimiento y de advertir en estos relatos

> su tendencia a comprender el proceso literario como secuencia unilineal, cancelatoria y perfectiva que le impide captar la coexistencia de sistemas literarios diferenciados, cada cual con su propia historia, y le dificulta comprender que incluso dentro del sistema hegemónico se producen simultaneidades contradictorias (...) que son los puntos de mayor relieve de una problemática ciertamente más amplia, (y que A. B.) quedan fuera de la conciencia de la historia literaria. (Cornejo Polar, "La formación" 14)

Por esta vía, se puede percibir que *La formación de la tradición literaria en el Perú* abrió una brecha fundamental para la crítica literaria en América Latina. Sus proyecciones útiles hacia la propia disciplina histórica latinoamericana son evidentes si se tiene en cuenta el presupuesto sobre el que se ha desarrollado. Justamente en este trabajo del crítico peruano se establece de manera lúcida y precisa la naturaleza ideológica y artificial de la tradición literaria nacional que no es capaz de reproducir o detectar "(...) las imágenes con que cada sujeto social construye su idea de nación, lo que implica que pueden existir al mismo tiempo y en una misma sociedad dos o más tradiciones literarias" (16).

Estas consideraciones llevan a pensar que el concepto europeo de nación, que jugó un papel como modelo de los fundadores de las repúblicas latinoamericanas, implantó el supuesto de la unidad y la homogeneidad como base de la nacionalidad. El acto fallido de esta aplicación no fue suficiente para poner en cuestión estos presupuestos en realidades marcadas por los regionalismos y geografías culturales disímiles que se impusieron reiteradamente a las proyecciones ideológicas.

REVALORAR LA CONFLICTIVIDAD Y LA CONTRADICCIÓN

Esta nueva forma de mirar los procesos históricos latinoamericanos basados en la crítica a las categorías de unidad y de homogeneidad, postulan el establecimiento de una nueva historia de la literatura nacional, cuyos alcances no se limitan al ámbito nacional. Esta propuesta modifica también el carácter mismo de "la comprensión unitaria" de la literatura en América Latina ("El indigenismo" 10). La crisis de estas categorías entronca con la forma como se comprende el proceso histórico y social del que hace parte la literatura. En este punto es fundamental el aporte que a la disciplina histórica latinoamericana hace Cornejo Polar, ya que, de esta manera, los proyectos nacionales y latinoamericanos se constituyen en "procesos abiertos, no excluyentes, que pueden articularse entre sí de muchas maneras distintas" ("La literatura latinoamericana" 129).

Una obra como *La formación de la tradición literaria en el Perú* es una muestra práctica de los alcances de la propuesta de Cornejo Polar. Allí describe cómo la actividad de los relatores del pasado o quienes retomaron este pasado con fines artísticos desarrollaron una "gran voracidad" para anexarse espacios temporales que en el marco de un proceso como la creación y consolidación del Estado-Nación llevan a conflictos evidentes. Así, Cornejo Polar enseña cómo la República peruana se apropia del mundo colonial y reivindica su continuidad en el mundo "independiente" y cómo, después recupera para sí el mundo indígena. En estas operaciones ideológicas e históricas al mismo tiempo, el crítico peruano no olvida señalar cómo se obvia la conflictividad y cómo se somete a estos períodos a un canon específico que es el del mundo letrado y literario en habla española, para el caso literario, y al mundo republicano, en el caso histórico y político. Con lo cual, Cornejo Polar concluye que su propuesta no tiene que ver con una auscultación nostálgica del pasado ni con el abandono de la literatura culta sino que pretende describir las limitaciones de los esfuerzos por elaborar una imagen de la nación como un asunto acabado y claro, tal y como lo hizo Mariátegui.

En el ámbito literario, la "pluralidad real" se vio sumergida en la homogeneidad que impusieron los distintos proyectos nacionales. Estos planes de integración concluyeron con la exclusión de todas las manifestaciones literarias que no coincidían con cierta normatividad dentro de la creación de una literatura nacional, elaborada por la vía histórica generalmente. El carácter excluyente permitió que se justificara la marginalidad de los sistemas literarios distintos porque no tenían valor literario ni portaban representatividad social, aunque "objetivamente sea imposible recusar la validez estética de esas literaturas y ni siquiera sensato discutir su arraigo en un elevadísimo porcentaje de la población de esos países" ("Para una agenda" 119).

Cornejo Polar reivindica así la naturaleza conflictiva de las sociedades latinoamericanas que no podían percibir tanto la categoría de "unidad nacional" como de "mestizaje", tan usadas en el caso específico de los estudios literarios. La suposición de que las realidades mayores en donde se inscriben las literaturas marginales son "suficientemente homogéneas y diferenciables" y, además de ello, son "previas a la literatura que le corresponde" ("La literatura latinoamericana" 123) entra en el campo de la problematización a partir de los aportes de la obra de Cornejo Polar.

El crítico peruano reconoce que los sistemas literarios se relacionan entre sí y con sistemas mayores; los sistemas regionales con la literatura nacional y ésta, a su vez, con la literatura latinoamericana. Estos vínculos están mediados por la contradicción más que por la armonía. Los lazos conflictivos entre estos sistemas y el reconocimiento y la aceptación de esta naturaleza dentro de los sistemas literarios por parte de la crítica es lo que permite recobrar "la posibilidad de comprender globalmente, como un todo, a la literatura latinoamericana" (128) y, por extensión, a las literaturas nacionales ya que "una Nación es una suma de contradicciones a las que la historia da una cierta continuidad" ("Los sistemas literarios" 47).

Estas consideraciones del crítico peruano se inscriben en la convicción, compartida por Rama también, de que la presión del proceso de modernización sobre América Latina conlleva la posibilidad de comprenderla como unidad. Esta apreciación acuñada desde los años cincuenta en la CEPAL, es matizada por Cornejo Polar al indicar que la categoría de unidad supone cierta homogeneidad basada en cierta normatividad que excluye lo que considera diferente; o sea, aquello que no se acomoda a sus valores y criterios. Por lo tanto, Cornejo Polar cree que la pluralidad de las sociedades latinoamericanas permite esclarecer el carácter ideológico de los proyectos unificadores y reivindicar, en el caso literario, los sistemas excluidos. El matiz que le da a la categoría de unidad le permite "fundar en la historia una categoría que niegue la de unidad y supere la pluralidad" ("La literatura latinoamericana" 127). La categoría nueva de "totalidad contradictoria", proviene de "la historización de la pluralidad" donde se vislumbran las relaciones contradictorias de los diversos sistemas literarios y, a la vez, permiten entender la totalidad del fenómeno literario. La historización de la pluralidad permite dar cuenta de los procesos literarios y del carácter específicamente latinoamericano de las literaturas que se producen en el subcontinente porque la propuesta de Cornejo Polar lleva a

> (...) la inmersión de las varias literaturas que se producen en América Latina dentro del proceso histórico de nuestra sociedad y del examen de los conflictos concretos que las separan y unen con factores de una totalidad también concreta e histórica. (128)

El trabajo de Cornejo Polar problematiza la imagen de la literatura nacional a partir de la convicción de que cuando se aborda la literatura no se hace de manera "natural" porque es un acto "intencional, portador de opciones ideológicas y científicas, tal vez no muy precisas pero, en todo caso, decisorias" ("Los sistemas literarios" 23). Punto de partida que al mismo tiempo está unido a las fuentes que sustentan el esfuerzo emprendido por el crítico peruano sobre el caso de la literatura nacional.

En el momento en que Cornejo Polar retoma a Mariátegui como punto de partida para abordar el estudio de la literatura peruana pone la cuestión nacional como un tema "pendiente y agobiante". Esto no es así en la "imagen nacional" que se describe en los relatos históricos, tradicionalistas y profesionales, y que se reproducen a través de la educación y las instituciones culturales, justamente por el carácter del supuesto que parten estas historiografías nacionales; es decir, la categoría de Estado-Nación. El descubrimiento de los actores distintos a las élites políticas y económicas es un hecho reciente en la historiografía latinoamericana, proveniente principalmente de la recepción de la llamada "historia desde abajo" elaborada por los marxistas ingleses, así como la irrupción de la historia de las mentalidades impulsada por *Annales* y la llamada microhistoria a la manera de Carlo Ginzburg. Todas estas propuestas historiográficas se acuñaron en Europa apenas a fines de los años setenta.

El reconocimiento de la heterogeneidad de las sociedades latinoamericanas y de sus relaciones conflictivas debido a los marginamientos que padecen amplios sectores de las mismas, tanto a nivel socioeconómico como cultural, pone en duda el proyecto de unidad nacional bajo el criterio de la armonía que pretende postular como un hecho logrado las historias nacionales "oficiales". Esta misma suposición se reformuló en torno a la categoría del mestizaje como un proyecto hacia el futuro, en la primera mitad del siglo XX, y cuya inspiración se debía a las transformaciones novedosas que se vivían en ese momento en las sociedades latinoamericanas, lo mismo que a la situación crítica de las potencias europeas.

El mestizaje fue puesto en boga por la obra de algunos ensayistas latinoamericanos (Picón Salas; Henríquez Ureña). A fines del siglo tomaron un nuevo impulso y ropaje en los trabajos de Ángel Rama y Néstor García Canclini (Rama, *Transculturación*; García Canclini), que, sin embargo, no superaron la operación ideológica que oculta la naturaleza conflictiva de las sociedades latinoamericanas. Con frecuencia, las recepciones más extremistas de la teoría del mestizaje dieron pie a la postulación de hegemonías de sentido inverso en las que se afirmaba abiertamente que lo verdaderamente nacional era "el otro lado de la realidad": los indios o los mestizos, realizando así un desplazamiento de los criterios clasistas de exclusión a criterios meramente étnicos.

De esta manera, la obra de Cornejo Polar va más allá de los límites que le impone su especialidad como crítico literario. El cuestionamiento de las categorías de unidad, homogeneidad y mestizaje ponen de manifiesto la debilidad de los proyectos nacionales que se elaboraron y se impusieron en los siglos XIX y XX en América Latina. En este quehacer, la actividad histórica tuvo un fuerte peso como herramienta ideológica y política; por lo tanto, a la manera como historiadores de la talla de José Luis Romero y Jorge Basadre se lo plantearon, Cornejo Polar estimula la revisión de las concepciones historiográficas, las maneras de construir y abordar el pasado nacional y latinoamericano al enseñarnos el carácter provisional y problemático de la categoría de Nación y de América Latina como se ha desarrollado y empleado hasta el momento.

Bibliografía

Basadre, Jorge. *Perú: problema y posibilidad. Ensayo de una síntesis de la evolución histórica del Perú*. Lima: Librería Francesca Científica & Casa Ed. E. Rosay, 1931.

Betancourt, Alexander. *Historia, ciudad e ideas. La obra de José Luis Romero*. México: 2000. (En prensa.)

Colmenares, Germán. *Las convenciones contra la cultura. Ensayos sobre la historiografía hispanoamericana del siglo XIX*, Bogotá: Tercer Mundo, 1989.

Cornejo Polar, Antonio. *La formación de la tradición literaria en el Perú*. Lima: Centro de Estudios y Publicaciones, 1989.

_____*Sobre literatura y crítica latinoamericanas*. Caracas: Universidad Central de Venezuela, 1982.

_____"Los sistemas literarios como categorías históricas. Elementos para una discusión latinoamericana". *Revista de Crítica Literaria Latinoamericana* XV/29 (1989): 19-24.

_____"La literatura latinoamericana y sus literaturas regionales y nacionales como totalidades contradictorias". *Hacia una historia de la literatura latinoamericana*. Ana Pizarro, coord. México: El Colegio de México, Caracas: Universidad Simón Bolívar, 1987: 123-36.

_____"Las literaturas marginales y la crítica: una propuesta". *Augusto Roa Bastos y la producción cultural americana*. Saúl Sosnowski, comp. Buenos Aires: Ediciones de la Flor, 1986: 93-98.

_____"Literatura peruana: totalidad contradictoria". *Revista de Crítica Literaria Latinoamericana* IX/18 (1983): 37-50.

_____"Para una agenda problemática de la crítica literaria latinoamericana: diseño preliminar". *Casa de las Américas* XXI/126 (1981): 117-22.

_____"El indigenismo y las literaturas heterogéneas: su doble estatuto socio-cultural". *Revista de Crítica Literaria Latinoamericana* IV/7-8 (1978): 7-21.

Crespo, Horacio. (Ed.) *José Aricó. Entrevistas 1974-1991*. Córdoba, Argentina: Centro de Estudios Avanzados, Universidad Nacional de Córdoba, 1999.

Chartier, Roger. *El mundo como representación. Historia cultural: entre práctica y representación*, Barcelona: Gedisa, 1992.

De Castro, Angela. *História e historiadores. A política cultural do Estado Novo*. Rio de Janeiro: Fundação Getulio Vargas, 1996.

Eslabones. Revista Semestral de Estudios Regionales 7 (1994). ("Ecos de la historiografía francesa en América Latina").

Flores Galindo, Alberto. *Buscando un Inca. Identidad y utopía en los Andes*. Lima: Instituto de Apoyo Agrario, 1988.

Gaos, José. "Notas sobre la historiografía". *Historia Mexicana* IX/4 (1960): 481-508.

García Canclini, Néstor. *Culturas híbridas. Estrategias para entrar y salir de la modernidad*. México: Grijalbo, Consejo Nacional para la Cultura y las Artes, 1990.

Gutiérrez Girardot, Rafael. *La formación del intelectual hispanoamericano en el siglo XIX*. College Park, MD: Latin American Studies Center, University of Maryland, 1991.

_____*Temas y problemas de una historia social de la literatura hispanoamericana*. Bogotá: Cave Canem, 1989.

_____*Aproximaciones*. Bogotá: Procultura, 1986.

_____"La historiografía literaria de Pedro Henríquez Ureña: promesa y desafío". *Cuestiones*. México: Fondo de Cultura Económica, 1994. 22-44.

___ "Pedro Henríquez Ureña". Pedro Henríquez Ureña. *La utopía de América*. Selección y notas de Rafael Gutiérrez Girardot y Ángel Rama. Caracas: Biblioteca Ayacucho, 1978.

___ "Pedro Henríquez Ureña y la historiografía literaria latinoamericana". *Horas de estudio*. Bogotá: Instituto Colombiano de Cultura, 1976. 357-71.

Henríquez Ureña, Pedro. *Las corrientes literarias en la América Hispánica*, México: Fondo de Cultura Económica, 1949.

___ *Historia de la cultura en la América Hispánica*, México: Fondo de Cultura Económica, 1947.

Hobsbawm, Eric. *Naciones y nacionalismos desde 1780*. Barcelona: Crítica, Grijalbo Mondadori, 1992.

Matute, Álvaro. *El pensamiento historiográfico mexicano en el siglo XX*. México: Fondo de Cultura Económica, 1999.

___ *Estudios historiográficos*. Cuernavaca: Centro de Investigación y Docencia en Humanidades del Estado de Morelos, 1997.

Medina, José Toribio. *La imprenta en México 1539-1821*. 8 Vols. México: Universidad Nacional Autónoma de México, 1989.

___ *La imprenta en Lima 1584-1824*. 3 Vols. Santiago de Chile: Fondo Histórico y Bibliográfico de José Toribio Medina, 1966-1988.

___ *Biblioteca hispanoamericana 1493-1810*. 2 Vols. Santiago de Chile: Fondo Histórico y Bibliográfico de José Toribio Medina, 1958.

Moraña, Mabel. *Literatura y cultura nacional en Hispanoamérica (1910-1940)*. Minneapolis, MN: Institute for the Study of Ideologies and Literatures, 1984.

O'Gorman, Edmundo. *Crisis y porvenir de la ciencia histórica*. México: Imprenta Universitaria, 1947.

Perus, Françoise. "A propósito de las propuestas *historiográficas* de Ángel Rama". *Ángel Rama y los estudios latinoamericanos*. Mabel Moraña, ed. Pittsburgh, PA: IILI-Serie **Críticas**, 1997. 55-70.

Picón Salas, Mariano. *De la conquista a la independencia. Tres siglos de historia cultural*. México: Fondo de Cultura Económica, 1944.

Pizarro, Ana. (Coordinadora). *Hacia una historia de la literatura latinoamericana*. México: El Colegio de México, Caracas: Universidad Simón Bolívar, 1987.

Quijada, Mónica. "La nación reformulada: México, Perú y Argentina (1900-1930)". *De los Imperios a las naciones: Iberoamérica*. Antonio Annino et al. (Coordinadores). Zaragoza: Ibercaja, 1994. 567-90.

Rama, Ángel. *La ciudad letrada*. Hanover, NH: Ediciones del Norte, 1984.

___ *Transculturación narrativa en América Latina*. México: Siglo XXI, 1982.

Reyes Mate. "La historia de los vencidos (un ensayo de filosofía de la historia contra las ontologías del presente)". *Analogía Filosófica* IV, 1 (1990): 33-58.

Reyes, Alfonso. *Libros y libreros en la antigüedad*. México: Fondo de Cultura Económica, 1979.
Rincón, Carlos. "Historia de la historiografía y de la crítica literaria latinoamericana. Historia de la conciencia histórica". *Revista de Crítica Literaria Latinoamericana* XI/24 (1986): 7-19.
Romero, José Luis. *La vida histórica*. Buenos Aires: Sudamericana, 1988.
Schmidt, Friedhelm. "Literaturas heterogéneas y alegorías nacionales: ¿paradigmas para las literaturas poscoloniales?" *Revista Iberoamericana* LXVI/190 (2000): 175-85.
_____ "¿Literaturas heterogéneas o literatura de la transculturación?" *Nuevo Texto Crítico* VII/14-15 (1994/1995): 193-99.
Smith, Anthony D. *La identidad nacional*. Madrid: Trama Editorial, 1997.
Sosa, Ignacio. "Nacionalismo y populismo, dos interpretaciones distintas de una experiencia única". *Política y Cultura* 11 (1998/1999): 7-28.
_____"Globalización y desintegración social". *Latinoamérica. Anuario de Estudios Latinoamericanos* 30 (1999): 261-88.
Vergara y Vergara, José María. *Historia de la literatura en Nuevo Granada. Parte primera: desde la Conquista hasta la Independencia (1538-1820)*. Bogotá: Imprenta Echevarría Hermanos, 1867.
Wentzlaff-Eggebert, Christian. "Literatura americana o literatura nacional". *Problemas de la formación del Estado y la Nación en Hispanoamérica*. Inge Buisson et al, coord. Bonn: Inter Nationes, 1984: 279-87.
Zea, Leopoldo. *La filosofía de la historia americana*. México: Fondo de Cultura Económica, 1978.
_____ *Dos etapas del pensamiento en Hispanoamérica. Del romanticismo al positivismo*. México: El Colegio de México, 1949.

Antonio Cornejo Polar y la narrativa del siglo XX: una lectura sobre lecturas

José Castro Urioste
Purdue University Calumet

La obra de Antonio Cornejo Polar tiene como objeto de estudio diferentes periodos históricos y regiones de América Latina, aunque obviamente hizo énfasis en la crítica sobre la literatura peruana. A pesar de esta variedad en sus trabajos siempre mostró un agudo rigor crítico basado en un método analítico-explicativo-referencial que con gran acierto Bueno ha descrito (13-24). En todo caso, lo que me interesa aquí plantear es una lectura sobre sus estudios acerca de la narrativa latinoamericana del siglo XX.[1] Quisiera, en primer lugar, señalar algunas cuestiones de carácter general. Una de ellas, es que Cornejo Polar comprendió el fenómeno de la nueva narrativa (quizás uno de los momentos de mayor auge en nuestra literatura), no como un caso aislado, carente de antecedentes en la historia. Cornejo Polar establece claros y profundos nexos entre la nueva narrativa y la vanguardia surgida alrededor de la década del '20. Entre estos nexos estarían, por ejemplo, el hecho de concebir la literatura solamente como lenguaje, la diversidad de puntos de vista, el constante cuestionamiento de la licitud del lenguaje, la distorsión de la secuencia narrativa y la representación de la realidad de manera fragmentada. Al respecto, Cornejo Polar ha dicho en un conversatorio con Alberto Escobar y Nelson Osorio:

> [...] hasta qué punto la nueva novela no es más que una derivación, en parte o buena parte, de la poesía de vanguardia. [...] Cuando yo leo los artículos teóricos de Mario Vargas Llosa sobre lo que es la novela, [...] cuando leo algunas cosas de Rodríguez Monegal, de Fuentes o de Harss, veo que se está planteando en términos de novela algunos problemas que se habían planteado en la Vanguardia latinoamericana con mucha claridad ("Conversatorio" 27).

Dentro de este planteamiento, Cornejo Polar considera que *La casa de cartón* de Martín Adán tiene características como la versatilidad del narrador y de las perspectivas, riqueza estilística, fragmentación, proyección de sus estratos de representación, cuya importancia sólo se refleja con claridad en la nueva narrativa hispanoamericana ("Historia de la literatura" 112-13).

De estas relaciones entre nueva narrativa y vanguardia, se desprenden otras observaciones. La primera de ellas es la de la tradición: evidentemente Cornejo Polar opta por establecer semejanzas con el pasado más que diferencias. Y junto a esto, evidentemente, surge la cuestión de la intertextualidad, ya que las semejanzas que se construyen van más allá de los límites de los géneros literarios. En otras palabras, no se estaría hablando de una tradición en cada género sino de una global que dialoga con todo tipo de construcción textual generada en nuevas realidades históricas:

> Ahora, sobre el tema de la tradición, creo que es importante algo: la crítica estaba trabajando con tradiciones parceladas, o sea, la tradición novelesca por un lado, la tradición poética por otro lado, la tradición ensayística, etc. Y claro, bajo esa parcelación, a veces cosas que correspondían a un género distinto, parecían nuevas, porque dentro de ese género [...] eran efectivamente nuevas y no dentro de otra modalidad de creación ("Conversatorio" 30).

Asimismo, construir estas relaciones entre nueva narrativa y vanguardia implica abordar la problemática de la periodización. Efectivamente, a partir de estos nexos se construiría un periodo de la literatura más amplio y complejo evitándose los recortes excesivamente puntuales que impiden comprender los fenómenos literarios relacionados a vastos y complejos procesos histórico-culturales. Pero no sólo eso: se podría interpretar que la vanguardia sería una de las tendencias predominantes en una buena parte del siglo XX y hasta nuestros días, y por consiguiente la novela regional pese a las relaciones que se han establecido entre ésta y la vanguardia estaría ligada a una forma de narrar y también de concebir el mundo que proviene del siglo XIX y se extiende en el XX (*Doña Bárbara*, por ejemplo, no deja de ser la novelización del *Facundo*, aunque se hayan establecido ciertas diferencias entre ambos textos[2]). En cierto modo, esto también se confirmaría con la lectura de Cornejo Polar sobre el cuento "Un hombre muerto a puntapiés", de Pablo Palacio. Para Cornejo Polar este cuento expresa la poética de Palacio, lo cual implica una escritura que se aleja del realismo a lo Icaza, por ejemplo para dar cuenta de la realidad con mayor plenitud ("Un hombre muerto" 167-171).

La otra observación que conviene mencionar es que Cornejo Polar interpreta la nueva narrativa como una parte de un sistema literario que se interrelaciona con otros y que construye una totalidad. De tal modo, que el corpus de la literatura latinoamericana sería mucho más amplio, en el cual la nueva narrativa y la literatura escrita en español serían una parte de él, junto con las literaturas y propuestas narrativas también nativas y populares.

LA CUESTIÓN DE LA IDENTIDAD

Los estudios de Cornejo Polar sobre la narrativa indigenista, y especialmente sobre José María Arguedas, revelan la posibilidad de comprender la identidad nacional como una construcción multicultural. De allí, por ejemplo, el epígrafe de *El zorro de arriba y el zorro de abajo* que se recoge en el libro *Los universos narrativos de José María Arguedas*: "[...] en la que cualquier hombre no engrilletado y embrutecido por el egoísmo puede vivir, feliz, todas las patrias"(9), y también las líneas finales de la introducción del mismo libro en la que se hace énfasis en la cuestión de América: "Con este lenguaje, [...] José María Arguedas relata una sobrecogedora y bellísima historia, la historia de nuestra América" (23).

Sin embargo, esta preocupación de Cornejo Polar por establecer relaciones entre la literatura y la cuestión de la identidad nacional y/o latinoamericana no se limita a sus investigaciones sobre la narrativa indigenista, sino que incluye también la obra de Jorge Luis Borges. Con frecuencia Borges ha sido visto como un escritor europeísta y desconectado de la tradición cultural latinoamericana. Para muestra basta este texto de Mario Benedetti:

> Es probable que para los críticos y lectores europeos, Jorge Luis Borges constituya un dato fácilmente encasillable: literato de primerísima categoría, o sea alguien que escribe tan bien

y con tanto rigor y tanta calidad, que "hasta […] podría ser europeo" (93).

Cornejo Polar propone una lectura de Borges con clave americana. Para ello, en primera instancia, al citar la frase del escritor argentino "sigo siendo un salvaje unitario" establece que Borges reconoce y se inserta dentro de una tradición: Sarmiento, su generación, y su proyecto de modernidad que es propio también aunque dentro de otra coyuntura histórica de la vanguardia con que el autor de *Ficciones* se relacionó. Pero este vínculo con Sarmiento iría más allá. Cornejo Polar, siguiendo las ideas de Piglia, afirma que la escritura de *Facundo* se construye a partir del sistema de citas (en varios idiomas europeos, por cierto) que se convierte en signo de erudición. Sin embargo, en este sistema de citas se filtran errores, de tal modo que el signo de erudición y civilización termina siendo corroído por la barbarie. La obra borgeana o parte de ella, al igual que *Facundo*, también se sustenta en las referencias. Pero Borges no se equivoca con ellas, sino que en ciertos casos las inventa y en sus textos coexisten junto con las auténticas. La erudición ficticia deconstruye la erudición real que a su vez se transforma en "signo también fantástico: su orden no es, entonces, el de la sabiduría y la verdad, sino el del arte y de la belleza" (Cornejo Polar 1991: 27). Es cierto que en todo esto se instala una poética del juego proveniente de las vanguardias, pero también esta libertad e irreverencia en el tratamiento de la cultura occidental por parte de Borges surge de una visión marginal: es decir, desde su condición de latinoamericano (28).

Asimismo, esta lectura de Cornejo Polar se sustenta en las obsesiones de Borges. En efecto, desde la Conquista hasta nuestros días, América Latina se ha preguntado por la cuestión del ser y, como parte de ello, por el otro: "...el examen de nuestra identidad es también, un auscultamiento de la otredad" (31). Borges no sería la excepción a esta inquietud por la identidad americana, aunque lo haga no de manera evidente sino un tanto oblicua. Son prueba de ello la recurrencia a los dobles, a los seres que imaginan a otros, y gran parte en Borges es "apenas insinuación y trama oculta de un discurso que parece hablar de otra cosa" (30). Resulta sugerente que Cornejo Polar vea en Borges y Roa Bastos dos maneras de preguntarse por el otro: aquél con un repertorio que proviene de la ontología, éste con bases antropológicas y sociales, que terminan siendo dos caminos igualmente válidos para abordar la cuestión de la identidad latinoamericana ("Las figuraciones transculturales" 10).

El análisis que Cornejo Polar hace sobre Borges revalora la obra del escritor argentino. Lo inserta dentro de nuestra tradición al relacionarlo con Sarmiento y Roa Bastos, fundamentalmente al afirmar que tanto la perspectiva como la idea del otro en Borges obedecen a su condición de latinoamericano. En todo caso, en esta interpretación subyace, en primer lugar, la noción de que un texto no es una entidad aislada sino que constituye una red de relaciones con la historia y la cultura (Bueno 19-20); segundo, que indagar por la identidad latinoamericana en Borges es también una de las preocupaciones en gran parte de la obra de Antonio Cornejo Polar y tal preocupación no es aislada sino que responde a una historia y una cultura, y específicamente a la agenda de la crítica literaria latinoamericana (las obras de Rama, Fernández Retamar, por citar dos ejemplos ya clásicos, buscan también abordar la cuestión de la identidad);[3] y tercero, hacer de Borges un escritor con preocupaciones latinoamericanas, implica que buena parte de la narrativa que es deudora de su influencia —sin ir muy lejos, creo que el ritmo de la prosa de García Márquez no podría ser entendido sin la obra de Borges— tendría sus raíces, sus orígenes, en un escritor nuestro.

LA NARRATIVA EN EL PERÚ

En cierto modo, Cornejo Polar analiza la narrativa peruana del siglo XX como una expresión de las condiciones socio-históricas y también como una respuesta a ellas. Por ejemplo, para Cornejo Polar la obra de los escritores publicada inmediatamente posterior al modernismo (Valdelomar, Diez Canseco, López Albújar, Martín Adán, entre otros) implica un rastreo en el complejo y diverso sistema social peruano (textos sobre lo citadino y lo aldeano, sobre lo aristocrático y lo burgués, sobre lo indígena, lo negro, lo mulato, y lo criollo) que es, sin duda, un intento de reconocimiento de la totalidad y pluralidad del Perú. Esta diversidad de tendencias se debió a la crisis económica, social y política de aquellos años que motivó la reivindicación de otros estratos socio-étnicos: "Es como si el Perú, a través de su literatura, hubiera necesitado reconocerse en la multiplicidad de sus distintas realidades y en las posibilidades implícitas en cada una de ellas" (1981: 117). De todas estas tendencias fue el indigenismo tradicional la que tuvo más vigencia.

Para Cornejo Polar la "generación del '50" marca un nuevo momento que se inicia cuando se agota el indigenismo tradicional. Sin ánimo de fijar límites cronológicos específicos, resulta sintomático que la última gran novela del indigenismo tradicional, *El mundo es ancho y ajeno*, se publique en 1941 y que diez años después aparezcan los libros que inauguran la narrativa de la "generación del '50". La característica fundamental de esta narrativa es un claro deseo de modernización. En tal sentido, Cornejo Polar establece una homología entre las características del proceso de modernización iniciado en el Perú de la década de los '50 y los conflictos de este grupo de escritores. Por un lado, debido a la estructura de la sociedad peruana y al rol que tuvo el capital extranjero, la modernización que se generó fue superficial: no transformó el orden oligárquico dominante y agudizó los conflictos sociales. Como consecuencia de ello, en el campo específico de la literatura, la modernización fue igualmente parcial: se concretó en la escritura (se renovó la estructura y el lenguaje), pero careció de un sistema editorial e institucional moderno que sustentara este proyecto ("Hipótesis" 258-61). Detrás de esta propuesta de Cornejo Polar se hallan los planteamientos teóricos de Goldmann que influyeron en buena parte de la crítica latinoamericana que optó por una sociología de la literatura. Se establecen así relaciones de causa-efecto entre la la estructura socio-económica y los rasgos particulares de la literatura (como parte de la superestructura). Lo que resulta fundamental es la libertad (y por ende originalidad) con que Cornejo Polar emplea las ideas de Goldmann. Esto se verá posteriormente también en su análisis sobre Vargas Llosa , que proviene no de aplicar mecánicamente una teoría, sino de construir hipótesis a partir de las características particulares de los fenómenos literarios y sociales. La literatura y en este caso la narrativa peruana resulta siendo analizada en y desde su especificidad textual, pero al mismo tiempo se la explica a partir de las condiciones de base que la generan.

Esta articulación es usada por Cornejo Polar para comprender momentos posteriores de nuestra narrativa. Así, por ejemplo, partiendo del presupuesto de que existen dos tendencias en la narrativa del '50, la "neoindigenista" y la "neorrealista urbana", Cornejo Polar afirma que la diferencia fundamental no estaría allí sino en otro nivel:

> [...] entre la narrativa que se liga al largo proceso de modernización capitalista, triunfante luego del fracaso de la 'modernización' odriista y de la interferencia del reformismo, y la que se vincula a los fenómenos de desestructuración del viejo orden social y puede desde allí, dialécticamente, cuestionar la realidad presente y proponer otro curso histórico [...]. Sus extremos más característicos, y de obra más valiosa, son Mario Vargas Llosa (1936) y José María Arguedas (1911-1969) sobre cuya modernidad no debería haber duda. (266)

En efecto, Cornejo Polar estudia la obra de estos dos escritores peruanos relacionando dinámicamente sus producciones literarias al contexto socio-histórico. Aunque no me voy a detener en sus investigaciones sobre Arguedas además del libro *Los universos narrativos...* Cornejo Polar publicó varios artículos y una nueva interpretación en *Escribir en el aire...* que merecen atención especial, creo necesario indicar que para él la obra del autor de *Los ríos profundos* es la "[...] más intensa e iluminadora reproducción estética de las contradicciones medulares de la formación histórica peruana: en lo esencial, de su desmembrada constitución socio-cultural [...]" (268).

Por otro lado, Cornejo Polar considera que Vargas Llosa lleva a cabo con plenitud lo que se habían propuesto los narradores del '50: la modernización del relato. El éxito de *La ciudad y los perros* implicó tanto una novela como un aparato editorial y de distribución moderna. En todo caso, este logro apareció relacionado con una esfera internacional. En la obra de Vargas Llosa se realiza un proceso sustitutorio del incomprensible caos social y por el cuidadoso orden formal: en otras palabras, la realidad imperfecta es representada por la perfección literaria. Esto se puede explicar por el doble contexto que sustenta la obra de Vargas Llosa, pero también, por la extrema modernidad de la producción y distribución internacional. En efecto, la plenitud de la forma obedece homológicamente a que se inserta en un aparato industrial y comercial capitalista que hace que sus productos se desliguen de sus condiciones de base, es decir, en este caso, de la realidad peruana (270-72).

Dentro de estas dos líneas narrativas se insertaron los narradores posteriores a Vargas Llosa y Arguedas. Tuvieron, además, que enfrentarse a un aparato editorial peruano que era tan pobre como al anterior a la publicación de *La ciudad y los perros*, y que en esos momentos por comparación ante el auge editorial de la nueva narrativa en centros como México y Argentina y el repunte de Colombia y Ecuador, resultaba aún más débil. Hubo también tendencias entre los nuevos narradores: unos prefirieron la internacionalización de la escritura, como Harry Belevan; otros, se insertaron dentro de una literatura comprometida con las causas populares, como por ejemplo aquellos ligados al grupo "Narración". Sin embargo, ambas opciones resultaron estrictamente voluntaristas: la internacionalización no se realizó de manera plena, y después de Vargas Llosa y Scorza sólo Bryce ingresó en esa esfera; y el pueblo peruano, por otro lado, no apoya propuestas políticas radicales a partir de la lectura de relatos (1986: 11-12).

Definitivamente, la obra de Rivera Martínez es posterior a la de Vargas Llosa y Arguedas y en cierto modo se relaciona con las características descritas para esa nueva "generación" de escritores (por ejemplo, su inserción en el débil aparato editorial peruano, a fin de cuentas los dos primeros libros de Rivera Martínez *El unicornio* (1964) y *El visitante* (1974) tuvieron un reducido tiraje). Resulta fundamental mencionar que su novela *País de Jauja* (1993) expresa una "perspectiva inédita: porque lo que había sido conflicto irremediable [entre dos culturas] o desasosegada nostalgia por una armonía imposible, aquí es imbricación tensa sin duda pero sobre todo gozosa" (Cornejo Polar, "Nombre de país" 200). Visto así, *País de Jauja* podría interpretarse no tanto como la fusión de las dos tendencias de la narrativa peruana contemporánea descritas por Cornejo Polar, aquella representada por Arguedas y la otra por Vargas Llosa , sino un texto que se construye de ambas vertientes al mismo tiempo que las mantiene y que es capaz de ofrecer una propuesta optimista.

En todo caso, me interesa subrayar que Cornejo Polar comprende la narrativa peruana de este siglo no como un conjunto de textos aislados sino como un proceso en el cual se va construyendo más de una tradición. Tal proceso implica reconocer la densidad y complejidad de nuestra literatura, y de allí que en cada coyuntura existan varias vertientes vinculadas a la pluralidad de la sociedad peruana. El análisis de Cornejo Polar no sólo implica la relación entre el proceso literario que nace y expresa una respuesta a veces frustrada, a veces no ante la estructura socio-económica, sino que presta atención a otras variables extra-textuales, como por ejemplo las determinadas características del aparato editorial, lo cual, en última instancia, permite una mejor comprensión de la narrativa peruana.

En el planteamiento de este proceso histórico-literario no deja de subyacer una tensión entre lo ideológico y lo estético. En ciertos casos, por ejemplo al referirse a Arguedas o al grupo *Narración* ambas lecturas se fusionan y se refuerzan mutuamente. En otros, pienso que en la interpretación sobre la narrativa de Vargas Llosa se enfatiza el análisis ideológico sobre lo estético, pese a la gran influencia que en este nivel ha tenido el autor de *La casa verde* sobre otras generaciones, incluyendo al grupo *Narración*.[4] Creo que detrás de estas tensiones se instala la preferencia de Cornejo Polar por una literatura que dé cuenta de los sectores populares.

NOTAS SOBRE LA NARRATIVA DE DONOSO

El método de análisis de Cornejo Polar no sólo implica la articulación entre los fenómenos literarios y sus contextos socio-históricos como ha sido ejemplificado en las observaciones sobre la narrativa peruana del siglo XX, sino las relaciones entre diversos textos que llevan a constituir un sistema que a su vez dialoga con otros. Dentro de esta propuesta por la intertextualidad, Cornejo Polar llega a concebir la obra de un autor como un proceso: lo cual implica que todo texto responde y dialoga con los que lo preceden, y a su vez que establece indicios que serían desarrollados en el futuro.

Así, por ejemplo, Cornejo Polar interpreta la narrativa de José María Arguedas como una secuencia de ampliaciones que se inicia con la representación de los estratos más pequeños de la sociedad andina y termina con la aprehensión de todo el Perú. Este proceso ampliatorio no implica que la plasmación de lo concreto se diluya en panoramas, sino que se agudiza al resaltar los matices (*Los universos* 15).

La novelística de José Donoso es también interpretada por Cornejo Polar como un claro proceso que se inicia en *Coronación* (1958) y culmina en *El obsceno pájaro de la noche* (1970). *Coronación*, por un lado, se inserta dentro un modelo narrativo canónico que es el realismo, pero también expresa los primeros indicios de determinados elementos, como lo grotesco y cierto grado de ambigüedad, que marcan el rumbo peculiar y novedoso de la producción posterior de Donoso. *Este domingo* (1966) también se instala dentro de una estética realista y narra al igual que *Coronación* la decadencia de una familia. Sin embargo, en esta novela la ambigüedad se convierte en el eje central del relato y se incluye en ella un sistema de sustituciones ensayado en este texto limitadamente que propone un cuestionamiento de las identidades ("José Donoso y" 112-13, "Introducción a José Donoso" 8).

Con *El lugar sin límites* (1967) Donoso comienza a alejarse de la norma realista, y ciertos elementos de las novelas anteriores se mantienen y se intensifican: lo grotesco y la ambigüedad surgen en un primer plano. El sistema de sustituciones ensayado en *Este domingo* es llevado a cabo ahora en mayores dimensiones. Los personajes de *El lugar sin límites* cambian constantemente de roles lo que quiebra la dicotomía entre ser y parecer. Asimismo, esta novela de Donoso es particularmente diferente de las otras porque la destrucción ya no es representada como fenómeno social y psicológico, sino que adquiere un rango ontológico ("José Donoso y" 115-16, "Introducción a" 8-9). A diferencia de las tres primeras novelas de Donoso en las que el tema de la destrucción no altera la estructura formal del relato, en *El obsceno pájaro de la noche* la forma también es afectada por la fuerza destructiva. Esto significa que en esta novela no hay ningún aspecto del relato que no se halle ligado al sentido de la destrucción. Bajo esta perspectiva, el sistema de sustituciones, incluyendo al narrador, no sólo es de nuevo empleado, sino que adquiere su verdadera funcionalidad: todo resulta susceptible de ser sustituido ya que no es más que apariencia que luego se desvanece, destruyéndose ("José Donoso y" 120-21; "Introducción a" 10-11; *El obsceno* 105-110). Finalmente, y dentro de una relación intertextual, Cornejo Polar afirma que el proceso de la novelística de Donoso que implica un cuestionamiento profundo al orden establecido llevado a términos universales, sería representativo de un amplio sector de la nueva narrativa hispanoamericana ("José Donoso" 122).

Creo que las investigaciones de Cornejo Polar sobre la narrativa del siglo xx son un claro ejemplo de la aplicación de un método que implica el análisis textual, las relaciones con otros textos, y finalmente la comprensión de los fenómenos literarios dentro del proceso histórico cultural. Definitivamente, sus lecturas no sólo resultan iluminadoras sobre los textos literarios y su articulación con sus contextos, sino que toda investigación futura sobre la narrativa del siglo XX tendrá que remitirse a ellas.

Como se ha visto en el análisis de la obra de Donoso y también se plantea al analizar la narrativa arguediana, Cornejo Polar concibe el desarrollo de los procesos literarios como una ampliación y agudización de los conflictos y características iniciales de ellos. No habría, por tanto, la necesidad de cancelar los rasgos que son planteados originalmente en todo proyecto literario, sino que en ellos se establecería lo que será desarrollado posteriormente. Tal proceso construido a partir de la sobreposición de conflictos resulta aún más sugerente cuando se abordan las categorías de lo regional, lo nacional, y lo internacional. En contraste con los planteamientos sobre la globalización cultural, Cornejo Polar sostiene que las contradicciones de orden regional y nacional representadas en la narrativa de Donoso y Arguedas no se desvanecen con la introducción de los conflictos internacionales y con la internacionalización cultural, sino que se agudizan y se hacen mucho más complejas.

NOTAS

[1] El presente estudio no incluye como "corpus" la narrativa indigenista, y sólo haré algunas referencias tangenciales a ella cuando sea necesario.
[2] Al respecto, véase Osorio, "*Doña Bárbara* y el fantasma de Sarmiento".
[3] Cornejo Polar señala explícitamente que la cuestión de la identidad nacional o latinoamericana es una de las tres grandes agendas problemáticas de la crítica latinoamericana en las últimas décadas (*Escribir en el aire* 12).
[4] Conviene anotar que para el caso del indigenismo, Vargas Llosa también prefiere el análisis ideológico sobre el estético. Véase Vargas Llosa (*La utopía arcaica*).

Benedetti, Mario. "Borges o el fascismo ingenioso". *El recurso del supremo patriarca*. México: Nueva Imagen, 1982. 93-99.

Bueno, Raúl. "Aproximación al método crítico de Antonio Cornejo Polar". *Perfil y entraña de Antonio Cornejo Polar*. Tomás G. Escajadillo, ed. Lima: Amaru Editores, 1998. 13-24.

Cornejo Polar, Antonio. "Nombre de país: el nombre". *De lo andino a lo universal: la obra de Edgardo Rivera Martínez*. César Ferreira e Ismael P. Márquez (comps.). Lima: Universidad Católica, 1999. 199-202.

_____*Escribir en el aire. Ensayo sobre la heterogeneidad socio-cultural en las literaturas andinas*. Lima: Horizonte, 1994.

_____"Clave americana para leer a Borges: una hipótesis". *Nuevo Texto Crítico* 8 (1991): 23-32.

_____"Las figuraciones transculturales en la obra de Augusto Roa Bastos". *Hispamérica* 59 (1991): 3-10.

_____"Hipótesis sobre la narrativa peruana última". *La novela peruana*. Lima: Horizonte, 1989.

_____"Un hombre muerto a puntapiés: poética y narración". *Recopilación de textos sobre Pablo Palacio*. La Habana: Casa de las Américas, 1987.

_____ y Luis Fernando Vidal. "Nuevo cuento peruano". *Nuevo cuento peruano, antología*. Lima: Mosca Azul, 1986.

_____"José Donoso y los problemas de la nueva narrativa hispanoamericana". *Sobre literatura y crítica latinoamericanas*. Caracas: Universidad Central de Venezuela, 1982. 109-22.

_____"Historia de la literatura del Perú republicano". *Historia del Perú*. Tomo VIII. Lima: Juan Mejía Baca, 1981.

_____Introducción a *José Donoso: la destrucción de un mundo*. Antonio Cornejo Polar (comp.). Buenos Aires: García Cambeiro, 1975. 7-11.

_____ *El obsceno pájaro de la noche*: reversibilidad de la metáfora". *José Donoso: la destrucción de un mundo*. Antonio Cornejo Polar (comp.). Buenos Aires: García Cambeiro, 1975. 103-12.

_____*Los universos narrativos de José María Arguedas*. Buenos Aires: Losada, 1973.

_____, Alberto Escobar y Nelson Osorio. "Conversatorio sobre la narrativa y la crítica". *Textual* 7 (1973): 25-39.

Goldmann, Lucien. *Method in the Sociology of Literature*. Oxford: Blackwell, 1981.

Osorio, Nelson. "*Doña Bárbara* y el fantasma de Sarmiento". *Escritura* 15 (1985): 19-35.

Piglia, Ricardo. "Notas sobre *Facundo*". *Punto de Vista* 8 (1980): 15-18.

Vargas Llosa, Mario. *La utopía arcaica. José María Arguedas y las ficciones del indigenismo*. México: Fondo de Cultura Económica, 1996.

Literatura nacional: ¿una noción en crisis?
Anotaciones sobre el sistema conceptual de
Antonio Cornejo Polar

Patricia D'Allemand
University of London

Si algún rasgo identifica la obra del crítico peruano es su constante cuestionamiento y revisión de los paradigmas y categorías que sustentan la reflexión tanto sobre la producción de la literatura latinoamericana como sobre la construcción de su perfil histórico. Su fundamental contribución a la renovación del instrumental teórico-metodológico de la crítica latinoamericana y al rescate de la especificidad histórico-cultural de su quehacer, le garantizan un espacio central dentro de la disciplina a partir de los años '70; sus aportes a la construcción de una crítica literaria autónoma latinoamericana, capaz de dar razón de la multiplicidad de prácticas que constituyen su corpus, su discurso sobre la heterogeneidad cultural y su reivindicación de la narrativa indigenista, han recibido particular atención.[1] Sin embargo, son numerosos los aspectos de su obra que están aún por evaluarse.

El papel que dentro del discurso de Cornejo juega la entrada en crisis de la noción de "literaturas nacionales" y las búsquedas a que ésta lo lanza, constituyen un eje de este ensayo. Dentro de las nociones generadas por estas búsquedas se cuentan categorías que van desde las que intentan dar cuenta tanto de modos de producción literaria o cultural, como de rasgos de la estructura de las sociedades latinoamericanas (heterogeneidad), hasta aquellas con las que se pretende construir marcos explicativos y de organización espacio/temporal alternativos del objeto de estudio de la crítica y la historiografía literarias de la región (totalidad contradictoria). El propósito de estas notas es el de examinar este sistema conceptual y determinar las significaciones y funciones que las nociones que lo conforman tienen dentro del discurso de Cornejo, así como su grado de productividad y proyección.

Desde sus primeros estadios, la sistematización del concepto de heterogeneidad va intrínsecamente ligada a una problematización de los conceptos de nación y de literatura nacional, y de su legitimidad como "objetos de conocimiento", por su simulacro de cohesión, homogeneidad y totalidad. En su ya clásico ensayo, "El indigenismo y las literaturas heterogéneas: su doble estatuto socio-cultural", Cornejo descalifica estas nociones como principios a partir de los cuales, "las historias literarias [delimitan] sus campos y tareas [... y garantizan] la constitución de un *corpus* relativamente autónomo y homogéneo y de una tradición más o menos unitaria y coherente", que por lo demás, "deja sin examinar las variantes intranacionales", a la vez que se muestra "incapaz [...] de conformar una totalidad suficiente" (Cornejo Polar, "El indigenismo y" 9).[2] Al menos tres de las preocupaciones que atraviesan su obra están presentes en esta crítica a los hasta entonces dominantes parámetros de lectura de las literaturas del continente: cómo dar cuenta de la diversidad de la producción literaria escamoteada desde esta perspectiva, cómo dar razón del carácter contradictorio y conflictivo de los varios modos de producción literaria coexistentes en la región y cómo construir un marco alternativo al hasta entonces concebido como nacional, desde el cual hacer inteligibles las múltiples prácticas literarias. De ellas se desprenden búsquedas vertebradoras de su pensamiento crítico, tales como: sus propuestas de replanteamiento y ampliación tanto de la noción de literatura, como de corpus literario en el contexto específico de la historia cultural latinoamericana, su discurso sobre la heterogeneidad de las literaturas y las sociedades latinoamericanas que se ofrece como correctivo a las ficciones de unidad y armonía contenidas en los modelos de lectura sustentados en la ideología del mestizaje o en ciertas visiones de lo nacional y, finalmente, su elaboración del concepto de totalidad contradictoria.

Esta última adquirirá forma unos años más tarde, en una serie de trabajos que serán discutidos más adelante. En el ensayo que estamos comentando, la noción de totalidad que moviliza Cornejo es sobre todo de carácter espacial y está destinada a reemplazar el concepto de literatura nacional: Latinoamérica "sería la categoría idónea para captar las unidades menores". Si bien la idea de unidad promovida por las historias nacionales es desechada como "un recorte equivocado del objeto auténtico, siempre más vasto", ella aparece como una aspiración aproblemática y de alguna manera esencialista, en esta visión continentalista: el objetivo de la crítica sería el de "encontrar la clave que permita la comprensión unitaria de la literatura de América Latina". Sin embargo, para hacer justicia a Cornejo, habría que añadir que esta aspiración a la unidad se ve tensionada por una conciencia de diferencia, ya que, nos dice Cornejo, esta categoría englobante no tendría que conducir a una percepción de las literaturas latinoamericanas (el plural es de Cornejo), como literaturas "indiferenciadas" (9-10). Además, casi sobra recordarlo, el propósito de su ensayo es el de proponer precisamente, un esquema de abordaje de las literaturas que él llama heterogéneas. Su propuesta, de hecho clasifica los modos de producción literaria en la región, en dos: literaturas homogéneas y literaturas heterogéneas. En otro lugar he discutido las implicaciones de esta perspectiva binaria en el discurso de Cornejo, para su proyecto de lectura de la pluralidad de nuestras prácticas literarias y no pretendo volver aquí a ellas (D'Allemand, "Antonio Cornejo Polar: aportes"). Lo que sí quiero señalar, aunque resulte casi redundante por su obviedad, es que la aspiración de unidad a que he hecho referencia arriba, está atravesada por una visión al menos dualista de la producción literaria.

Esta tensión entre unidad y diversidad está presente no sólo en el pensamiento crítico de Cornejo. De hecho, es central a los debates críticos de los años setenta y buena parte de los ochenta;[3] es una dimensión de fuerte presencia en el pensamiento de Ángel Rama también, por ejemplo, donde dicha tensión se asume en cierto momento como perspectiva crítica de doble signo tendiente a dar razón de una cultura que sería definida por fuerzas contradictorias: la primera sería un polo unificador, producto, por un lado, de "un proyecto del equipo intelectual [latinoamericano]", y por otro, efecto del proyecto universalista de la modernidad; y la segunda, un polo diversificador, expresión, en cambio, de "una interior diversidad [ésta sí] definición más precisa del continente" (Rama 1987: 57). Aunque este no es el momento más apropiado para adentrarnos en la complejidad de este argumento de Rama, vale la pena traerlo a colación como punto de referencia para una discusión de la perspectiva continentalista presente en esta etapa del trabajo de Cornejo.

El planteamiento de Cornejo no deja de tener sus afinidades con el de Rama: en primer lugar, en tanto el peruano apela al mismo proyecto intelectual latinoamericanista al que apela Rama, proyecto que hunde sus raíces en la utopía bolivariana, recuperada por el discurso antiimperialista cubano y apropiada por la izquierda continental; en segundo lugar, esta dimensión integradora funciona en los dos críticos como estrategia a partir de la cual se intenta construir una identidad diferencial con respecto a la metropolitana; un tercer punto de encuentro es el reconocimiento por parte de los dos autores, de la multiplicidad de prácticas literarias y culturales coexistentes al interior mismo de los distintos espacios nacionales que conforman la América Latina. Una cuarta afinidad se daría a nivel del carácter supuestamente no contradictorio de las interrelaciones entre las unidades espaciales traídas a colación: nación/continente e incluso "sectores menos amplios" (Cornejo Polar, "El indigenismo y" 11); de modo igualmente paradójico, aunque Rama apuntala en las culturas regionales su desmitificación de la eficacia homogenizadora tanto de los proyectos de unificación nacional de las burguesías latinoamericanas, como del universalismo del proyecto modernizador, también propone una relación de continuidad aproblemática entre proyectos regional, nacional y continental (Rama 1987: 71).[4] A ambos los acerca, en los trabajos comentados, una aspiración integradora de dimensión continental (que por cierto los dos críticos reconocen como un proyecto de los *intelectuales* latinoamericanos), aspiración que de alguna manera menoscaba su apuesta por la pluralidad de prácticas culturales que en el discurso de ambos es testimonio de la capacidad de resistencia de las culturas populares.

En "Apuntes sobre la literatura nacional en el pensamiento crítico de Mariátegui" (1980) y "El problema de lo nacional en la literatura peruana" (1982)[5], el crítico peruano reexamina la noción de literatura nacional, y más que intentar substituirla por otra categoría (Latinoamérica, por ejemplo), la reconceptualiza, inspirándose esta vez en la discusión mariateguiana del asunto en el séptimo de sus *Siete ensayos de interpretación de la realidad peruana*.[6] A partir de esta lectura, Cornejo ensaya nuevas aproximaciones a problemas de la crítica ya visitados: necesidad de replantear el objeto, los objetivos, métodos e instrumental conceptual y valorativo de la disciplina, concepciones de lo nacional y lo literario, nociones de unidad o pluralidad del corpus.

En este sentido, a Cornejo le interesa hacer productivas aquí un par de ideas mariateguianas sobre la sociedad y la literatura peruanas: por una parte, su desmitificación de las visiones unitarias de la sociedad peruana, que escamotean lo que en cambio él describe como "el dualismo quechua-español del Perú no resuelto aún", y por otra, su afirmación de que la literatura del Perú no pueda ser estudiada "con el método válido para las literaturas orgánicamente nacionales, nacidas y crecidas sin la intervención de una conquista". Cornejo traduce la lectura dualista de Mariátegui como la todavía vigente "disgregación socio-cultural" del país y deduce dos implicaciones de la segunda afirmación de su compatriota: la primera implicación sería que "el carácter no orgánicamente nacional de la literatura peruana expresa el carácter no orgánicamente nacional de la sociedad peruana"; la segunda sería que si no se produce alteración alguna en esta característica de la sociedad, no tendría por qué producirse cambio alguno en la naturaleza "no orgánicamente nacional de la literatura" (Cornejo Polar, "Apuntes sobre" 54-55).

Antes de seguir adelante con las elaboraciones que Cornejo hace de los presupuestos mariateguianos, habría que señalar algunos aspectos problemáticos en esta lectura de Mariátegui. En primer lugar, no estoy convencida de que la afirmación de Mariátegui se pueda reducir ni a una homología inmediata entre sociedad y literatura, ni a una concepción de los procesos de cambio en la literatura como reflejo de los cambios efectuados en la sociedad. Como demuestro en otro lugar (D'Allemand, *Latin American*), esta es una perspectiva más propia del discurso de Cornejo y de la crítica de filiación marxista del período en general, que de la óptica mariateguiana. Más justa como implicación, y más productiva, me parece aquella, que si bien Cornejo no menciona aquí, de hecho sustenta su valioso paradigma de lectura de las literaturas heterogéneas: la idea mariateguiana de que las sociedades fracturadas por "la intervención de una conquista" necesitan desarrollar métodos apropiados para dar cuenta de sus literaturas, ya que ellas difieren de aquellas "orgánicamente nacionales". La afirmación de Mariátegui apunta más en dirección a un descreimiento en el universalismo de los métodos cognitivos, y a la necesidad de traducirlos a las demandas específicas de los objetos de que se pretende dar cuenta, en este caso, "la individualidad" de cada literatura, que en dirección a una concepción reductora del arte a un simple reflejo superestructural (Mariátegui, *Siete ensayos* 236).

En cualquier caso, a partir de los citados presupuestos mariateguianos, Cornejo asigna a la crítica la tarea de hacer los ajustes teórico-metodológicos necesarios para reconocer los sistemas oral y popular como constitutivos, a más del sistema erudito, del corpus de la literatura *nacional* y para comprender "la literatura *peruana* [...] en tanto y en cuanto proceso sociocultural múltiple, heteróclito, conflictivo", y no ya como una unidad, ya que ésta no sólo nunca se dio, sino que incluso perdió su legitimidad como "objetivo deseable" (Cornejo Polar, "Apuntes sobre" 55-56, énfasis mío).

Conviene apuntar, antes de seguir adelante, que el concepto de literatura nacional, no sólo no desaparece en esta propuesta de Cornejo, sino que en realidad resulta reforzado, ya que aquí funciona como categoría englobante a partir de la cual debería darse razón de los sistemas en su interior y sus interrelaciones, como reiteraría en trabajos posteriores ("Literatura peruana: totalidad contradictoria", *La formación de la tradición literaria en el Perú*). Sin embargo, hay que decir que se lo redefine en más de un modo. Como ya se sugirió, la literatura nacional se asume ahora como objeto múltiple y disgregado, como literatura "no orgánicamente nacional", por oposición presumiblemente al objeto unitario de sociedades supuestamente, ellas sí, "orgánicamente nacionales" ("Apuntes sobre" 56). Por otra parte, lo nacional, a más de ser ese constructo espacial mencionado arriba, tiene un carácter valorativo que de hecho apela al principio de representatividad y por el cual se reivindica la producción literaria vinculada a las mayorías multiétnicas, hasta entonces excluidas del objeto de estudio de la disciplina; el concepto de literatura nacional reivindicado por Cornejo se sustenta pues en una comprensión del Perú como un país multiétnico, "multinacional" prefiere llamarlo él ("El problema de lo nacional" 23-24 y 31). Se puede ver un doble movimiento en Cornejo, reminiscente del que en los años '20 permitiera a Mariátegui reivindicar como nacional el proyecto indigenista y desacreditar la visión hispanista de la cultura nacional construida por el discurso oligárquico peruano (*Siete ensayos* 327-350): por medio de este doble movimiento, Cornejo legitima lo nacional al incorporar lo popular, a la vez que desenmascara a esa nación sin pueblo, subyacente al concepto de literatura nacional utilizado por la historiografía literaria de cuño liberal.[7] Y este concepto de nación así resemantizado continuará haciendo parte integral de sus trabajos posteriores, en los que coexiste de manera fluida con los ejes de lo regional y lo latinoamericano; estos tres ejes funcionan en dichos trabajos como referentes a partir de los cuales se puede construir legítimamente el objeto literario. De hecho Cornejo reivindica la productividad de esta perspectiva que favorece el tránsito entre uno y otro eje, ya que, afirma, si se desencializan los discursos identitarios construidos alrededor de estos ejes, si se hacen los ajustes pertinentes a sus definiciones y si se pasa a concebirlos más bien como resultado de "procesos históricos abiertos, no excluyentes, que pueden articularse entre sí de muchas maneras distintas", podemos llegar a una más compleja comprensión del fenómeno literario. Después de todo, nos recuerda, "hay obras que son a la vez, y sin conflicto alguno, nacionales, regionales y latinoamericanas, [como es el caso de] *Pedro Páramo, Grande sertão: veredas* o *Yo el Supremo*" (Cornejo Polar, "La literatura latinoamericana" 129). No está de más señalar que esta perspectiva sirve de base incluso a su último libro *Escribir en el aire,* donde el foco regional no sólo no pretende erradicar el nacional, sino que se da mano a mano con la fuerte presencia del foco peruano. En realidad, podría afirmarse sin gran riesgo, que a partir de la exploración del ámbito andino, el crítico persigue a la vez arrojar nueva luz sobre los debates y las prácticas culturales peruanas. A su vez, el mucho más denso manejo de la historia cultural peruana, potencia nuevas entradas al mundo andino. Las dos lecturas, en efecto, se entrelazan y complementan, más que excluirse mutuamente.[8] Esta estrategia del último libro de Cornejo recoge y prolonga el reto que hiciera a la disciplina una década atrás, de proponer correctivos teórico-metodológicos que le permitieran dar cuenta del espesor de las prácticas literarias y culturales en América Latina.

No está de más subrayar que la reflexión crítica de Cornejo se elabora evidentemente a partir del reconocimiento del fracaso del proyecto liberal de unificación nacional, y de la exploración de las consecuencias que tal fracaso acarrea a nivel cultural. Tampoco está de más recordar que entre ellas se cuentan, como apunta Cornejo, no sólo "la inexistencia de un consenso valorativo y conductual y hasta de una racionalidad compartida [...manifiesta] en algunos casos [en] la yuxtaposición de conciencias colectivas que hacen del mito o de la ciencia sus soportes fundamentales", sino "el exacerbamiento de las diferencias entre una cultura oral y otra que es impensable fuera del ejercicio de la escritura", así como las implicaciones que esta fractura conlleva para "el sector de la literatura culta que quiere trascender sus límites originarios [y que se condensa] en esa imposible nostalgia de oralidad que nutre, con su utopía a lo mejor de nuestra literatura" ("Literatura peruana" 45). Y sin embargo, esta visión no impide a Cornejo reconocer el peso que de todas maneras tienen siglo y medio de existencia de nuestros países como estados independientes, en otras palabras, tal visión no le impide reconocer que estos han "experimentado una historia peculiar cuyos rasgos específicos [incluso] se acumulan e intensifican con el correr del tiempo". Y esta existencia nacional marca de modo específico las tradiciones que se remontan a experiencias históricas coloniales o aun anteriores a la conquista, cuyo ámbito trascendiera entonces el de los territorios nacionales. Dicho de otro modo, si bien la trascendencia de las sucesivas experiencias regionales pre-nacionales pueda extenderse a más de una sociedad nacional, esta trascendencia es procesada de maneras peculiares por cada formación nacional. Por esta razón recupera la categoría de literatura nacional (obviamente con las rectificaciones ya apuntadas), para el quehacer de la historiografía literaria y ella entra a funcionar dentro de una visión que confiere un mayor nivel de concreción a los procesos históricos nacionales, un segundo nivel a la experiencia histórica regional y un tercer nivel al proceso histórico referido a Latinoamérica, a la vez que asigna "una textura menos firme [al] sistema literario latinoamericano [...que a] los sistemas regionales o nacionales" ("La literatura latinoamericana" 131). Ahora bien, si desde esta óptica se establece una cierta jerarquía a partir de la cual se privilegian las categorías de lo nacional y lo regional en ese orden, se insiste simultáneamente, en la necesidad de explorar sus interrelaciones y de aprovechar su carácter complementario. Si de las literaturas producidas en "las regiones más integradas" nos dice Cornejo que "no representan más que una escala mayor de la problemática propia de las literaturas nacionales", de la investigación del sistema regional nos dice que debería conducir a una más lograda intelección de los procesos literarios que aquella hace posible a partir de la investigación del sistema nacional: el estudio del sistema regional permitiría comprender tanto la manera en que se integran en él las literaturas nacionales que lo componen, como "discernir variantes interiores y asociarlas significativamente con otras similares de naciones o regiones distantes"; con esto, subraya Cornejo, "la categoría regional afina y perfecciona la imagen que surgiría del uso exclusivo de la categoría nacional" (129-30).

La categoría de la totalidad contradictoria se desprende de esta revisión de la noción de literatura nacional y de su reposicionamiento respecto de las nociones de literatura regional y continental dentro del discurso crítico y se apuntala en el desmantelamiento que Cornejo hace de la categoría de la unidad: frente a la visión totalizadora insuficiente y tramposamente mutiladora y homogenizante hasta entonces hegemónicas en la disciplina, Cornejo aspira ahora a construir una totalidad esta vez fiel a la pluralidad literaria y sociocultural empíricamente verificables, ya sea de la sociedad peruana, o de las sociedades regional o continental, según varíe el objeto al que Cornejo atienda.[9]

Esta categoría obviamente tiene nexos, como señala Cornejo, "con una [...] tradición reflexiva cuyos momentos culminantes están situados en el pensamiento de Hegel, Marx y Lukács" ("Literatura peruana" 47); ella se articula, de hecho, a una densa tradición de pensamiento holístico, cuyos orígenes dentro del discurso cultural occidental se remontan al mundo clásico griego. En el campo de la reflexión estética, como nos recuerda Martin Jay, las imágenes organicistas y totalizantes han ocupado un lugar de privilegio en el ámbito de la conceptualización, pero sobre todo, de la valoración o más bien la validación de la obra artística, de las formas o de una poética determinada; y esta ha sido una constante a partir de Platón y Aristóteles, pasando por la Ilustración y por el romanticismo alemán, hasta llegar a los sucesivos intentos de construir una estética marxista (Jay 300-04). Si bien es evidente que la categoría de Cornejo se relaciona de alguna manera con esta tradición, no lo es menos que ella responde también a una historia intelectual que tiene rasgos particulares y a preocupaciones que son generadas, al menos parcialmente, por ámbitos culturales y problemáticas concretos, que por lo demás, condicionan sus esferas de aplicación; y éstas, como se verá, son distintas. También es evidente, que la categoría de la totalidad contradictoria se distancia de concepciones normativas o prescriptivas de totalidad, asociadas a aspiraciones a nociones ingenuas de coherencia; de hecho, podría afirmarse que es una categoría que de algún modo contiene su propia crítica, instalada precisamente en su carácter contradictorio y en la doble función que se le asigna de configurar objetos complejos y de dar razón de la naturaleza conflictiva de las redes de relaciones a su interior. Más que de un rastreo de nexos con la tradición holística de la estética marxista o del discurso cultural en que ella se inscribe, el propósito de las notas que siguen es, ante todo, contextualizar esta categoría, reconstruir y evaluar sus varias facetas, examinar sus campos de aplicación, y determinar su lugar, su significación y sus funciones dentro del discurso de Cornejo.

Pero ahora volvamos a los debates que funcionan como contexto inmediato y, por lo demás, específico como a Cornejo mismo le interesa recalcar ("La literatura latinoamericana" 129) de la formulación de esta categoría. La noción de totalidad contradictoria se concibe ante todo como capaz de superar las lecturas meramente descriptivas y empiricistas de la pluralidad, gracias a su capacidad explicativa de las causas de esta pluralidad, en gran parte proveniente "del desarrollo desigual de nuestras sociedades", así como de la significación de la producción literaria, significación que sólo podría hacerse evidente a partir de la comprensión de las contradicciones entre los múltiples sistemas que la componen. Esta meta sólo es realizable por medio de la inserción de los sistemas literarios "dentro de un [solo] proceso histórico-social englobante, [lo] que equivale a construir una totalidad concreta", que haría factible la intelección del carácter contradictorio y conflictivo de la "red articulatoria" que en efecto conecta e interrelaciona los sistemas en cuestión. Y Cornejo subraya aquí la función integradora ejercida por ese "curso histórico global" único, tanto de los diversos modos de producción coexistentes en un mismo espacio social, como de los distintos sistemas literarios cobijados por dicho curso histórico. Esta dimensión integradora, sin embargo, no implica aquí aspiración a una coherencia lograda a partir, ni de la disolución de la multiplicidad, ni de la negación de la disgregación; ella reivindica en cambio, la aspiración de la mirada crítica a la construcción de una coherencia resultante de la comprensión de una "totalidad [que está] hecha de contradicciones" (1982: 48-49, "Literatura peruana" 43-46, *Hacia una historia* 127). El valor de esta visión de la función integradora de la historia es sobre todo metodológico, en cuanto busca hacer inteligible la complejidad del objeto a partir de la aprehensión de su totalidad relacional. Ahora bien, esta visión no excluye la presencia en el discurso de Cornejo de otra noción de integración con una función no ya analítica sino desiderativa que se asocia al logro de una totalidad utópica donde la diferencia no sea ya ni resultado ni correlato de la injusticia y la desigualdad; una totalidad que, haciendo eco a la "profecía de José María Arguedas", propone al Perú como una patria en la que "cualquier hombre no engrilletado por el egoísmo, pued[a] vivir, feliz todas las patrias" ("Literatura peruana" 50).

Ahora bien, si Cornejo enfatiza, con su recuperación de la historia, sobre todo el carácter temporal y el potencial explicativo de la categoría de la totalidad contradictoria, ella de hecho opera en su discurso como una categoría de orden espacio/temporal que incorpora una función también descriptiva presente en el rediseño del nuevo objeto propuesto para la crítica y la historiografía literarias. En otras palabras, para mejor entender el lugar y el rol de la totalidad contradictoria en el discurso de Cornejo, conviene diferenciar, desde una perspectiva metodológica, dos instancias en el mismo: una primera instancia descriptiva, en la que se construye un objeto entendido ahora como múltiple y contradictorio, referido a una *totalidad espacial* concreta, que como se ha visto puede ser nacional, regional o continental, pero también referido a una *totalidad temporal* específica, la "literatura de la Conquista", por ejemplo, cuyo eje lo constituye "la historia social de la Conquista" ("El problema de lo nacional" 49); y una segunda instancia explicativa que consiste, como queda dicho, en insertar este objeto múltiple en el proceso histórico global correspondiente, es decir, en la *totalidad histórica* correspondiente, para dar razón del espesor de sus sistemas literarios y de su capacidad de representación, esta vez sí, de la *totalidad socio-cultural*.

De estas varias nociones de totalidad, las de orden espacial y socio-cultural serán probablemente las que se sometan a menos reconceptualizaciones en los escritos posteriores de Cornejo, mientras que las de orden temporal serán las que se reformulen con más profundidad, como se verá a continuación.

En la estrategia de Cornejo de construcción del objeto, está implícito el bosquejo de una propuesta de periodización (a falta de un término más apropiado) de las literaturas latinoamericanas; y vale la pena recalcar que se trata más de un bosquejo que de la sistematización de un proyecto de reformulación de los períodos del proceso literario continental; dicho bosquejo puede, en todo caso, reconstruirse a partir de su tentativo diseño del objeto que rotula como literatura de la Conquista; refiriéndose a este diseño, Cornejo ubica como el "mayor problema de esta propuesta [...] en la correcta captación del modo y momento en que esa totalidad se desintegra para dar cabida a otra" (49-50), es decir, en la apropiada percepción de las modificaciones específicas de "los tiempos y ritmos propios" de cada uno de los sistemas (y subsistemas) componentes de la totalidad, y de "las imprevisibles relaciones que [estos] guardan entre sí", así como de sus relaciones con la estructura histórica englobante ("Sistemas y sujetos" 68); estas modificaciones permitirían hablar, presumiblemente, de un nuevo período, de una nueva totalidad espacio/temporal. Al fin y al cabo, nos dice Cornejo, "no basta [...] con historiar independientemente los sistemas que forman la literatura latinoamericana; es necesario, además, elaborar la historia de esa polifonía, de las muchas voces que dialogan en nuestro discurso literario" (70); a la historiografía literaria le asigna la tarea de dar cuenta, como ya se había indicado, no sólo del funcionamiento y la constitución de estas totalidades, sino de determinar su punto de quiebre y la constitución de nuevas totalidades. Aunque Cornejo no elabora mucho más esta propuesta, ella parece apoyarse, sin embargo, en una relación refleja entre proceso literario y proceso histórico, donde el último opera "como instancia condicionante del primero" ("Literatura peruana" 49). Esto sugiere algunos interrogantes con respecto a esta propuesta de periodización: ¿estarían entonces subordinados los puntos de quiebre que determinan la conformación de nuevos períodos a los cambios operados en la estructura social? ¿No es concebible la literatura como generadora o anticipadora del cambio?

Por otra parte, habría que señalar que este bosquejo de Cornejo de un abordaje periodizador incluye dos concepciones del proceso literario: de un lado, una visión secuencial de éste y, de otro, una visión más densa de los ritmos históricos a que ellos se articulan; desde la primera perspectiva como podría desprenderse de las arriba citadas palabras de Cornejo, al referirse a una "totalidad [que] se desintegra para dar cabida a otra" ("El problema de lo nacional" 50) las transformaciones históricas darían lugar a cambios que afectarían la generalidad de los sistemas y subsistemas componentes del período donde se registran puntos de quiebre; desde la segunda, por el contrario, dichas transformaciones no tendrían un impacto global, y en cambio, sería más probable encontrar asimetrías, continuidades y rupturas a nivel de los distintos sistemas y subsistemas, al considerar la conformación de una nueva totalidad. Esta última posibilidad está sugerida en la también ya citada anotación de Cornejo respecto al papel que jugaría la identificación de "los tiempos y ritmos propios" de los sistemas y subsistemas individuales en el empeño por "elaborar la historia [...] de las muchas voces que dialogan en nuestro discurso literario" ("Sistemas y sujetos" 68 y 70). Si atendemos a la cronología de estas dos citas, resulta evidente que la reflexión de Cornejo se desplaza de la visión secuencial del proceso literario hacia la visión densa del mismo. En su último libro, aunque Cornejo dice que no debería haber contradicción entre los dos abordajes, de hecho deja atrás la posibilidad de construir períodos secuenciales y profundiza la segunda y más fértil visión, lo que implica partir de una doble perspectiva: por un lado, del reconocimiento del "espesor histórico" de las prácticas literarias examinadas, espesor conferido por la multiplicidad de "tiempos y ritmos sociales que se hunden verticalmente en su propia constitución, resonando en y con voces que pueden estar separadas entre sí por siglos de distancia". Por otro lado, Cornejo hablará ahora de la necesidad de "trabajar sobre secuencias que, pese a su coetaneidad, corresponden a ritmos históricos diversos"; el énfasis no se pone entonces en "*un solo* curso histórico totalizador", sino en la pluralidad de tiempos históricos coexistentes en un determinado espacio (*Escribir en el aire* 17-18; énfasis mío).[10] Sin embargo, el abandono de la visión secuencial no implica el abandono de la visión histórica, ni de la convicción en la posibilidad y aun en la necesidad de anclar el proceso literario en la historia social. Habría que concluir que se trata más bien de una radicalización en la conceptualización de la densidad histórica de los procesos literarios y culturales, pero también, que esta reconceptualización no deja atrás en realidad la aspiración a una visión totalizadora por parte del discurso crítico, aunque el carácter plural y contradictorio de dicha visión se profundice, en cuanto decididamente sigue en pie el objetivo de dar cuenta del espesor del objeto, a partir de la aprehensión de su integridad relacional (88-89). Su último libro constituye sin duda una primera y valiosísima contribución a este ambicioso proyecto que Cornejo propone como campo abierto al desarrollo futuro de la disciplina y cuyas posibilidades están aún por ponerse a prueba. De otro lado, habría que evaluar también la fuerte presencia de la perspectiva nacional en la propuesta cornejiana y preguntarse hasta qué punto está ella determinada por la mayor densidad de la investigación articulada al eje nacional dentro de las ciencias sociales. En los últimos años, la historiografía latinoamericana ha ido mostrando un creciente interés en la historia regional y él ha estado conduciendo a importantes relecturas de supuestos, hasta ahora incuestionados, que nos legaran las historias nacionales.[11] Sería importante tratar de establecer en qué medida el proyecto de Cornejo se beneficiaría de una mayor incidencia de la perspectiva tanto histórica como literaria regional. Después de todo, en el prólogo a *Escribir en el aire,* el mismo Cornejo se lamenta del mayor peso que su reflexión sobre la literatura peruana tiene en comparación con su consideración de las literaturas boliviana y ecuatoriana (23).

Notas

[1] Sobre heterogeneidad, ver Schmidt; Kaliman; Bueno. Sobre la conceptualización del 'sujeto migrante' en el discurso de Cornejo, ver Moraña ("Antonio Cornejo Polar y los debates actuales del latinoamericanismo"). Para un balance y contextualización de la obra de Cornejo dentro de la crítica cultural latinoamericana, ver D'Allemand (*Latin American Cultural Criticism*).
[2] Este ensayo es de hecho una reelaboración de planteamientos que hiciera un año antes en "Para una interpretación de la novela indigenista".
[3] Ver, entre otros, Martínez, y Pizarro.
[4] Para una discusión detallada de esta problemática en el pensamiento de Rama, ver D'Allemand (*Latin American Cultural Criticism*).
[5] Aunque todas las referencias aquí son a la publicación de 1982, este artículo había aparecido originalmente en 1980.

[6] Para una discusión de la tendencia dentro de la crítica a lecturas reduccionistas de este discurso mariateguiano ver, D'Allemand (*Latin American Cultural Criticism*).

[7] Para un examen de esta identificación entre "pueblo" y "nación" en el discurso de la izquierda latinoamericana, ver Castañeda (273-74).

[8] Otra es la interpretación de Mabel Moraña, para quien el concepto de literatura nacional no es operativo ya en este libro de Cornejo (Moraña 1995: 285).

[9] Para Mazzotti, la categoría de la totalidad contradictoria de Cornejo rebasa y problematiza la concepción dualista tradicional de la sociedad andina (37).

[10] Vale la pena consignar aquí la sugestiva anotación de Mazzotti, para quien la categoría de totalidad contradictoria sería afín a la concepción benjaminiana de "los rasgos internos de un período histórico en que es visible el retroceso, la persistencia de la inmovilidad y a la vez la fuerza de los agentes del cambio, que, sin embargo, no siempre logran modificar su entorno" (37). Habría que explorar también los vínculos tanto entre la visión de Cornejo de tiempos históricos superpuestos, como su concepto de espesor histórico de las prácticas literarias y culturales y la noción de heterogeneidad multitemporal de Canclini (García Canclini).

[11] Sugestivos ejemplos de este tipo de relectura se encuentran, entre otros, en Múnera, y Anna.

BIBLIOGRAFÍA

Anna, Timothy E. "Disintegration is in the Eye of the Beholder: Mexican Federalism and Early Nationhood, 1821-1835." *Independence and Revolution in Spanish America: Perspectives and Problems*. Anthony McFarlane, Eduardo Posada-Carbó, eds. Londres: Institute of Latin American Studies, 1999.

Bueno, Raúl. "Sobre la heterogeneidad literaria y cultural de América Latina". *Asedios a la heterogeneidad cultural. Libro de homenaje a Antonio Cornejo Polar*. José Antonio Mazzotti y U. Juan Zevallos Aguilar, coords. Philadelphia: Asociación Internacional de Peruanistas, 1996. 21-36.

Castañeda, Jorge. *Utopia Unarmed: The Left After the Cold War*. Nueva York: Vintage Books, 1994.

Cornejo Polar, Antonio. "Para una interpretación de la novela indigenista". *Casa de las Américas* XVI/100 (1977): 40-8.

_____ "El indigenismo y las literaturas heterogéneas: su doble estatuto socio-cultural". *Revista de Crítica Literaria Latinoamericana* IV/7-8 (1978): 7-21.

_____"Apuntes sobre la literatura nacional en el pensamiento crítico de Mariátegui". *Mariátegui y la literatura*. Ricardo Luna Vegas, ed. Lima: Amauta, 1980. 49-60.

_____"El problema de lo nacional en la literatura peruana". *Sobre literatura y crítica latinoamericanas*. Caracas: Universidad Central de Venezuela, 1982: 19-31.

_____"Literatura peruana: totalidad contradictoria". *Revista de Crítica Literaria Latinoamericana* IX/18 (1983): 37-50.

_____"La literatura latinoamericana y sus literaturas regionales y nacionales como totalidades contradictorias". *Hacia una historia de la literatura latinoamericana*. Ana Pizarro, coord. México: El Colegio de México, 1987. 123-36.

_____"Sistemas y sujetos en la historia literaria latinoamericana. Algunas hipótesis". *Casa de las Américas* 171 (1988): 67-71.

_____*La formación de la tradición literaria en el Perú*. Lima: Centro de Estudios y Publicaciones, 1989.

_____*Escribir en el aire: ensayo sobre la heterogeneidad socio-cultural en las literaturas andinas*. Lima: Horizonte, 1994.

D'Allemand, Patricia. *Latin American Cultural Criticism: Reinterpreting a Continent*. Lewiston/Queenston/Lampeter: Edwin Mellen Press, 2000.

_____"Antonio Cornejo Polar: aportes al abordaje de la pluralidad cultural en América Latina". 2000b (En prensa).

García Canclini, Néstor. *Culturas híbridas: estrategias para entrar y salir de la modernidad* México: Grijalbo, 1990.

Jay, Martin. *Marxism and Totality: The Adventures of a Concept from Lukács to Habermas*. Cambridge: Polity Press, 1984.

Kaliman, Ricardo. "Cultura imaginada y cultura vivida. Indigenismo en los Andes Centromeridionales". *Revista de Crítica Literaria Latinoamericana* XXI/42 (1995): 87-99.

_____"Identidades heterogéneas: certezas e ilusiones del 'conocimiento local'". *Revista de Crítica Literaria Latinoamericana* XXV/50 (1999): 113-19.

Mariátegui, José Carlos. *Siete ensayos de interpretación de la realidad peruana* [1928]. 47va ed. Lima: Amauta, 1985.

Martínez, José Luis. *Unidad y diversidad en la literatura latinoamericana*. México: Joaquín Mortiz, 1972.

Mazzotti, José Antonio. "La evolución crítica de Antonio Cornejo Polar: de San Marcos a Berkeley". *Revista de Crítica Literaria Latinoamericana* XXV/50 (1999): 35-39.

Moraña, Mabel. "*Escribir en el aire*, heterogeneidad y estudios culturales". *Revista Iberoamericana* LXI/170-171 (1995): 279-86. (Reeditado en J.A. Mazzotti y U.J. Zevallos Aguilar, coords. *Asedios a la heterogeneidad cultural. Libro de homenaje a Antonio Cornejo Polar*. Philadelphia: Asociación Internacional de Peruanistas, 1996: 481-92).

_____ "Antonio Cornejo Polar y los debates actuales del latinoamericanismo: la noción de sujeto, hibridez, representación". *Revista de Crítica Literaria Latinoamericana* XXV/50 (1999): 19-27.

Múnera, Alfonso. *El fracaso de la región: región, clase y raza en el Caribe colombiano (1717-1810)*. Bogotá: Banco de la República y Ancora Editores, 1998.

Osorio, Nelson. "Antonio Cornejo Polar: contribución a una crítica latinoamericana de nuestra literatura". *Revista de Crítica Literaria Latinoamericana* XXV/50 (1999): 29-34.

Pizarro, Ana, coord. *La literatura latinoamericana como proceso*. Buenos Aires: Centro Editor de América Latina, 1985.

_____ coord. *Hacia una historia de la literatura latinoamericana*. México: El Colegio de México, 1987.

Rama, Ángel. *Transculturación narrativa en América Latina*. 3a ed. México: Siglo XXI, 1987.

Schmidt, Friedhelm. "¿Literaturas heterogéneas o literatura de la transculturación?" *Nuevo Texto Crítico* VII/14-15 (1994): 193-99. (Reeditado en J.A. Mazzotti y U.J. Zevallos Aguilar, coords. *Asedios a la heterogeneidad cultural. Libro de homenaje a Antonio Cornejo Polar*. Philadelphia: Asociación Internacional de Peruanistas, 1996: 37-45).

3. Oralidad, representación, construcción del sujeto

Escribir en el aire : la oralidad en la dinámica del pensamiento crítico de Antonio Cornejo Polar

Carlos Pacheco
Universidad Simón Bolívar

> *No es lo mismo escribir la historia que bailarla.* A.C.P.

Tomado de un poema de Vallejo cuyo impacto en el estudioso peruano se descubre finalmente como mucho mayor que el de un simple epígrafe, el título del último libro de Antonio Cornejo Polar, *Escribir en el aire*,[1] contrasta llamativamente con los de todos sus volúmenes anteriores, donde dominaba una voluntad más bien descriptiva y conceptual.[2] En efecto, ese fragmento de un verso vallejiano le permite ascender de la enunciación directa de la temática (que se conserva en el subtítulo) hasta una poderosa metáfora, evocadora de ese otro tramado invisible, más no inexistente: el de la oralidad. La significación de ese cambio de registro tiene, sin embargo, un alcance aún más vasto. De hecho, como el mismo Cornejo pone de relieve, el poema "Pedro Rojas", apenas mencionado de una manera "entre insólita y abrupta" (236) al final del primer capítulo (89), vendrá a ocupar completamente el centro de atención en las intensas y provocadoras páginas que con el título de "Apertura" ocupan, al final del libro, el lugar de las consabidas "Conclusiones". Como una forma de abrir, por mi parte, estas reflexiones sobre el tratamiento de la problemática de la oralidad en la obra de Cornejo, me gustaría *escuchar* algunas de las palabras con las que inicia esa última sección:

> Tal vez este libro comenzó a tomar la forma que actualmente tiene cuando al final del borrador del capítulo I, sobre el "diálogo" de Atahualpa y Valverde en Cajamarca, incluí una referencia, entre insólita y abrupta,

al poema "Pedro Rojas" de César Vallejo. En realidad en ese momento lo que intuía era que el hirsuto conflicto entre la voz y la escritura, plasmado dramáticamente en 1532, seguía de algún modo vigente en la cultura letrada andina, pero que con todo el peso que la paradoja conlleva esa vigencia se expresaba en la extendida e imposible nostalgia que nuestros escritores sienten por la oralidad perdida, asumiendo oscuramente casi siempre, que es en la palabra hablada donde reside la autenticidad del lenguaje [...] Más tarde descubrí [...] que entre las representaciones andinas de la muerte del Inca y el poema de Vallejo había más relaciones, y algunas definidamente sintomáticas [...] (235-36).

Escribir en el aire se dedica principalmente a explorar esas relaciones. Su desarrollo constituye precisamente el seguimiento sistemático y escrupulosamente documentado de algunos de los hilos maestros de esa madeja que se ha ido tejiendo a lo largo de más de cuatrocientos años. No de todos, puesto que explícita y sabiamente el crítico rechaza la tentación del "demonio de la exhaustividad" (23); sino de algunos, cuidadosamente seleccionados, para tratar de percibir y dedicarse a escrutar a través de ellos muchas de las diversas coyunturas de conflictividad y diálogo, de encuentros y desencuentros, entre la voz y la letra, ubicables en también diversos contextos históricos, genérico-literarios y socio-culturales. No es extraño que Cornejo haya decidido, a través de este libro, aplicar la lupa crítica al tema de la oralidad y a su conflictiva interacción con la escritura. Como trataré de mostrar más adelante, en varios de sus trabajos anteriores había señalado la relevancia capital de este aspecto para la adecuada comprensión de los procesos literarios y culturales andinos, como parte del carácter *heterogéneo* que fue describiendo en muchas de sus manifestaciones con cada vez mayor detalle y precisión. Aunque de acuerdo a la posición asumida por el sujeto crítico, el libro más bien abre caminos para nuevas indagaciones en lugar de pretender sellarlas con atildadas respuestas, con *Escribir en el aire*, aquel anuncio, aquella promesa, queda generosa y rigurosamente cumplida.

La atención hacia la oralidad en los estudios literarios es de vieja data y ha sido aplicada a múltiples objetos a partir de diversas posiciones teóricas e ideológicas, como señala Kaliman (291-92). Entre esos enfoques, no pueden olvidarse como antecedentes remotos los trabajos de Menéndez Pidal acerca de la poesía popular española, los de Vladimir Propp sobre el cuento folklórico ruso o los de Milman Parry y Albert Lord sobre la tradición homérica y sus significativos vínculos con los procedimientos de composición oral practicados aún en los años '20 y '30 por los *cantores de cuentos* servo-croatas. Después de los años '60, los llamados *Estudios de oralidad* (*Orality Studies*) se establecen como un dominio de investigación mucho más estable, con investigaciones tanto teóricas como históricas y de campo sobre múltiples tradiciones orales y sobre las consecuencias que han sido propiciadas en diversas culturas (de la Grecia clásica al África colonial o la Amazonía) por la invención o el arribo de la tecnología escrituraria. Aunque muchos investigadores podrían citarse dentro de esta vigorosa corriente (Havelock, Goody, Finnegan, Vansina, Zumthor, entre los más notables) probablemente hayan sido Walter Ong y su propuesta de una *psicodinámica de la oralidad*, los que hayan resultado más influyentes en el medio crítico latinoamericano.[3] Ese desarrollo confluye con las pioneras indagaciones de etnólogos, lingüistas y filólogos como Miguel León Portilla, Angel María Garibay, Jesús Lara, Edmundo Bendezú o José María Arguedas, entre muchos otros, quienes con sus trabajos de traducción y compilación sacaron a flote ese ignorado sustrato oral tradicional de la cultura indígena latinoamericana, haciéndolo asequible a un vasto público. Como también señala Kaliman, al impulso aportado por los *Estudios de oralidad* viene a sumarse en América Latina, a partir de los años '70, "el surgimiento de una motivación independiente" (292), constituida por el llamado de atención que hicieran críticos como el mismo Cornejo Polar, Losada, Rama, o Ana Pizarro hacia los discursos de culturas tradicionales, indígenas y populares, así como hacia el papel jugado por la escritura en la conquista y preservación de diversas hegemonías. Sin duda los trabajos de mayor calado e influencia en esta dirección son *La voz y su huella*, de Martín Lienhard, donde se postula y documenta la existencia y continuidad en todas las latitudes del continente latinoamericano de "literaturas alternativas", vinculadas a la tradición oral popular, y el libro que hoy nos ocupa.[4]

Para preparar este trabajo acerca de las concepciones de Cornejo Polar sobre la oralidad, he revisado una buena parte de su obra, así como también muchos de los estudios y reflexiones aparecidos en los últimos años en varios volúmenes de homenaje coordinados por Mazzotti y Zevallos Aguilar, por Escajadillo y por Bueno y Osorio. A lo largo de ese proceso de lectura, no ha dejado de llamarme poderosamente la atención la compleja dinámica que, a lo largo de más de cuarenta años de labor intelectual, rigió el desarrollo del trabajo crítico, teórico-metodológico e historiográfico de quien definitivamente constituye una referencia inevitable para los estudios latinoamericanos. Por esa razón, me propongo enfocar a lo largo de estas páginas no sólo la oralidad en tanto objeto de análisis, estudio y ponderación crítica de Cornejo Polar, sino también los procedimientos y modos de abordaje elegidos y asumidos por él en distintas instancias de su producción.

De manera aún muy general, y antes de comenzar ese recorrido, me atrevería a decir que un doble y alternativo movimiento, cuya fuente de inspiración puede rastrearse en Arguedas y en Mariátegui,[5] rige el desarrollo de esa dinámica intelectual. Una de esas pulsiones, que podríamos denominar expansiva, comprehensiva o constructiva, dominada por un afán de exhaustividad se propone alcanzar un conocimiento lo más amplio y completo posible de los fenómenos culturales y específicamente literarios con el fin de percibirlos en totalidades panorámicas. El otro impulso sigue un camino en cierta forma inverso y complementario: es el movimiento que lleva al crítico, mediante un esfuerzo introyectivo de análisis, a escrutar en detalle un sector particular de esa totalidad y a descubrir en él niveles de diferencia y de problematicidad interna que de inmediato cuestionan la presunta simplicidad u homogeneidad del objeto mayor (sea éste la *obra* de un autor, un particular corpus genérico y/o epocal o una literatura nacional o regional) ya construido o en proceso de construirse. Ninguno de estos movimientos —ni el constructivo ni el deconstructivo— tiene realmente prioridad temporal ni supremacía valorativa sobre el otro. De hecho, como se verá más adelante, una de sus concepciones teóricas medulares y más influyentes, la de *totalidad conflictiva*, pareciera estar configurada por una pareja conceptual cada uno de cuyos imprescindibles términos respondería a uno de esos dos impulsos básicos. Se trata entonces de tendencias inversas y complementarias; a veces paradójicamente simultáneas (por ejemplo, mediante el ejercicio vigilante de una acuciosa precisión de los matices y diferencias en el curso mismo del proceso expansivo), a veces alternantes, como una suerte de sístole y diástole que caracteriza toda la práctica crítica de Cornejo Polar. Tendencias que, sin embargo, como mostraría sin duda una lectura consecutiva de su obra, va depurándose y refinándose hasta acercarse tal vez, en su último libro, *Escribir en el aire*, a una tercera instancia integradora. Antes de referirnos a este estudio verdaderamente seminal y sin duda la obra de mayor alcance y madurez de la bibliografía cornejiana, observemos cómo se muestra esa doble pulsión en varios de sus textos y cómo la problemática de la oralidad es trabajada en esa trayectoria crítica con agudeza, profundidad y complejidad cada vez mayores.

La temprana lectura de Arguedas: hacia una *poética* del trabajo crítico

Los universos narrativos de José María Arguedas (1973), el segundo libro de Cornejo Polar, es un estudio que en alguna medida podríamos llamar *clásico*, en el sentido de proponerse el análisis y la interpretación del proceso creativo en la obra completa de un autor fundamental, deteniéndose en cada uno de sus textos novelísticos y en algunos cuentos para describir y realizar una ponderación hermenéutica de aspectos destacados de su estructura narrativa, el mundo representado, los personajes principales, la elaboración lingüística o la inserción en una particular coyuntura socio-cultural. No es, después de todo, mera casualidad que estudiosos como Bueno (15-16) o Mazzotti ("La evolución crítica" 35), tan cercanos a Cornejo, hayan coincidido en señalar la importancia de la técnica de *Análisis de textos* y la formación filológica de raigambre hispana que nutrió en sus inicios al intelectual arequipeño, aunque destacando al mismo tiempo el carácter vertebral de la perspectiva histórico social en toda su trayectoria crítica. Pues bien, aún cercano el trágico suicidio de Arguedas en 1969, este estudio de Cornejo fue uno de los primeros en presentar una lectura comprehensiva de quien, en diversos sentidos, logró representar de manera más completa y estéticamente más acabada e impactante las divergencias conflictivas y problemáticas confluencias que caracterizan a la cultura peruana y andina en general. De este profundo conocimiento de la obra arguediana saldrán algunas de las pistas claves para el desarrollo de *Escribir en el aire*. Hoy día, después de publicados casi una decena de estudios de conjunto, ese libro sigue siendo fundamental para estudiar la travesía ficcional de Arguedas y comprender mejor su proyecto intelectual y artístico.

Aunque prácticamente no hay mención directa de la oralidad en todo el texto, me interesa acercarme a él porque aprecio que en el desarrollo de la ficción arguediana, tal como allí es percibida y explicada, se encuentra en germen el diseño de lo que será la estrategia crítica de Cornejo Polar. Al explicarse en la "Introducción" las líneas que presidirían la obra ficcional de aquel, pareciera estarse describiendo el camino por el que ya estaba transitando y transitaría más adelante la indagación crítica de éste. Me explico. La estructura del libro está regida por la consideración de las sucesivas narraciones arguedianas, en una descripción que calza de manera perfecta con las dos pulsiones críticas atribuidas más arriba a la obra de Cornejo, pues parece responder a impulsos similares. En efecto, ella se desarrolla también desde los ámbitos más restringidos y simples hasta los más amplios y complejos: desde la pequeña aldea de *Agua* (1935), el primer volumen de relatos, hasta la caótica confrontación de lenguas, razas y culturas que en *El zorro de arriba y el zorro de abajo* (1971) hace del puerto pesquero de Chimbote un hervidero de conflictos étnicos y sociales, lingüísticos y culturales en general; pasando por las magnitudes intermedias y crecientes de *Yawar Fiesta* (1941), de *Los ríos profundos* (1958), de *El sexto* (1961) y de *Todas las sangres* (1964). Resulta forzoso aquí citar algunas de las formulaciones más lúcidas de esa estrategia tal como es percibida por Cornejo, pues, como veremos, esa descripción es perfectamente aplicable a su metodología de investigación. Aparece primero la formulación del movimiento expansivo:

> [...] el proceso de su narrativa demuestra la presencia de una estrategia que es muy difícil no considerar consciente, cuyo principio es el de la paulatina intensificación y crecimiento [...] En este proceso el lado menos problemático por ser sobre todo cuantitativo es el que se refiere a la magnitud del mundo representado. [...] Se trata pues de una secuencia de ampliaciones sucesivas que se inaugura con el tratamiento de los sectores más pequeños de la vida andina y termina más de treinta años después, con la aprehensión de "todo el Perú [...] y no solamente el Perú [...]". (14-15)

Y luego la del impulso analítico y problematizador:

> Contrariamente a lo que podría sospecharse, el crecimiento del mundo representado no implica la dilución de lo concreto en panoramas más o menos genéricos ni la cancelación de la aptitud de análisis. A la inversa: la ampliación resulta correlativa a una manifiesta agudización de la capacidad de percibir matices y distingos. Sectores vistos en las primeras instancias del proceso como totalidades homogéneas, son posteriormente captados en función de gamas internas, delimitadas tajante o sutilmente [...]. (15)

Para terminar finalmente con una formulación del método en su complementaria duplicidad:

> Cabe plantear pues [...] una doble y complementaria dinámica: por una parte, un movimiento expansivo, globalizante; por otra, un movimiento hacia adentro, intensamente analítico, que permite encontrar resquicios, desfaces y gamas hasta en el interior de las unidades más pequeñas. (16)

Cornejo añade aún dos niveles más que serían igualmente aplicables a su método crítico. Una tercera instancia de progresiva complejización (asimilable según creo a la primera) que consiste en la incorporación gradual de nuevas dimensiones de la realidad (de lo individual a lo social, de lo reflexivo y "casi científico" a lo mágico y mítico, de lo estético a lo ético, a lo político, a lo histórico); y aun una cuarta (asimilable según creo a la segunda) donde los tres niveles anteriores confluyen para incidir en la transformación que sufren las sucesivas obras en el nivel estructural, permitiéndole pasar de dicotomías ceñidas e irreductibles (como las que oponen "indios" y "blancos" o la costa y la sierra, en las obras tempranas) a las complejas (des)organizaciones de múltiples voces, plurales desarrollos accionales y fluctuantes perspectivas valorativas en las obras postreras.

Es sorprendente constatar cómo esta estrategia narrativa resulta aplicable punto por punto (aunque por supuesto *mutatis mutandis*) a la metodología crítica de Cornejo, donde a menudo, después de haber alcanzado paso a paso un trazado muy comprehensivo y panorámico (que prudente y reiteradamente se denomina "provisional") se profundiza en el análisis para encontrar en él esas vetas o rendijas de conflictividad que, según me parece, lo condujeron a concebir la noción de lo heterogéneo. De esta manera, la obra completa de Cornejo podría leerse como una gradual y expansiva exploración de corpus y ámbitos socio-culturales cada vez más amplios, al mismo tiempo que como progresivas exploraciones de siempre proliferantes niveles de conflicto en el interior de esas presuntas homogeneidades. Si fijáramos la atención en su obra publicada en libro (aunque en buena medida sus artículos siguen la misma pauta), apreciaríamos que desde *Edición y estudio del "Discurso en loor de la poesía"* (1964) hasta *Escribir en el aire* (1994) se abre un arco donde la cada vez mayor amplitud del objeto literario y cultural considerado corre pareja (por medio de ejercicios simultáneos o alternantes) a la también creciente profundidad y rigor con los que perspicaces incisiones analíticas van mostrando la diversidad dentro de lo aparentemente homogéneo y descubriendo la conflictividad interna de los "universos" bajo estudio. El foco de atención oscila así entre las miradas analíticas a objetos reducidos (imaginemos al crítico con la mirada aplicada al microscopio) y las grandes panorámicas, ya sean éstas de carácter teórico, con inmediatas o distantes repercusiones metodológicas, como ocurre con la sucesivamente elaborada noción de heterogeneidad; ya sean de carácter crítico, como su constante preocupación por el estado y los retos de la crítica literaria latinoamericana; o, por fin, de carácter histórico-literario, como sus elaboraciones sobre la formación de la tradición literaria en el Perú. De esta manera, a partir de aquel trabajo monográfico sobre Arguedas, va expandiendo su mirada hasta abarcar objetos cada vez más complejos, en libros como *La novela peruana: siete estudios* (1977) y *Literatura y sociedad en el Perú: la novela indigenista* (1980), donde se realiza el tránsito gradual de visiones críticas más puntuales al planteamiento de problemas conceptuales y metodológicos mayores. Así, sucesivamente, el indigenismo o la novela, la historiografía, la crítica o la entera tradición literaria, primero del Perú y luego de todo el ámbito andino, con proyecciones finalmente hacia el espacio latinoamericano y hacia sus intrincados vínculos con esferas culturales y específicamente académicas externas,[6] van siendo incorporadas como objeto de su atención crítica.

Al igual que Arguedas en su expansiva representación del mundo andino, Cornejo se ocupa primero de lo más inmediato y conocido para ir después, muy prudentemente, atreviéndose a explorar terrenos menos familiares. De los tres *sistemas* en los que organiza el universo literario peruano, por ejemplo, se ocupa primero de aquel que con muchas reservas denomina "culto"; es decir, de la literatura escrita, en español, y de acuerdo a los cánones occidentales, para ir luego, muy paulatinamente, incursionando en los otros dos conjuntos, el "popular" y el "indígena" y especialmente en las difusas fronteras que no terminan de distinguirlos del primero. En *La formación de la tradición literaria en el Perú* (1989) elige así ocuparse con preeminencia del espacio "culto" o "ilustrado" aunque sin olvidarse de considerar algunas manifestaciones de esos otros sistemas *marginales* pero no menos literarios que capitalizarán su atención en *Escribir en el aire*.

Por último, a la multiplicidad y complejización de perspectivas formulada como un tercer nivel en su lectura de las estrategias representacionales de Arguedas, corresponde en la práctica crítica de Cornejo la diversidad de enfoques o modalidades de abordaje a través de la cual acostumbra rodear y penetrar sus objetos de estudio. En efecto, abjurando simultáneamente tanto de los acercamientos inmanentistas como de los determinismos de toda suerte, siente la necesidad de multiplicar sus aproximaciones sobre el asunto, teniendo siempre en cuenta los aspectos históricos, políticos y socio-culturales del problema en la compleja interrelación de literatura y sociedad. De hecho, su teorización acerca de la heterogeneidad cultural sería impensable sin esa multiplicidad de abordajes, como él mismo ha reconocido. Y es a partir de este concepto de lo heterogéneo que la oralidad, cuya presencia es bastante tenue en la mayor parte de su trayectoria crítica, se irá incorporando, muy gradual y paulatinamente, a su horizonte de investigación.[7]

La oralidad como nódulo irresuelto de lo heterogéneo

Como es sabido, la postulación y gradual complejización y refinamiento del concepto de heterogeneidad es el núcleo principal y el mayor aporte de Cornejo Polar a la teoría literaria y cultural pensada, como se dijo en su momento, desde América Latina. La elaboración más detallada aunque no definitiva aún sobre esta categoría se encuentra en varios de los trabajos incluidos en el volumen *Sobre literatura y crítica latinoamericanas*, publicado en 1982. La noción de heterogeneidad como diversidad y conflictividad interna de algunos discursos por la diferente procedencia social o cultural de sus elementos constitutivos es sin embargo mucho más antigua. Está ya presente en *Los universos* (91, 107) y es documentada en textos aun anteriores por Bueno (16), en un artículo sobre *Los perros hambrientos*, de Ciro Alegría, fechado en 1968; y antes todavía por González Stephan (94) en el *Estudio y edición del "Discurso en loor de la poesía"*, de 1964. Aunque las aproximaciones a una definición del concepto de heterogeneidad que ofrece Cornejo son varias, probablemente la más completa sea la formulada en el texto "Sobre el concepto de heterogeneidad: respuesta a Roberto Paoli":

> [...] mediante él se trata de definir una producción literaria compleja cuyo carácter básico está dado por la convergencia, inclusive dentro de un solo espacio textual, de dos sistemas socio-culturales diversos. A grandes rasgos: uno de estos sistemas, que corresponde al lado occidentalizado de los países andinos, rige el proceso de producción, los textos resultantes y el circuito de comunicación de esta literatura; el otro, el indígena, funciona como referente, aunque en determinadas circunstancias puede observarse que éste refluye sobre el discurso literario que intenta revelarlo y lo transforma. El

concepto de heterogeneidad, en suma, expresa la índole plural, heteróclita y conflictiva de esta literatura a caballo entre dos universos distintos (*Sobre literatura y crítica* 88).

Aunque en esta instancia de su investigación, Cornejo está pensando primordialmente el problema de la heterogeneidad desde la perspectiva del espacio cultural andino y en particular de la narrativa indigenista, es claro que esta concepción de "literaturas heterogéneas" es aplicable a otros ámbitos, como él mismo señala en varias oportunidades.[8] También es claro que, tanto en el caso del indigenismo, como en otros muchos, la oralidad y sus múltiples formas de interacción con la escritura son aspectos considerados cruciales para identificar y analizar situaciones de heterogeneidad. La presencia y la dinámica particular de lo oral se entiende desde un principio como parte de eso que inicialmente se describe como un "reflujo del referente" y que cada vez con mayor nitidez en textos posteriores se apreciará, junto al bilingüismo, como componente fundamental de la conflictividad interna percibida en diversos objetos al escrutarlos con mayor prolijidad y someterlos a un análisis socio-histórico y cultural.

El gradual acercamiento de Cornejo a la oralidad es posibilitado también por esa compleja dinámica de su método crítico a la que nos hemos venido refiriendo. Es esa posición, a la vez comprehensiva y analítica, la que le permite apreciar la falta de objetividad histórica y la definitiva ilegitimidad de los esfuerzos de la historiografía literaria por alcanzar la ansiada unidad mediante groseros reduccionismos que significaban sin más la mutilación de buena parte del corpus o mediante el recurso a una noción simplista e idealizada del mestizaje como armonía desproblematizada de lo diverso. La pulsión expansiva, junto a la continua conciencia histórica que acompaña su comprensión de los fenómenos literarios, lo lleva no sólo a criticar enfáticamente la amputación o neutralización de los sistemas no hegemónicos operados en el diseño de una noción de literatura nacional peruana, sino a ser uno de los más enérgicos denunciantes de la marginación sistemática que se ha producido en la práctica crítica latinoamericana de las literaturas no hegemónicas; aquéllas que en el caso peruano y andino en general integrarían los sistemas "indígena" y "popular";[9] marginación que no cesa de calificar como "operación ideológica", destacando las contradicciones que conlleva tal reducción del corpus literario al negar valor y "representatividad" a los elementos amputados y evidenciando las distorsiones resultantes de la arbitraria universalización de los patrones dominantes:

> En el área andina, por ejemplo, se acepta como literaturas nacionales boliviana, ecuatoriana o peruana sólo y exclusivamente las literaturas cultas en español que se escriben en esos países, mientras que las literaturas orales en lenguas nativas e inclusive la literatura popular en español, sea oral o escrita, son expulsadas del ámbito de la literatura nacional respectiva, a veces en bloque y definitivamente, confinándolas al espacio del folklore, y a veces, con algo más de sutileza, situándolas en una etapa "prehistórica", como si hubieran dejado de producirse a partir de la Conquista. [...] No debería haber mayores dudas sobre el carácter escuetamente ideológico de la operación que acaba de describirse. Por una parte reproduce y trata de convalidar el orden y la jerarquía reales de la sociedad latinoamericana; por otra, en el plano específico de la literatura, expresa la universalización del canon cultural de los grupos dominantes (*Sobre literatura y crítica* 44).

Desde la perspectiva de los años '90, Cornejo reconocerá que este enfático y reiterado llamamiento a reconocer y a integrar los sistemas *marginados* como parte de la literatura latinoamericana en el que coincidiera con críticos como Fernández Retamar, Rama, Osorio, Losada o Pizarro, propulsores indiscutibles del latinoamericanismo literario, no fue un inútil clamor en el desierto, ya que,

> [...] si bien el gran proyecto epistemológico de los '70 fracasó, pues es obvio que no existe la tan anhelada "teoría literaria latinoamericana", en cambio, bajo su impulso, la crítica y la historiografía encontraron formas más productivas y más audaces de dar razón de una literatura especialmente escurridiza por su condición múltiple y transcultural. (*Escribir en el aire* 14)

Este éxito relativo pero indiscutible se debe en buena medida a la tenacidad del mismo Cornejo, a sus esfuerzos, realizados desde una conciencia muy nítida de las dificultades implicadas en semejante incorporación y que por ello estuvieron siempre regidos por un sentido de la prudencia y la oportunidad, pero a los que se entregó con decisión y audacia, como quien emprende una aventura. En efecto, aunque desde muy temprano reclama la necesidad de atender esos ámbitos marginados, se muestra siempre muy prudente en ese acercamiento. Durante los años '70 y '80 insiste más bien en señalar las limitaciones metodológicas de esa empresa, entre las cuales resaltan las implicadas por la presencia del bilingüismo y de la oralidad en esas literaturas "escurridizas", "a caballo entre dos universos distintos":

> [...] la crítica literaria latinoamericana tendría que habituarse a trabajar, en consonancia con su materia, sobre objetos internamente contradictorios. [...] Pero si el planteamiento teórico es relativamente claro, esto no implica, en modo alguno, que su realización concreta sea sencilla. No está definido ni remotamente el modo como pueda investigarse sobre sistemas literarios profundamente divergentes, que incluyen, desde la oposición escritura / oralidad hasta la realización de conceptos antagónicos acerca de lo que es o no es la producción literaria [...]. (*Sobre literatura y crítica* 38)

Esa cautela metodológica y esa gradualidad son ejercidas de manera especial en sus aproximaciones a aquellos objetos literarios situados en la frontera entre la literatura "culta" y la "marginada", al trabajar sobre conjuntos como las crónicas coloniales, el costumbrismo, el criollismo, la novela indigenista o los yaravíes melgarianos. No deja de tener en cuenta, en sus sucesivos abordajes críticos a estos objetos, el carácter difuso y problemático de esos bordes, así como de las múltiples interacciones que en muy diversos sentidos se producen en ellos. En esta ponderación, la peculiaridad de lo oral está constantemente presente como elemento distintivo radical a causa de "la diversa materialidad de sus medios" (*Sobre literatura y crítica* 24).[10] Ejemplo de esta comedida aproximación suya a lo menos familiar es el examen de la elaboración estética del lenguaje entre los indigenistas como respuesta al doble dilema quechua / español y oral / escrito, y en particular de la creativa solución arduamente trabajada por Arguedas (confluyente por cierto con la realizada por Roa Bastos con el guaraní), consistente en la producción de

> [...] un "idioma" totalmente inventado, hasta artificial si se prefiere esta palabra, puesto que está hecho de una matriz sintáctica quechua que luego se realiza léxicamente en español [el cual] resulta mucho más auténtico que la masiva interpolación de vocablos quechuas que fue el recurso privilegiado del indigenismo clásico [...]. (*Sobre literatura y crítica* 85)

Encuentra así una manera de irse acercando paulatinamente a la dilucidación de los objetos más distantes y complejos, cuya consideración puntual va posponiendo para cuando un mayor conocimiento de los textos y una afinación de las estrategias metodológicas lo permitan. Estos sucesivos acercamientos pueden encontrarse en *Sobre literatura*, una compilación de aproximaciones parciales y en su mayoría confluyentes, donde se adelantan propuestas aun tentativas de visiones de mayor amplitud sobre la literatura nacional y la práctica crítica, sin dejar de descubrir y señalar los pliegues aún irresueltos de la heterogeneidad en esos lienzos más abarcadores y sólo aparentemente homogéneos. Esta misma estrategia es proseguida en *La formación*, una obra de mayor integridad en su concepción, que si bien se concentra con preeminencia sobre el sistema "culto" para interrogarse sobre "cómo se han forjado las tradiciones literarias en el Perú" (18), no deja en ese proceso de registrar alteridades desapercibidas e irresueltas, puesto que se trata de "una historia densa y compleja, agresivamente heteróclita, en la que se cruzan varios y distintos *tiempos*, inclusive dentro del marco restringido de la literatura hegemónica." (12). Su capítulo final, titulado, "Notas sobre las tradiciones marginales" (157-73) puede ser leído como una anticipación, nuevamente tentativa, a lo que vendrá a ser desarrollado en *Escribir en el aire*.[11]

Escribir en el aire constituye una continuación lógica y también una sugerente ampliación de ese proyecto de largo aliento que es la trayectoria intelectual de Cornejo Polar, pues este libro está regido también por esa estrategia de doble y complementario impulso (a la vez comprehensivo y analítico) al objeto de estudio que hemos encontrado en su producción anterior, aunque como veremos, aparecen aquí perspectivas que, al ampliar su campo de visión a la cultura como texto que desborda los linderos de la escritura, lo inducen a revisar y superar varios de sus postulados teóricos. Las crónicas hispánicas e indígenas del "diálogo de Cajamarca", así como las danzas rituales y los *wankas* o dramatizaciones de la muerte (y resurrección) del Inca, estudiadas en el extenso capítulo inicial, constituyen en este sentido parte fundamental del amplio arco de textos culturales (ahora ya no sólo literarios, hasta en el sentido más lato de la expresión) de carácter fronterizo a cuya detallada y documentada ponderación se dedica este volumen, concebido como lectura y re-lectura de manifestaciones densamente diferentes de la cultura andina. Entre las más antiguas crónicas de los participantes en el emblemático encuentro realizado en 1532 y los textos de más reciente publicación (1992)[12], materiales que marcan los polos cronológicos del vasto corpus estudiado, median nada menos que 460 años. Sin embargo, la lectura de Cornejo persigue sus líneas de continuidad y relación con un hábil pespunte capaz de marcar al mismo tiempo los pliegues de sus discrepancias y confrontaciones. Garcilaso y Palma, algunos textos claves del indigenismo, la oratoria de la independencia, Mariátegui y Valcárcel, Alegría y Arguedas, la narrativa testimonial de fuente indígena o el inspirador poema de Vallejo a que hicimos alusión en un comienzo son algunos de los principales textos revisitados aquí bajo una mirada enriquecida y complejizada por las recientes polémicas en torno a *discurso*, *sujeto* y *representación*, categorías en torno a las cuales decide Cornejo centrar su estudio. Sin duda se ponen aquí de nuevo en práctica sus trabajadas nociones de heterogeneidad y de totalidades contradictorias, aunque redimensionadas desde perspectivas críticas que han superado algunas concepciones en exceso compartimentalizadas de los estudios literarios para abrirse a las nuevas aguas de la crítica cultural, como señala Mabel Moraña (487-88). La misma elección de aquellas categorías como vertebradoras del ensayo señala la novedad de su acercamiento. En torno a estos "núcleos problemáticos" se organiza entonces la exploración crítica de innumerables lances por el predominio semántico e ideológico que se producen entre los discursos más disímiles e incluso en el interior de un mismo texto, en una compleja dinámica que por su carácter multicultural y profusamente heterogéneo desborda las nociones de polifonía postuladas por Bajtín.

Se trata entonces, como propone el mismo texto, de una secuencia de indagaciones *arqueológicas*, de sucesivas excavaciones en el espeso palimpsesto de la cultura andina, que van exponiendo a la mirada crítica cada vez nuevas capas y revelando así secretas correspondencias y desencuentros, conflictos y ambigüedades, contradicciones y afinidades de diversos episodios de interacción entre la voz y la letra, episodios invariablemente engastados en un conjunto mayor de problemas étnicos y sociales, ideológicos, políticos y económicos, lingüísticos, simbólicos y estéticos. En esa empresa, como es natural, Cornejo dialoga de manera implícita o explícita con postulados y propuestas de otros culturalistas como Rama, García Canclini, Lienhard, Rowe y Schelling o Mignolo, entre otros muchos, que se han atrevido también a dar ese difícil paso más allá de lo concebido como literatura desde una visión canónica y hasta más allá de la escritura.

Como puede apreciarse, el volumen no trata exclusivamente sobre la oralidad. Pero la oralidad y sus relaciones con la escritura ocupan el centro de la escena, como lo sugiere el título mismo, y la insistencia con la que se trabajan las múltiples aristas de este conflictivo diálogo en prácticamente todas las manifestaciones estudiadas. Y aunque por supuesto hay un fundamento teórico, no aparece la oralidad como un conjunto de conceptuaciones previas, a partir de las cuales se leen y explican determinados fenómenos textuales o culturales, sino más bien como una interrogante que se trae viva y actuante desde tiempo atrás, que se reformula aquí una y otra vez y que se va tornando conocimiento a partir de su roce reiterado con múltiples e internamente conflictivos hechos de cultura.

"[...]no es lo mismo escribir la historia que bailarla", expresa la línea que por su potencia semántica y su capacidad de síntesis elegí como epígrafe de este trabajo. El "bailarla" de la frase, alusivo a la ponderación cornejiana de las mencionadas danzas rituales populares donde se representa *de otra manera* y se actualiza homeostáticamente[13] el (des)encuentro de Atahualpa y Pizarro, podría leerse como imagen de las múltiples y sustanciales diferencias que implica la oralidad en tanto peculiar *economía cultural*.[14] Desde esa lectura, podría decirse que la frase resume admirablemente una de las principales direcciones de sentido de este libro. Y si se me preguntara cómo es este nuevo acercamiento de Cornejo a la oralidad, diría que se produce allí un raro balance entre osadía y discreción. Lejos de fungir en algún momento de su estudio como etnólogo, sociólogo o lingüista, él ejercita de nuevo su proverbial rigor y prudencia metodológicos al aludir a las limitaciones de su formación y de la documentación disponible para un escrutinio detenido de las danzas rituales y las *wankas* referidas al *diálogo* de Cajamarca. Además de analizar por supuesto estos fenómenos a través de las fuentes escritas disponibles,[15] se atreve sin embargo a desarrollar algunos comentarios sobre ellos en tanto complejos objetos culturales que desbordan con mucho la materialidad letrada de esos registros y hasta pueden ser contrapuestos a ella. Desde el punto de vista de los estudios de oralidad esta osadía me parece marcadamente significativa. Y ya que resulta del todo imposible referirse ni siquiera en términos genéricos a la inmensa variedad de constataciones e interrogantes relacionados con lo oral que Cornejo plantea a lo largo del volumen, quisiera detenerme y señalar el valor de esos comentarios en tanto denotan una comprensión más profunda de la oralidad y de sus diferencias con la escritura que alcanza mucho más allá de las características formales de los respectivos medios de comunicación.

Digo que me parece significativo este osado gesto porque, a diferencia de muchas otras aproximaciones a la oralidad en la obra anterior y algunas en el resto de este libro, no atiende aquí únicamente a sus tematizaciones en los textos escritos, como por ejemplo el dilema de Ernesto, el protagonista de *Los ríos profundos*, entre escribir o cantar ¿en quechua o en español? a sus enamoradas indias (Cornejo Polar, *Escribir en el aire* 210-19). Tampoco se limita a registrar las huellas o vestigios dejados por la fuente oral en diversas escrituras, como las repeticiones, alusiones a la voz o elaboraciones de carácter formulaico detectadas en la crónica de Guaman Poma (42). En efecto, Cornejo trabaja sobre las danzas y dramatizaciones en tanto fenómenos mucho más complejos que los textos que pudieran dar cuenta de ellas, los observa como *eventos* culturales en cuya integralidad están presentes y actuantes la mayoría de los elementos que por lo general se encuentran activos en situaciones de oralidad popular, pero que suelen resultar necesariamente excluidos cuando ese *evento* es reducido al mero registro magnetofónico o escrito de su componente verbal, o, peor aún, cuando algún investigador asume ese registro como *el producto* a ser estudiado, perdiendo de vista entonces la existencia y el valor de significación de muchos otros elementos. A esa reducción se refiere Cornejo en una larga nota donde introduce la lista de textos y estudios utilizados para su análisis:

> De hecho sólo tenemos acceso a los textos que han sido editados y dependemos del modo como se han realizado esas transcripciones. Me doy cuenta además [de] que esos textos están desgajados del contorno en el que realmente funcionan, lo que de alguna manera los constriñe artificialmente a la condición de tales cuando, en realidad, son parte de un complejo ritual en el que el lenguaje verbal es uno entre otros muchos componentes. (54)

El análisis y la ulterior reflexión sobre esos materiales resultan pues novedosos dentro de su trayectoria porque tienen en cuenta de manera especial en estos casos, pero también en muchos otros a lo largo del libro no sólo el fenómeno oral en su totalidad, sino también la diferencia de esa otra dinámica que le es propia, apoyada en una racionalidad alternativa y poseedora de su propia legitimidad. Veamos.

Las situaciones de oralidad popular se caracterizan sobre todo por su intrínseca presencialidad. A diferencia de los hechos de escritura, donde por lo general la emisión y recepción del mensaje se producen en tiempos y espacios diferentes y sólo mediante el poder de significación de la letra, el acto oral implica típicamente el contacto directo de los participantes, lo cual supone de inmediato que entran en el juego comunicativo elementos como un entorno físico compartido, la entonación de la voz, la gestualidad corporal y la posibilidad de interacción. Cuando se trata, como en nuestro caso de estudio, de un evento comunitario y festivo, con valor ritual o ceremonial, la comunicación se potencia además por el carácter no sólo colectivo sino comunitario, interactivo y simbólico del fenómeno, por la relación de una historia que el grupo juzga trascendente y que puede tener significativas variaciones respecto de versiones sincrónica o diacrónicamente diferentes, así como por el apoyo que se busca con frecuencia en la música, la versificación y las decoraciones del espacio público. Es toda una comunidad entonces la que, a través de una autoría complejamente colectiva y participativa, pone en escena para sí misma una coreografía o una escenificación con el fin de repetir, reactualizar y por ese medio recordar determinados contenidos simbólicos literalmente *tradicionales* que valora como memorables. En ese tipo de actos, investidos de alto valor simbólico y también de algún grado de sacralidad, los danzarines o actores representan esos contenidos, recuentan una determinada historia, no sólo a través de un discurso verbal (el cual en algunos casos pasa a ser secundario y hasta prescindible), sino mediante los recursos expresivos del cuerpo (de los cuerpos) en movimiento, de la interacción con un público participante y de otros medios como la vestimenta y determinados objetos cargados de significación. Esa es su propia manera de *escribir en el aire*. Y lo que hace Cornejo es una lectura aguda y pormenorizada de ese rico texto cultural.

Es imposible señalar aquí el detalle de ese análisis de lo oral en las danzas y escenificaciones tal como se produce en el resto del capítulo. Las múltiples referencias de Cornejo a marcas de oralidad encontradas en textos y ritos y su reflexión acerca de sus varias implicaciones muestra una comprensión mucho más honda de un fenómeno que en sus textos anteriores sólo se atrevía a señalar como punto pendiente y problemático de una agenda futura. Sólo a manera de ilustración recordemos cómo se refiere a la capacidad acumulativa del discurso dramático ritual observable en las *capas* de modalidades formales y de contenidos étnicos y sociales dispares y hasta contradictorios que se conservan a través del *asentamiento* de sucesivas actualizaciones del rito (59) y a la forma como este proceso de densificación del texto cultural se vincula con los cambiantes requerimientos comunitarios y percepciones de los grupos participantes (60). Cornejo se detiene también en varias instancias a considerar las formas de relación de las dramatizaciones con la doble dinámica de la oralidad y la escritura:

> Lo que sí parece evidente es que en los textos conocidos funcionan dinámicas que provienen de la oralidad y otras impensables fuera del marco de la escritura. Creo que hay suficientes elementos de juicio para considerar que se trata de discursos escénicos escritos durante ese período en el que la escritura no ha desplazado del todo las normas de la expresión oral, y hasta cabría suponer que algunos fragmentos tienen fuentes directamente orales y que a veces hasta incorporan, casi sin variantes, canciones y danzas muy antiguas. (58-59)

Al entrar más en el detalle de esa interacción, observa que diversas formas escritas actúan de hecho en ocasiones como guiones de la representación, pero que en otros casos pierden importancia y ceden el papel de dirección y control a una memoria oral ejercida por los ancianos de la colectividad (66-67).[16] A través de documentación fotográfica analiza por otra parte el valor semántico de diversos recursos ancilares de la representación, como el decorado, la utilería y el vestuario, señalando, por ejemplo, el curioso atributo de significación de que se reviste a objetos "modernos" como los lentes oscuros o las sombrillas, portados por algunos personajes y aparentemente relacionados con la potente simbología solar propia de la cultura andina (83).

Finalmente, quisiera resaltar la muestra que estimo más relevante del trabajo de Cornejo sobre la oralidad. El análisis y ponderación que realiza, a partir de la documentación aportada por Manuel Burga, de las danzas rituales y en particular sobre la comparsa del Inca/Capitán, es una lectura comparativa del tipo de conciencia histórica que ellas posibilitan en tanto fenómenos de oralidad popular y ritual, en contraste con la que emana del discurso de las crónicas, "determinado tanto por su adscripción al género histórico, y más precisamente al que es propio de Occidente en su versión española, cuyas normas y convenciones siguen o tratan de seguir inclusive los autores mestizos e indígenas [...], cuanto por su condición narrativa y escritural" (51). En efecto, en lugar del "orden lineal y finito que parcela el acontecer, hace irreversible cada uno de sus sucesos y establece con precisión el final" (51), como es el propio de esa historicidad necesariamente asociada según Michel de Certeau a la escritura, encuentra que la oralidad colectiva y ritual, inspirada en una racionalidad alternativa, desborda esos cánones, violenta la clausura y fijeza de la historia escrita y alcanza entonces a contar "*otra* historia" (53) que pareciera escenificar una venganza semiótica, no exenta de valor político, al permitirse un desenlace diverso donde puede ser el Inca quien venza y aprese al Capitán, representante en principio de Pizarro y, por extensión, de la hegemonía primero hispana y más tarde criolla:

> [...] como ritual que es, la comparsa no tanto evoca la historia cuanto la renueva simbólicamente, y al "repetirla", en un presente cada vez distinto, no prefigura ni ordena ningún resultado: en cierto modo, en ella todo es posible [...] En los movimientos de la danza y en la larga fiesta colectiva en la que se inscribe, la narración histórica de las crónicas *parece extraviarse, como disuelta en otra materia* (no la escritura sino el ritmo de los cuerpos) y en otro espacio (no el privado que es propio de la escritura-lectura sino el público de las calles y plazas). En esas condiciones, y por cierto a partir de otra racionalidad cultural, la linealidad, parcelación y finitud de la historia escrita al modo de Occidente carece de sentido. La historia que cuenta la comparsa no la falsifica: la sustituye por otra, diversa, que tiene desde su propia legitimidad hasta sus condicionantes formales distintivos. Para decirlo en grueso: no es lo mismo escribir la historia que bailarla". (53, énfasis mío)

Una comparación como la que podemos apreciar en el fragmento denota una conciencia profunda de la índole peculiar de las culturas orales que lo lleva a advertir en el objeto estudiado los registros o marcas más sutiles de la condición oral ("sus condicionantes formales distintivos") así como a reconocer en la oralidad su condición de *economía cultural* relativamente autónoma, poseedora de su propia legitimidad y regida por una verdadera racionalidad alternativa, distinguible de la letrada, que incide en la gestación de concepciones del mundo, de la sociedad y del pasado también disímiles y renuentes a cualquier intento plano de homologación. Es interesante observar también en la cita que la formulación de Cornejo hace que los movimientos de los cuerpos danzantes parecieran marear, confundir o desconcertar, el orden estático y la irreversible linealidad de las crónicas, acentuando su valor subversivo y de resistencia frente a versiones hegemónicas de historia.

Tal abordaje de complejos objetos semióticos como estos y en general el asumido a lo largo de todo el libro evidencia la validez del tipo de crítica cultural asumido por Cornejo en la última etapa de su trayectoria, un tipo de indagación que, sin dejar de leer la inserción histórica, política y social de las manifestaciones orales populares, tiene el valor de reconocerlas como objetos culturales, de comprender los matices de su diferencia y de restituirles en el estudio su plenitud como compleja integración de múltiples significantes y como poseedoras además de una peculiar dinámica de variabilidad histórica muy diversa a la del texto escrito. Si las líneas finales de *La formación* proponían un reto para los practicantes de los estudios literarios:

> Con su inestable vaivén entre hallazgos y extravíos, los mejores aportes de las Ciencias Sociales deberían ser estímulo para los estudios literarios. Estos también *tienen que aventurarse en esa travesía difícil y riesgosa* para poder comprender la conciencia histórica que articula la espléndida productividad simbólico verbal de la sociedad andina y con otros códigos de los sectores populares de la nación. (*La formación de la tradición* 172-73, énfasis mío)

Escribir en el aire viene a ser entonces, de parte de Cornejo Polar, la asunción de aquella arriesgada pero ineludible aventura y un paso fundamental en el cumplimiento de este proyecto intelectual. Y así como las dinámicas peculiares de la oralidad, según hemos visto, tienden a insurgir contra el orden del discurso letrado, a desestabilizar sus certezas y a inducir posiciones más fluidas y abiertas en la comprensión de los hechos de cultura, su incorporación al ámbito de los estudios literarios supone, como sostiene Kaliman, un replanteamiento radical de las concepciones teóricas y metodológicas que hasta ahora han sustentado a la disciplina,[17] replanteamiento que luce inviable hasta que una parte más sustantiva de los estudiosos haya advertido su necesidad y pertinencia.

Por lo pronto, no puedo concluir sin apuntar que, según creo, el asiduo contacto con las diversas otredades culturales frecuentadas en su prolongado estudio de los sistemas marginales y en especial el contacto con los fenómenos orales no dejó de marcar su huella en el investigador. Los movimientos de las danzas comunitarias, podríamos pensar, alcanzaron también a desconcertar muy productivamente algunas de sus certezas. Y esa positiva desestructuración, tan exigente como liberadora, tuvo en el crítico un efecto de apertura aún mayor hacia lo múltiple y lo distinto. Es desde esa mayor fluidez que se deja tocar por la poesía profundamente oralizada de César Vallejo en las lúcidas páginas finales de *Escribir en el aire*, tituladas, no por casualidad, "Apertura". Al final de la Introducción, es también desde ella que asume, apenas por un momento, un tono casi de confidencia para expresar su sentir de hombre entre dos (o más) aguas culturales. Paradójicamente, como dice allí mismo, el azar lo había puesto por algunos años en el Primer Mundo, precisamente en la circunstancia de estar elaborando y culminando este estudio sobre la oralidad popular andina, un tema con el que "estaba obsesionado" (*Escribir en el aire* 23), pero que "no termina de concernirme directamente" (24). Como un reconocimiento a quien, siguiendo las huellas de Arguedas, asumió los retos profesionales y personales de abrirse críticamente a lo diferente, me gustaría no cerrar, sino dejar también abierto este texto escuchando sus palabras: "Lo mejor que he descubierto es que yo también soy irremediablemente (¿y felizmente?) un confuso y entreverado hombre heterogéneo" (24).

NOTAS

[1] Cornejo Polar (1994). Todas las citas entre paréntesis refieren a esta edición.
[2] Para constatar esta diferencia, basta confrontar en la bibliografía final títulos como *Literatura y sociedad en el Perú*, *Sobre literatura y crítica latinoamericanas* o *La formación de la tradición literaria en el Perú*.
[3] Su obra más influyente, *Orality and Literacy. The Technologizing of the Word* (1982) es traducida y publicada en español en 1987 (México: Fondo de Cultura Económica) con el título *Oralidad y escritura: Tecnologías de la palabra*.
[4] Para una más amplia discusión de la oralidad en el contexto latinoamericano, véanse las *Memorias de JALLA Tucumán 1995* (Tucumán: Universidad Nacional de Tucumán, 1997, vol. I). Para una bibliografía teórica y crítica más completa sobre los estudios de oralidad y sobre su desarrollo en América Latina, véase mi libro *La comarca oral. La ficcionalización de la oralidad cultural en la narrativa latinoamericana contemporánea* (1992), donde se estudian diversas modalidades de presencia de la oralidad en la ficción novelesca, con especial atención a la obra de Juan Rulfo, Augusto Roa Bastos y Joao Guimaraes Rosa.
[5] La fuente mariateguiana primordial es por supuesto sus *Siete ensayos de interpretación de la realidad peruana*, en especial sus influyentes observaciones acerca del carácter no orgánico de esa literatura nacional y sobre el dualismo económico cultural del Perú.
[6] Véase, para este último particular, el breve y comentado texto que fuera su trabajo postrero (Cornejo Polar, "Mestizajes e hibridez").
[7] En efecto, sin nombrarla específicamente, la atención hacia la oralidad aparece como resultado de la aplicación de la categoría de heterogeneidad: "[...] la aceptación de la heterogénea multiplicidad de la literatura peruana implica, de una parte, la reivindicación del carácter nacional y del estatuto literario de todos los sistemas de literatura no erudita que se producen en el Perú; de otra, permite desenmascarar la ideología discriminadora, de base clasista y étnica, que obtiene la homogeneidad mediante la supresión de toda manifestación literaria que no pertenezca o no pueda ser asumida con comodidad por el grupo que norma lo que es o no es nacional y lo que es o no es literatura." "El problema nacional en la literatura peruana" (Cornejo Polar, *Sobre literatura y crítica latinoamericanas* 23-24).
[8] "[...] las crónicas, la gauchesca, el negrismo y la narrativa de lo real maravilloso se inscriben dentro de él", dice por ejemplo en "Sobre el concepto de heterogeneidad. Respuesta a Roberto Paoli" (*Sobre literatura y crítica latinoamericanas* 88).
[9] En "Problemas de la crítica, hoy", para citar sólo un caso, afirma: "La indefinición en este campo [el de la literatura latinoamericana] ha llevado, por ejemplo [...] a privilegiar en términos absolutos la literatura

"culta", y a remitir hacia el folklore la literatura de los estratos más deprimidos de la sociedad latinoamericana. Se cancela así un riquísimo horizonte de creación y en algunos casos se asume como único espacio lingüístico el de las lenguas "modernas", prescindiendo por completo de las literaturas en lenguas "nativas" o considerándolas sólo a la manera de estrato arqueológico, como si efectivamente hubieran dejado de producirse a partir de la conquista." (*Sobre literatura y crítica latinoamericanas* 15-16). Cf. también en el mismo volumen "El problema nacional en la literatura peruana" (23), y "Para una agenda problemática de la crítica literaria latinoamericana" (37).

[10] "Es claro que los límites entre estos sistemas están constituido por la convergencia de varias notas diferenciadoras, desde los distintos idiomas y la diversa materialidad de sus medios (escritura / oralidad) hasta el distinto tipo de estructura económico-social que los solventa" (*Sobre literatura y crítica latinoamericanas* 24).

[11] Como se verá, las líneas finales de ese último capítulo formulan claramente los retos de la aventura que el crítico literario tiene delante y pueden leerse como el programa que vendrá a realizar en *Escribir en el aire*. (Véase 1989: 172-173).

[12] Me refiero a dos textos: el primero es el relato testimonial de dos indígenas, Victoriano Tarapaki y Lisuku Ankalli, recogido en remotas comunidades del Apirimac por los antropólogos Carmen Escalante y Ricardo Valderrama y publicado como edición bilingüe en 1992. El segundo es el estudio de Manuel Burga (1992), el cual provee información muy valiosa sobre las danzas comunitarias que surgen de la transformación de los antiguos *taquis* referidos a conflictos prehispánicos.

[13] La homeóstasis o amnesia estructural es uno de los procedimientos característicos de las culturas orales para preservar el conocimiento valorado por la comunidad como indispensable. A través de ella, "[...] la memoria colectiva general y cada cantor o narrador oral en particular tienden a actualizar el pasado, conservando viva por repetición sólo aquella parte que mantiene su relevancia o validez, de acuerdo con las circunstancias presentes y dejando de lado todo lo que desde esa perspectiva aparezca como incoherencia, contradicción o simplemente contenido inútil." (Pacheco 42).

[14] He utilizado la expresión en el sentido siguiente: "[...] la oralidad no puede entonces concebirse sólo como el predominio de una modalidad comunicacional ni, en términos negativos, como privación o uso restringido de la escritura ni, finalmente, como una suerte de subdesarrollo técnico o atraso cultural, sino como una auténtica *economía cultural*, relativamente autónoma, que implica —en relación directa con ese predominio o exclusividad de la palabra oral— el desarrollo de peculiares procesos noéticos, concepciones del mundo, sistemas de valores, formas de relación con la comunidad, con la

naturaleza, con lo sagrado; usos particulares del lenguaje, nociones de tiempo y espacio y, por supuesto, ciertos productos culturales con características específicas que difieren en mayor o menor grado, pero de manera siempre significativa, de sus equivalentes en culturas dominadas por la escritura, la imprenta o los medios electrónicos." (Pacheco 35).

[15] Véase la extensa nota 77 (Cornejo Polar, *Escribir en el aire* 54), donde se da cuenta de numerosas compilaciones y estudios utilizados.

[16] De manera general, sobre la convivencia de escritura y oralidad en un mismo contexto, expresa también: "[...] el dato irrecusable es que el wanka tiene desde hace mucho tiempo (mi idea es que desde sus orígenes) una materialidad escrita, pero escrita dentro de la tradición de una cultura oral que sigue aportando formas específicas de composiciòn, lo que permea la escritura con atributos, como los ya mencionados, que son propios de la oralidad" (67).

[17] Según Kaliman, "Esta incorporación [la admisión de la oralidad en el campo de los estudios literarios], en consecuencia, no puede tomarse como un mero agregado, sino como un cuestionamiento y una reestructuración del campo mismo. Desarrollar un aparato teórico-metodológico adecuado para el estudio de las prácticas orales implica, en verdad, revisar desde la raíz las concepciones y los instrumentos heredados del grafocentrismo" (297).

BIBLIOGRAFÍA

Arguedas, José María. *Formación de una cultura nacional indoamericana*. México: Siglo XXI, 1975.

Bendezú, Edmundo. *La otra literatura peruana*. México: Fondo de Cultura Económica, 1986.

Bueno, Raúl. "Aproximación al método crítico de Antonio Cornejo Polar". *Perfil y entraña de Antonio Cornejo Polar. Homenaje*. Tomas Escajadillo, ed. Lima: Amaru, 1998.

Bueno Raúl y Nelson Osorio, eds. *La trayectoria intelectual de Antonio Cornejo Polar*. Número especial de homenaje *Revista de Crítica Literaria Latinoamericana* 25/50 (1999).

Burga, Manuel. *Nacimiento de una utopía. Muerte y resurrección de los incas*. Lima: Instituto de Apoyo Agrario, 1988.

Certeau, Michel de. *La escritura de la historia*. México: Universidad Iberoamericana, 1985.

Cornejo Polar, Antonio. *Escribir en el aire. Ensayo sobre la heterogeneidad cultural en las literaturas andinas*. Lima: Horizonte, 1994.

_____ *La formación de la tradición literaria en el Perú*. Lima: Centro de Estudios y Publicaciones, 1989.

_____ *Sobre literatura y crítica latinoamericanas*. Caracas: Universidad Central de Venezuela, 1982.

_____ *Literatura y sociedad en el Perú: la novela indigenista*. Lima: Lasontay, 1980.

_____ *La novela peruana: siete estudios*. Lima: Horizonte, 1977.

_____ *Los universos narrativos de José María Arguedas*. Buenos Aires: Losada, 1973.

_____ *Edición y estudio del "Discurso en loor de la poesía"*. Lima: Universidad Nacional Mayor de San Marcos, 1964.

_____ "Mestizaje e hibridez: los riesgos de las metáforas. Apuntes". Tomás G. Escajadillo. ed. *Perfil y entraña de Antonio Cornejo Polar*. Lima: Amaru Editores, 1998. 187-192.

Escajadillo, Tomás G. ed. *Perfil y entraña de Antonio Cornejo Polar*. Lima: Amaru Editores, 1998.

Escalante, Carmen y Ricardo Valderrama. *Nosotros los humanos / Ñuqanchik runakuna. Testimonio de los quechuas del siglo XX*. Cusco: Bartolomé de las Casas, 1992.

Fernández Retamar, Roberto. *Para una teoría de la literatura hispanoamericana*. México: Nuestro Tiempo, 1976.

Finnegan, Ruth. *Literacy and Orality. Studies on the Technology of Communication*. Oxford: Basil Blackwell, 1988.

García Canclini, Néstor. *Culturas híbridas. Estrategias para entrar y salir de la modernidad*. México: Grijalbo, 1990.

Garibay, Ángel María. *Panorama literario de los pueblos nahuas*. México: Porrúa, 1983.

Goody, Jack. *The Domestication of the Savage Mind*. Cambridge: Cambridge University Press, 1977.

González Stephan, Beatriz. "A propósito de la "tapada" de Antonio Cornejo Polar". *La trayectoria intelectual de Antonio Cornejo Polar*. Raúl Bueno y Nelson Osorio, eds. Número especial de homenaje *Revista de Crítica Literaria Latinoamericana* 25/50 (1999): 91-96.

Havelock, Erik. *The Literate Revolution in Greece and its Cultural Consequences*. Princeton: Princeton University Press, 1982.

_____ *Preface to Plato*. Cambridge: Harvard University Press, 1963.

Kaliman, Ricardo: "Buscando la consecuencia de la incorporación de la oralidad en los estudios literarios latinoamericanos". *Asedios a la heterogeneidad cultural. Libro de homenaje a Antonio Cornejo Polar*. José Antonio Mazzotti y U. Juan Zevallos Aguilar, coord. Philadelphia: Asociación Internacional de Peruanistas, 1996. 291-310.

Lara, Jesús. *La poesía quechua*. México: Fondo de Cultura Económica, 1947.

León Portilla, Miguel. *Visión de los vencidos. Relaciones indígenas de la conquista*. México: Universidad Nacional Autónoma de México, 1967.

Lienhard, Martín. *La voz y su huella*. (3ª. ed. revisada y aumentada.) Lima: Horizonte, 1992.

Lord, Albert. *The Singer of Tales*. Cambridge: Harvard University Press, 1960.

Losada, Alejandro. *La literatura en la sociedad de América Latina*. Frankfurt: Vervuert, 1983.

Mariátegui, José Carlos. *Siete ensayos de interpretación de la realidad peruana*. México: Era, 1979.

Mazzotti, José Antonio y U. Juan Zevallos Aguilar, coord. *Asedios a la heterogeneidad cultural. Libro de homenaje a Antonio Cornejo Polar*. Philadelphia: Asociación Internacional de Peruanistas, 1996.

Mazzotti, José Antonio. "La evolución crítica de Antonio Cornejo Polar: de San Marcos a Berkeley". *La trayectoria intelectual de Antonio Cornejo Polar*. Raúl Bueno y Nelson Osorio, eds. Número especial de homenaje *Revista de Crítica Literaria Latinoamericana* 25/50 (1999): 35-39.

Menéndez Pidal, Ramón. *Flor nueva de romances viejos*. Buenos Aires: Espasa Calpe Argentina, 1938.

Mignolo, Walter. *Elementos para una teoría del texto literario*. Barcelona: Grijalbo, 1978.

Moraña, Mabel. "*Escribir en el aire,* ´heterogeneidad´ y estudios culturales". *Revista Iberoamericana* 61/170-171 (1995): 279-86.

Ong, Walter. *Orality and Literacy. The Technologizing of the Word*. Londres: Methuen, 1982.

Osorio Tejeda, Nelson. "La nueva narrativa y los problemas de la crítica en Hispanoamérica". *Revista de Crítica Literaria Latinoamericana* 3/5 (1977): 7-26.

_____ "Las ideologías y los estudios de la literatura hispanoamericana". *Casa de las Américas* XVI/94 (1976): 63-75.

Pacheco, Carlos. *La comarca oral. La ficcionalización de la oralidad cultural en la narrativa latinoamericana contemporánea.* Caracas: La Casa de Bello, 1992.

Pizarro, Ana, coord. *Hacia una historia de la literatura latinoamericana.* México: El Colegio de México/ Universidad Simón Bolívar, 1987.

_____*La literatura latinoamericana como proceso.* Buenos Aires: Centro Editor de América Latina, 1985.

Parry, Milman. *The Making of the Homeric Verse.* Oxford: Clarendon Press, 1971.

Propp, Vladimir. *Morfología del cuento.* Caracas: Fundamentos, 1974.

Rama, Angel. *Transculturación narrativa en América Latina.* México: Siglo XXI, 1982.

_____*La ciudad letrada.* Hannover, NH: Ediciones del Norte, 1984.

Rowe, William y Vivian Schelling. *Memory and Modernity. Popular Culture in Latin America.* Londres: Verso, 1991.

Vansina, Jan. *Oral Tradition. A Study on Historical Methodology.* Londres: Routledge and Keegan Paul, 1965.

Zumthor, Paul. *La lettre et la voix.* Paris: Seuil, 1987.

Sujeto heterogéneo y migrante. Constitución de una categoría de estudios culturales

Raúl Bueno
Dartmouth College
Universidad Nacional de San Marcos

> [...] desde que el azar me puso por algunos años en el Primer Mundo lo mejor que he descubierto es que yo también soy irremediablemente (¿y felizmente?) un confuso y entreverado hombre heterogéneo.
> Antonio Cornejo Polar: *Escribir en el aire*

1. El sujeto y sus dobles

La idea central de este trabajo es simple: el sujeto migrante de que habla Antonio Cornejo Polar es, ante todo, y por su propia naturaleza, un sujeto heterogéneo. La idea concomitante es que dicho concepto, elaborado por el autor durante los últimos años de su vida, es el resultado de la evolución natural de su pensamiento sobre la categoría de la heterogeneidad. Bien visto, consiste en la incorporación de la heterogeneidad en un mismo sujeto, como resultado del acto de migrar. El sujeto, así, es entonces *internamente* heterogéneo.

Las consecuencias de una concepción heterogénea del sujeto son varias. Entre las principales diría yo que está la de disolver la noción coherente, unitaria y homogénea del sujeto, que es una costumbre intelectual de Occidente (y del mundo occidentalizado) desde, al menos, el siglo XIX. También la de poder explicar ahora con más —y nuevos— argumentos asuntos que, a su modo, exponía la noción de "sujeto colonial", colonizador o colonizado (Adorno 55). Ésta, en efecto, planteaba las figuraciones y tribulaciones del sujeto *frente* a un mundo dividido y jerarquizante.[1] La noción de Cornejo Polar propone internalizar ese mundo, es decir sus encontradas historias, sus ejes culturales, valores, códigos y signos, y llevar los debates y las posibles negociaciones a la esfera íntima del sujeto, donde pueden ser procesados por los registros bi o multiculturales del individuo.

Desde la perspectiva de este trabajo, empero, la consecuencia más importante es la de permitir la existencia de un tipo nuevo y rotundo de sujeto, el sujeto migrante, cuyos debates y negociaciones internos son distintos de los del sujeto viajero —permítaseme la expresión— que observa y hasta presenta el mundo y sus diferencias sin internalizar los debates, ni asumir personalmente los nuevos ejes culturales como necesarios recursos de vida. Entiéndase entonces que el modelo de nuestro autor incluye e imagina otros sujetos heterogéneos, pero es el sujeto migrante el heterogéneo por excelencia, pues una razón de necesidad le hace fagocitar culturas y lenguas sin diluir sus diferencias y problemas, y más bien acentuándolos.

Quede claro que lo que sigue no pretende ser fiel a su pensamiento —unas pocas páginas no podrían dar cuenta de un vasto, rico y complejo sistema— pues busca apenas sumarizar unas líneas, extremarlas en su intención, sopesar sus alcances, e insinuar la ampliación del modelo que las acoge. Sé que hay momentos de lo que diré a continuación que no suscribiría Cornejo Polar, sea porque no le hacen cabal —o aun ninguna— justicia, o porque anegan territorios que él no habría calculado tocar. Asumo mi responsabilidad y mis riesgos. Y asumo también el hecho de que, sin éstos últimos, ninguna reflexión crítica (o metacrítica) podría hacer avanzar siquiera un mínimo los conceptos.

2. Una progresión heterogénea

La noción de sujeto migrante no significó un cambio de registro en el sistema de pensamiento de Cornejo Polar, sino una elaboración realizada dentro de las posibilidades de ese sistema y por impulso de las demandas intelectuales que le planteaban el momento histórico y las circunstancias que le tocaba vivir. Para entonces el autor había migrado como docente universitario a los Estados Unidos, después de su agobiante experiencia como Rector de San Marcos (Bueno, "Antonio Cornejo Polar y la universidad popular latinoamericana"), y había logrado retomar los hilos de su investigación sobre las heterogeneidades, suspendida tres o cuatro años antes. Entonces su trabajo atestigua el encuentro de la crítica del sujeto —que ya preocupaba al latinoamericanismo antes que los estudios posmodernos ahondaran en ella—[2] con la línea evolutiva de su categoría de la heterogeneidad. Se trata de un encuentro efectuado sobre la arena del masivo "fenómeno de la migración" del campo a la ciudad, que el autor juzgaba como "tal vez el más importante [hecho] de todo el siglo" en el mundo andino y América Latina (Cornejo Polar, *Escribir en el aire* 207).[3]

En efecto, después de haber elaborado largamente sobre la heterogeneidad discursiva de sistemas literarios como el indigenismo o el negrismo, que expresan en (y para) un registro cultural las circunstancias de otro registro, y de haber incluido en su reflexión la heterogeneidad de base, o de mundo, que es la fuente de toda heterogeneidad discursiva,[4] Cornejo Polar se siente impelido a comprobar heterogeneidades en los distintos constituyentes del proceso discursivo que atañe a América Latina:[5] desde los medios de expresión hasta los sujetos de la enunciación, pasando por los lenguajes (naturales o literarios) con que se configuran los mensajes. En cada uno de ellos, con mayor o menor atención, el autor comprueba heterogeneidades. Las comprueba no propiamente como resultado de meras extensiones de su sistema, suerte de desplazamiento epistemológico casual de su método de análisis y lectura, sino como resultado del desmontaje fenomenológico y el análisis intencional del fenómeno global:

> insisto en la categoría de heterogeneidad [que] me fue inicialmente útil [...] para dar razón de los *procesos de producción* de literaturas en las que se intersectan conflictivamente dos o más universos socio-culturales, de manera especial el indigenismo, poniendo énfasis en la diversa y encontrada filiación de las *instancias* más importantes de tales procesos (emisor/ discurso-texto/ referente/ receptor, por ejemplo). Entendí más tarde que la heterogeneidad se infiltraba *en la configuración interna* de cada una de esas instancias, haciéndolas dispersas, quebradizas, inestables, contradictorias y heteróclitas dentro de sus propios límites (*Escribir en el aire* 16-17; los énfasis, salvo el primero, son míos).

Es obvio que el modelo de comunicación lingüística de Roman Jakobson (destinador, destinatario, mensaje, código, medio de expresión y contexto)[6] está siendo aludido por la lista de "instancias" anterior. Lo que significa que los elementos del modelo jakobsoniano que no han sido expresamente enlistados bajo la fórmula "por ejemplo", es decir el código y el medio expresivo, o canal, también habrían sido objeto de su escrutinio bajo la lupa de la heterogeneidad. Así es, en efecto, según veremos al considerar los casos del encuentro de lenguas diferentes, o de los niveles culto y popular de una misma lengua, por un lado, o de oralidad y escritura, o de literatura y "performance" en un mismo discurso, por otro; asuntos éstos que Cornejo Polar trabajó extensamente, de manera especial en su último libro, *Escribir en el aire* (1994).

3. SURCANDO HETEROGENEIDADES

3.1. Referencialidad. No voy a detenerme en la heterogeneidad del "proceso de producción" del discurso (de la literatura indigenista, por ejemplo), ni en la de mundo o contexto, porque han sido largamente consideradas por el autor y sus comentaristas,[7] y además la segunda es en América Latina de una apabullante obviedad. Pero no puedo dejar de mencionar que la primera, aunque de verdad compromete toda la productividad discursiva, sin embargo, tal como la ha descrito nuestro autor, tiene que ver ante todo con una función del lenguaje que liga mensaje y referente: la función referencial.[8] Desde esta perspectiva, el trabajo mayor de Cornejo Polar se ha centrado en la demostración de que la referencia o función referencial en las literaturas heterogéneas conduce a un contexto cultural distinto al contexto[9] en que se produce el mensaje. Además, por esta vía de la referencia se abre la posibilidad de añadir otra designación a la lista de heterogeneidades: la de contextos heterogéneos. No es lo mismo, en efecto, hacer referencia a mundos otros, contentos en su relativa homogeneidad, que hacerla a mundos heterogéneos, trabados en sus ostensibles diferencias, contiendas y eventuales acuerdos. El caso esclarecido de lo aquí dicho sería el testimonio de Rigoberta Menchú, que emplea sustancial parte de tiempo en explicar el conflicto entre indígenas y ladinos (mestizos) en Guatemala. Pero otros casos dignos de mención son aquellos enumerados o investigados por Cornejo Polar en distintas etapas de su vida intelectual: las crónicas *de* la conquista (de cualquiera de las partes en conflicto), las crónicas que yo llamaría de la transculturación y del mestizaje, como la del Inca Garcilaso de la Vega, o las crónicas de la opresión, como la de Guamán Poma;[10] y, claro, los relatos, testimonios y otros discursos del migrante andino, que cifran versiones algo amables, si se las compara con las de la conquista y la opresión, del choque cultural que todavía dura.

3.2. Códigos/Mensaje. Es conocido que Cornejo Polar también concedió significativo tiempo a escribir sobre la heterogeneidad del mensaje, y de los códigos con que éste es estructurado. Hablo del encuentro en un mismo texto de lenguas de varia procedencia, como el quechua y el español, de niveles de lengua culta y popular, y de códigos de literatura erudita y de literatura popular y aun oral. Sus consideraciones al indigenismo (como las que habría hecho a la gauchesca, que él enlista entre las literaturas heterogéneas), tocan necesariamente esta zona. Así, en el libro que le dedicó a Arguedas habla de un lenguaje narrativo inventado, heterogéneo, que dentro del sistema español quiere emular los registros y la andadura del quechua:[11] "Esta lengua imaginaria será lo suficientemente poderosa para dar la impresión de realidad (los personajes indios *parece* que hablaran en quechua, por ejemplo) y para revelar con hondura la índole del mundo real" (*Los universos narrativos* 47).

Más de veinte años después, en *Escribir en el aire*, seguirá inclinado a describir mensajes heterogéneos a partir de la mezcla de lenguas y culturas que los conforman. Esta vez no se empeña en el análisis de una lengua artificial, suerte de idioma híbrido y coyuntural, sino en la demostración de que el roce que se produce en las zonas de contacto lingüístico genera una heterogeneidad de signos que termina revelando el dislocamiento histórico propio del choque cultural. Es de destacar, a este respecto, el brillante estudio que Cornejo Polar dedica al dilema que enfrenta el Inca Garcilaso cuando, en el intento de expresar una pretendida homogeneidad armoniosa, termina usando un léxico y una razón heterogéneos. Se trata del famoso pasaje de la piedra incrustada de oro, en que el Inca expresa que los españoles la miraban como "cosa maravillosa" y los indios como "*huaca*", es decir, como cosa "admirable" y "linda", pero también como algo "abominable", y en que el Inca termina por afirmar que él la miraba "con los unos y con los otros", es decir con ambos criterios, occidental e indígena, al mismo tiempo (*Escribir en el aire* 97-98). Lo cual introduce de paso el tema de la heterogeneidad de sujetos, que comentaremos después con cierto detalle.

Es de notar que con esos análisis Cornejo Polar amplía las bases de estudio de otros casos de heterogeneidad de mensajes que ponen ciertos énfasis en las diferencias y no sólo en los acuerdos y sobreimposiciones de códigos. Me refiero, entre otros, a la expresión tortuosa de Guamán Poma, tan representativo de los desgarrones lingüísticos del mundo andino, a la lengua del gaucho y su traslado a la gauchesca, a la lengua de la literatura negrista, como la del poeta Nicolás Guillén o la de los narradores peruanos Antonio Gálvez Ronceros y Gregorio Martínez, y a las lenguas que se conocen con los nombres de *spanglish* y *portuñol*, según las recrea la literatura. Véase bien que esas lenguas ya han sido investigadas en alguna medida, pero desde la perspectiva del mestizaje y, eventualmente, de la transculturación, mas no propiamente desde la heterogeneidad. La diferencia es grande y ha pasado desapercibida: bajo el criterio de mestizaje se investigan estados sólidos, materias integradas hasta el punto de no retorno; bajo la transculturación se estudian coyunturas, negociaciones, acuerdos tácticos que buscan sortear la eventualidad mientras apuestan a favor de permanencias; pero bajo la noción de heterogeneidad se estudia, en cambio, el conflicto, la pugna lingüística, la desarmonía, el estado inestable, la deflagración en ciernes: signos todos de una historia quebrada, la de América Latina, y de sus muchas y duraderas secuelas. Como bien dice nuestro autor en su lectura del intento fallido de Garcilaso: "la imagen de armonía que trabajosamente construye el discurso mestizo del Inca se aprecia más como el doloroso e inútil remedio de una *herida nunca curada* que como la expresión de un gozoso sincretismo de lo plural" (99; énfasis mío).

3.3. Medio. En varias ocasiones durante su carrera crítica Antonio Cornejo Polar consideró el encuentro de distintos canales de expresión en un mismo proceso discursivo: oralidad y escritura, música (lírica) popular y escritura, teatro abierto, *performances*, rituales y escritura. Es una inclinación que le nace muy temprano en su vida académica, cuando estudia la lírica popular y tradicional arequipeña (oral) para explicar la poesía de Mariano Melgar y señalar, de paso, el camino hacia la autonomía literaria e intelectual del Perú ("La poesía tradicional y el yaraví", "Mariano Melgar y la poesía de la Emancipación"). Luego, al analizar la obra de Arguedas, especialmente *Los ríos profundos*, acude con frecuencia a la lírica quechua cantada que empapa la escritura del novelista, al punto de conferirle un ritmo único, de apurado júbilo o demorada hondura, a la progresión narrativa, porque en el mundo andino "la música es una poderosa incitación vital" (*Los universos narrativos* 131). Todavía no habla nuestro autor de una heterogeneidad de medios expresivos, pero es obvio que a ella se refiere: "*Los ríos profundos* es, en toda su extensión, *un himno* al poder de la música singularmente de la música andina" (118; énfasis mío). Condición ésta que, como se sabe, será después extremada por Ángel Rama en su estudio sobre *Los ríos profundos* como "la ópera de los pobres" (Rama 257-69).

Otra es la preocupación de nuestro autor por los *media* a la hora de estudiar la novelística de Ciro Alegría: esta vez le preocupa la fuerte incursión del relato oral en la escritura novelística. "Es notable [dice] la preferencia de Alegría por el empleo de relatos folklóricos como instrumento al servicio de la ambientación o del ritmo tensivo de sus novelas" ("Prólogo", *La novela peruana* 78).

Pero es en su último libro, *Escribir en el aire*, en que los *multimedia* del mundo andino merecen su especial atención. Hablo de la conjunción de dos o más medios de comunicación en el flujo de los procesos discursivos de esa realidad: oralidad, escritura, *performance*, teatro abierto, danza, ritos... La oralidad ahí recibe tratamiento privilegiado, no sólo porque ingresa un elemento nuevo a la noción de literatura ("un concepto ampliado de literatura que [...] trata de dar razón de la problemática de la oralidad") (28), sino porque permite situar el conflicto histórico de América Latina en su momento inicial, o "grado cero", que es el choque de oralidad primaria y escritura en el "'diálogo' entre el Inca Atahuallpa y el Padre Vicente Valverde, en Cajamarca, la tarde del sábado 16 de noviembre de 1532" (26). El Inca no "oye" nada en la Biblia o breviario que le tiende Valverde y arroja el objeto al suelo. La soldadesca española se venga del desdén al libro sagrado —a la escritura— y diezma la masa indígena y toma prisionero al Inca. Dice nuestro autor que "es el comienzo más visible de la heterogeneidad que caracteriza, desde entonces y hasta hoy, la producción literaria peruana, andina y —en buena parte— latinoamericana" (27). Este encuentro de oralidad y escritura le sirve también al autor para ahondar en la producción indomestiza de discursos performativos que representan esa escena primordial: "En más de un sentido [dice el autor], estos textos están a caballo entre el quechua y el español y entre la oralidad y la escritura" (70). Y le permiten avanzar en la recepción de la escritura por la oralidad: "hervidero de hormigas", "garabatos de pajarillo", "huellas de gusano", según algunas versiones indígenas traducidas; es decir, materia y forma extrañas que, sin embargo, son depositarias de un poder siniestro: "la escritura en los Andes no es sólo un asunto cultural; es, además, y tal vez sobre todo, un hecho de conquista y dominio" (39) y "una agresión [...] semiótica" (83). Hay más al respecto en el último libro de Cornejo Polar, pero quizá su momento más intenso sea el dedicado al poema III de *España, aparta de mí este cáliz*, mejor conocido como "Pedro Rojas", en que estudia el moldeado de la escritura textual por la oralidad, no la mera incorporación de ésta en el texto, al punto en que "la palabra escrita [...] retoma su sentido primordial de voz" (241).

3.4. Sujetos. El análisis de los sujetos discursivos completa el cuadro de las heterogeneidades de las distintas "instancias" del "proceso de producción" de discursos, según Cornejo Polar. El tema será, por su importancia, desarrollado en el punto que sigue. Me basta, por ahora, adelantar que a este nivel el autor comprueba heterogeneidades no sólo entre destinador y destinatario, pertenecientes a distintas esferas culturales y como producto de la migración, sino de destinadores, cuando éstos son un sujeto plural, en el tiempo y en el espacio, como sucede con los distintos hablantes históricos del mismo relato performativo sobre la captura y muerte de Atahuallpa (50-73), y aun de conciencias, al interior de un mismo sujeto individual ("Una heterogeneidad no dialética").[12]

3.5. Discursos. Antes de cerrar el recuento de las distintas heterogeneidades investigadas o visitadas por Antonio Cornejo Polar, quiero que se vea cómo ellas apuntan, a la larga, a la constatación de una heterogeneidad mayor, que obliga a modificar por ampliación y enriquecimiento el propio modelo comunicacional de Jakobson. Constatar heterogeneidades en todas y cada una de las instancias del discurso lleva a concebir un modelo en que varios discursos se cruzan en un mensaje plural, que emite su significación graduada a cada circunstancia comunicativa, por lo que dispares y aun contradictorias lecturas resultarían posibles a partir de un mismo texto, en sentido amplio. Es decir, distintos destinadores y destinatarios (no propiamente un destinador o un destinatario plurales), acudiendo a diferentes medios y lenguajes expresivos, hablando desde sus propios tiempos históricos y con referencia a contextos disímiles, pueden correlacionarse y convivir en un mismo texto, dentro de una suerte de meta-heterogeneidad. Tal modelo surgiría del análisis de discursos producidos en sociedades históricamente quebradas y contradictorias, como las del mundo andino. Para que se vea cierta esta posibilidad, y que nuestro autor estuvo a punto de expresarla, incluyo a continuación esta cita:

> En más de una ocasión creo haber podido leer los textos como espacios lingüísticos en los que se complementan, solapan, intersectan o contienen discursos de muy varia procedencia, cada cual en busca de una hegemonía semántica que pocas veces se alcanza de manera definitiva. Ciertamente el examen de estos discursos de filiación socio-cultural disímil conduce a la comprobación de que en ellos actúan tiempos también variados; o si se quiere, que son históricamente densos por ser portadores de tiempos y ritmos sociales que se hunden verticalmente en su propia constitución, resonando en y con voces que pueden estar separadas entre sí por siglos de distancia. El mito prehispánico, el sermonario de la evangelización colonial o las más audaces propuestas de modernización, para anotar sólo tres casos, pueden coexistir en un solo discurso y conferirle un espesor histórico sin duda turbador. De esta manera la sincronía del texto, como experiencia semántica que teóricamente parece bloquearse en un solo tiempo, resulta siquiera en parte engañosa. Mi apuesta es que se puede (y a veces se debe) *historiar la sincronía*, por más aporístico que semeje ser este enunciado (*Escribir en el aire* 17-18).

4. El debate acerca del sujeto. El otro heterogéneo

En algunas ocasiones conversé con Antonio Cornejo Polar sobre los modos cómo la crítica posmoderna y posestructuralista estaba redundando en asuntos que, a veces con antiguas cartas de nobleza, había avanzado por su cuenta el latinoamericanismo. Era, en parte, mi tema de trabajo a fines de los '80,[13] y yo aprovechaba el verano que coincidíamos en Dartmouth para cotejarlo con el antiguo amigo y maestro. Ahí se mencionaban, por cierto, la transculturación (que la academia norteamericana trasegaba —"transculturaba"— entonces a su campo,[14] y su categoría de la heterogeneidad, que era homologada por el concepto blando de diversidad y las metáforas de la ensalada (*tossed salad*) y del mosaico feliz (*happy mosaic*). Fue ahí que me confió su idea de retomar el concepto de sujeto y avanzarlo en base a las grandes ocurrencias de América Latina, en especial las de la segunda mitad del siglo XX. Retomarlo, sí, porque la crítica nuestra lo había avanzado, decía, desde tiempos coloniales.

Algún tiempo después, en su *Escribir en el aire* explicaría que en Latinoamérica "el debate acerca del sujeto" apuntaba durante la Colonia a determinar la condición "teológico-jurídica [...] del indio" (19) y, con Garcilaso, la condición mestiza y el anhelo armonizante de dos tradiciones encontradas (93-100); después, en los siglos XIX y XX, apuntaba a la búsqueda de una identidad nacional, que imagine "una comunidad lo suficientemente integrada como para ser reconocida, y sobre todo para reconocerse, como nación independiente" (92). En este último sentido sugiere, siguiendo a Benjamin, que se asumía como identitario un "sujeto autorreflexivo y en más de un sentido autónomo", "exaltado y hasta mudable, pero suficientemente firme y coherente" (18), que obviamente es el sujeto romántico; y luego, por influjo del socialismo, un sujeto de clase, que era entendido como coherente también y sin fisuras, aun cuando presentara evidentes divisiones de raza, lengua, o cultura. "En mi investigación [afirma] lo que he encontrado con frecuencia es precisamente lo contrario: un sujeto complejo, disperso, múltiple" (19). Ambos proyectos, romántico y de clase, así como el del mestizaje utópico ("raza cósmica"), agrego, basan sus estrategias en un supuesto que luego se revelará improcedente y hasta falso: la homogeneidad. De ahí que en un certero giro de tuerca el autor pregunte, arguedianamente, si no debiéramos asumirnos ya los latinoamericanos como "sujeto heterogéneo", "hecho de la inestable quiebra e intersección de muchas identidades disímiles, oscilantes y heteróclitas" (21).

5. DEL SUJETO HETEROGÉNEO AL SUJETO MIGRANTE

El sujeto que entonces le interesa, porque en su desplazamiento por sobre fronteras lingüísticas y culturales esclarece la condición heterogénea, es el sujeto migrante (aunque no lo trate todavía bajo este nombre). El migrante andino, en particular, al que examina en su ingreso literario a *Los ríos profundos*. Observa que a ese sujeto lo caracterizan el desarraigo y la memoria, su instalación "en dos mundos de cierta manera antagónicos (oral y escrito, novela y canción, moderno y antiguo, urbano y campesino, español y quechua") (213) desde los que habla duplicando (o multiplicando) "la índole misma de su condición de sujeto" (209), para emitir "un discurso descentrado, proliferante y desparramado" (212). Es, pues, un sujeto "inestable" (212), "oscilante" y "plural" (215), que —y esto es de importancia para lo que sigue—, introyecta la heterogeneidad (212).

Nótese que en este examen del discurso del migrante Antonio Cornejo Polar toca todas las heterogeneidades consideradas en el punto anterior: de mundo, situación enunciativa, códigos, medios expresivos y referentes. Ello porque el sujeto que concita esas instancias y las pone en situación de discurso es también, por varias razones, un sujeto heterogéneo. No sólo porque acumula experiencias colectivas propias de su identidad original (213), sino también porque, tal como interpreto, convoca a destinatarios de otras filiaciones culturales (destaca el crítico, por ejemplo, que en *Los ríos profundos* Ernesto le escribe una carta en quechua a la novia de Antero, tal cual si ella fuera una muchacha india) (213-15), y, sobre todo, porque el sujeto en cuestión internaliza la heterogeneidad de mundos y asume una doble pertenencia: aquí y allá, ahora y antes, pero de manera descentrada y conflictiva:

> El sujeto fuerte y centrado, en cierto modo autoritario, en nada dispuesto a fisurar su identidad, que más bien parece querer preservarla como garantía de su propia existencia [...]

entra en crisis y también, como es claro, su sólido discurso monológico. Ahora es —casi— todo lo contrario. Sujeto y discurso se pluralizan agudamente y la novela como tal se transforma en un espacio donde uno y otro pierden sus identidades seguras y definidas y comparten, no sin conflicto, una semiosis socializada y oscilante. (215)

Hay otros dos trabajos en que Antonio Cornejo Polar continúa su investigación sobre el sujeto migrante. Aparecen de modo consecutivo y con un año de distancia: 1995 y 1996. El primero, "Condición migrante e intertextualidad multicultural: el caso de Arguedas", es un artículo basado en el fenómeno de la migración masiva hacia el puerto pesquero de Chimbote, según es presentada por la novela de Arguedas *El zorro de arriba y el zorro de abajo*. Aquí el crítico le atribuye al sujeto de ese fenómeno la "condición migrante", lo caracteriza como "un sujeto disgregado, difuso y heterogéneo" y lo designa por el nombre con que, finalmente, habrá de pasar al conjunto de categorías literarias y culturales de América Latina: "sujeto migrante" (104).[15] Observa su trashumancia como carente "de un eje centrado y fijo, ordenador de variables o disidencias" (106). Y emplea buena parte de su trabajo en caracterizar el discurso del migrante por oposición al del mestizo: éste busca, en "afán sincrético" (103), la conciliación de contrarios, aquél "yuxtapone lenguas o sociolectos diversos sin operar ninguna síntesis" (105). Pero advierte que no intenta "formular una dicotomía entre mestizo y migrante, y entre sus respectivos lenguajes e inserciones intertextuales, sino establecer dos posiciones de enunciación, que a veces pueden y deben articularse" (108). Y luego, en una suerte de salto cualitativo (ciertamente epistemológico):

> En todo caso, por el momento, me entusiasma la idea de cruzar de ida y vuelta el paradigma del mestizo y la transculturación, y su modelo en última instancia sincrético, de una parte, con la movediza sintaxis del migrante y su multicultura fragmentaria, de otra. (108)

Quisiera que se vea, con un poco de voluntad constructiva, extremando conceptos hasta aquí acarreados y sumando otros que les son complementarios, cómo este ensayo de Cornejo Polar estaría construyendo una suerte de gramática del discurso migrante: sus coordenadas enunciativas (los deícticos aquí, allá, ahora, antes, atrás, adelante y sus variantes), su morfología (el sujeto y sus verbos: migrar, ver, recordar, comparar, turbar, ser, querer, querer ser, deber ser, poder ser) y su sintaxis de enunciados reales y posibles. Escribe el autor, orillando lo dicho, en pasajes que ya no requieren mayor explicación:

> Después de todo, migrar es algo así como nostalgiar desde un presente que es o debería ser pleno las muchas instancias y estancias que se dejaron allá y entonces, un allá y un entonces que de pronto se descubre que son el acá de la memoria insomne pero fragmentada y el ahora que tanto corre como se ahonda, verticalmente, en un tiempo espeso que acumula sin sintetizar las experiencias del ayer y de los espacios que se dejaran atrás, y que siguen perturbando con rabia o con ternura. (103)

Y también:

> En el nutrido y bellísimo cancionero andino […] el migrante nunca confunde el ayer/allá con el hoy/aquí; al revés, marca con énfasis una y otra situación y normalmente las distingue y opone, inclusive cuando el peregrinaje ha sido exitoso: aun entonces la antigua tierra de origen es drásticamente *otra* y en ella anidan vivencias o mitos —en el fondo vivencias míticas— que condicionan y disturban pero no se mezclan con el presente y sitúan la actualidad en el imperioso orden de la necesidad, pero —casi siempre— muy lejos del deseo. (104)

En el último texto sobre el tema, "Una heterogeneidad no dialéctica: sujeto y discurso migrantes en el Perú moderno", de 1996, el autor adensa y prueba una vez más su modelo, mientras ajusta la noción de sujeto migrante en una definición cabal (o "dura", como ya se dice por ahí). Resume ahí no pocas comprobaciones de textos anteriores, mientras investiga la migración del campo a la ciudad y los discursos de y sobre el migrante campesino. Dice ahí que el sujeto migrante "duplica (o más) su territorio" (841),[16] habla desde dos o más lugares: al menos un aquí y un presente marcados por ciertas carencias afectivas, y un allá y un pasado enaltecidos por la memoria; y comunica experiencias distintas ("desgarramiento y nostalgia", por un lado, pero también triunfo, por otro) (839) que no se contradicen, en una suerte de dialogismo y aun de polifonía de un solo hablante (843). De donde resulta que el discurso del migrante es "radicalmente descentrado, en cuanto se construye alrededor de ejes varios y asimétricos, de alguna manera incompatibles y contradictorios de un modo *no* dialéctico" (841). Esta última anotación marca, obviamente, la ausencia de la conciliación de mundos a que apuntan, en distintos grados, los discursos del mestizo y de la transculturación, según se vio con anterioridad.

6. Flexiones del modelo y otras adiciones

Dije en otro lugar (Bueno, "Heterogeneidad migrante") que dos cuestiones parecían limitar ese modelo: una tendencia a individualizar al sujeto migrante y un constreñir los discursos del migrante a lo meramente lingüístico y aun a lo exclusivamente literario. Veía que aunque el ensayo de 1995 reconoce la condición social —y hasta masiva— del sujeto migrante, sus ejemplificaciones tienden a poner el énfasis en individuos y sus particulares —y hasta privadas— situaciones enunciativas: el Inca Garcilaso, Guamán Poma, Arguedas y aun el propio crítico, como se ve en el epígrafe de este trabajo (*Escribir en el aire* 24). Dije que el modelo se empeña en los niveles propiamente verbales del discurso migratorio, esto es los textos líricos, narrativos o testimoniales que de un lado u otro refieren a la migración, y no acude de modo consistente a la miríada de signos no verbales (índices, señales, gestos, actos, usos, costumbres, ritos, etc.) que acarrea directa y caudalosamente el fenómeno mismo de la migración.[17] Proponía, entonces, acentuar la condición plural del sujeto migrante y poner el énfasis en la noción amplia de discurso (signos y actos expresivos y comunicacionales que trascienden lo meramente lingüístico), para caracterizar al sujeto migrante como un sujeto performativo (y no sólo lingüístico), capaz de realizar la *performance* de su vida, mediante una serie de acciones de trascendencia grupal, como migrar, desbordar, invadir, fundar, urbanizar y repoblar (Bueno, "Heterogeneidad migrante" 259-61). Proponía también entender al sujeto migrante masivo no sólo como heterogéneo, sino como heterogeneizante, porque impulsa las distintas heterogeneidades periféricas hacia los centros de América Latina, donde, adensadas, se encargan ellas de destacar la heterogeneidad de más bulto: la que opone las culturas aborígenes, indomestizas y campesinas a las culturas occidental, occidentalizadas y ciudadanas (255). Es decir, proponía, como cualquier usuario que prueba la ductilidad y la eficacia de un sistema, las adaptaciones necesarias para hacerlo propicio a la investigación que entonces yo llevaba a cabo: la del fenómeno de la migración masiva del campo a la ciudad *antes* de ser verbalizada en discursos literarios y *mientras* es todavía un discurso performativo.

Ahora quisiera destacar un punto importante en todo este asunto: el desplazamiento del sujeto. Nótese que la migración altera un estado quieto de heterogeneidad: crea visiones contrastivas del mundo y necesidades comunicacionales por sobre fronteras culturales y de experiencia. Es decir, al desplazarse de un universo cultural a otro, el sujeto migrante pone en acción, hace evidentes y aun genera distintas heterogeneidades. Es decir, el sujeto migrante existe *en* su movimiento, que es físico, primero, y es mental luego, pero que siempre es movimiento constante, pues es memoria reactivada. Otros sujetos heterogéneos existen y se comprueban —y contentan— en los estados quietos. Quisiera mencionar acá, a modo de ejemplo, a los sujetos que habitan en los bordes culturales, en las fronteras reales, en los espacios de la erudición, donde por fuerza se ha de ser bilingüe o multilingüe y pluricultural. Hay entre ellos, como entre los migrantes, muchos que se asoman o entran a la categoría de transculturación, en la medida en que hacen filtrantes sus ámbitos culturales para permitir que entren signos ajenos y salgan los propios a negociar situaciones de uso y expresión.

Aclaro que, desde estas perspectivas, el mestizaje cultural no es una opción para el sujeto migrante (como podría serlo para sus hijos) pues, como dije en otro lugar, éste es aglutinante y tiende a la disolución de las diferencias (1996: 28): el sujeto migrante, en cambio, se empeña en el contraste. No solamente es diferente, sino que constata diferencias y las mantiene casi como norma de vida. Proyecta también sus diferencias antes y más allá del lenguaje (a esto me refería cuando hablaba de un migrante performativo), con lo que añade aspectos de heterogeneidad en la cultura que, para decirlo amablemente, lo acoge. Así, cuerpo, actitud, acciones, lengua, creencias, costumbres y otros signos se filtran por entre los esfuerzos que hace el migrante para ser funcional en la cultura que ahora lo enmarca. El otro cultural lo observa: aprende, acepta, destaca, neutraliza o rechaza esas diferencias. El migrante entonces comienza a recibir elaboraciones imaginarias, casi siempre negativas, sobre su propia diferencialidad. Su experiencia, entonces, se hace también cada vez más heterogénea en la medida en que absorbe los códigos y signos que le permitan ser funcional, con un mínimo posible de elaboraciones sobre su diferencialidad, en la nueva cultura. Deviene así un sujeto bilingüe y bicultural, o aun multilingüe y pluricultural, si la migración lo ha llevado por diferentes coordenadas culturales. Como resultado de ello sus sistemas de signos se transculturan, consciente o inconscientemente, al penetrar uno las formas del otro, y viceversa, como en la lengua que usa Garcilaso para escribir sobre el cruce de dos racionalidades a propósito de la piedra penetrada de oro (Cornejo Polar, "El discurso de" 73-76; *Escribir* 97-100).

Creo haber hecho visible que la razón por la que Cornejo Polar, al final de su vida, le dedica casi toda su atención al sujeto migrante está en que éste convoca de algún modo todas las heterogeneidades tratadas por el crítico a lo largo de su carrera intelectual. El migrante, en efecto, al desplazarse por sobre fronteras culturales y lingüísticas realiza dos acciones de importancia: pone en foco las diferencias —las que ve y las que deja ver— y pone en situación de discurso[18] esas y otras diferencias (las interiores, las que demarcan una identidad quebrada). En esta operación discursiva se le desvanece por fuerza la homogeneidad del sistema ideado por la comunidad de hablantes para garantizar el flujo de sentido —diría Saussure— , y con instancias heterogéneas —sujetos, canal, código, mensaje y referencias— intenta lo imposible: la isotopía semántica, la armonía del sentido, es decir una suerte de homogeneidad dentro de la heterogeneidad. Fracasa siempre, con distintos grados de fracaso. En casos como el de la utopía armonizante de Garcilaso, el fracaso puede todavía ser medido en términos de logro estético. En casos como los de Vallejo o Arguedas, que moldean su escritura a partir de la oralidad, el logro estético parte del reconocimiento previo del fracaso: la escritura nunca será oralidad, pero puede producir un efecto de tal. En casos no literarios, nada conspicuos y sin duda dolorosos, el intento es medido en términos de torpeza o ineptitud cultural: hay que "culturizarse", hay que producir discursos encajados en la cultura dominante. En cualquier caso, el discurso fragmentado que se produce deja leer siempre una historia, a menudo más que individual. He ahí la grandeza y la miseria del sujeto migrante. De ahí la fascinación con que Cornejo Polar lo trabajara.

NOTAS

[1] Escribe al respecto R. Adorno, en términos adscribibles a una noción exteriorizante del sujeto: "Los discursos creados sobre —y por— el sujeto colonial no nacieron sólo con el deseo de conocer al otro sino por la necesidad de diferenciar jerárquicamente el sujeto del otro: el colonizador de las gentes que había tratado de someter y, al contrario, el colonizado de los invasores que lo querían sojuzgar" (Adorno 66).
[2] Escribe Cornejo Polar: "No cabe desapercibir, sin embargo, que en un determinado momento la muy densa reflexión latinoamericana sobre la poliforme pluralidad de su literatura se cruzó, y en varios puntos decisivos, con la difusión de categorías propias de la crítica postestructuralista o —en general— del pensamiento postmoderno. Temas definitivamente *post*, como los de la crítica del sujeto, el replanteamiento escéptico sobre el orden y el sentido de la representación, la celebración de la espesa heterogeneidad del discurso o el radical descreimiento del valor y la legitimidad de los cánones, para mencionar sólo asuntos obvios, se encabalgan inevitablemente con la agenda que ya teníamos entremanos" (*Escribir* 14). El tema de la agenda crítica del latinoamericanismo lo trato con más detalle en el punto 4 de este trabajo: "El debate acerca del sujeto. El otro heterogéneo".
[3] G. Podestá adelanta el proceso migratorio masivo del Ande a la ciudad de Lima y lo sitúa a fines del XIX. Tipifica la Lima de entonces como una ciudad de "conflictiva topografía cultural" debido sobre todo a los migrantes andinos y de la China. Sostiene que el escritor Abelardo Gamarra expresó bien esa topografía y "tradujo" para los locales "el mundo de los forasteros" (Podestá 146).
[4] Con referencia explícita a ensayos de Cornejo Polar de 1977 y 1980, en que el autor habla de "sociedades internamente heterogéneas" y de "tensiones extremas" de la realidad social que origina el indigenismo, escribí en otro lugar: "La heterogeneidad básica, que es condición previa a toda reflexión sobre la problemática socio-cultural de América Latina, no es un sobreentendido pasado por alto en la reflexión de Antonio Cornejo Polar, sino un punto de partida en el

estudio de lo real, y también una categoría de análisis" (Bueno, "Sobre la heterogeneidad" 29).

[5] Él, claro, prefiere circunscribir sus comprobaciones al mundo andino y a lo literario, pero es obvio que su reflexión fácilmente incluye, con algunas variantes, al resto de América Latina, y a lo discursivo en general. El indigenismo de México o Guatemala, el negrismo de Brasil, Venezuela o Perú, la gauchesca del Río de la Plata y del sur del Brasil quedan, en principio, fácilmente asimilados por su sistema. Pero también quedan explícita o implícitamente aclarados por la reflexión heterogénea aspectos como las crónicas de descubrimiento y conquista, que afectan a la América toda (incluso tan recientemente como en la era de las modernizaciones industriales de fines del XIX, digo yo, como se ve bien en *Una excursión a los indios ranqueles* de Mansilla), y el discurso independentista de la región, por citar otras áreas y otros procesos discursivos.

[6] El importante texto de Roman Jakobson apareció en inglés bajo el título de "Closing Statements: Linguistics and Poetics" (1960) y pronto fue traducido y aun retraducido a muchas lenguas, entre ellas el español, aparte de adaptado a la teoría de la información, por lo que algunos de sus componentes llevan designaciones aparentemente equivalentes, que pueden portar ciertos cambios en la inteligencia del sistema: emisor y destinador por remitente (*sender*), receptor por destinatario (*receiver*), enunciado por mensaje (*message*), contexto por referente (*reference*), canal y aun contacto por medio (medium, contact). Remito al diccionario de *Semiótica*, versión española (Greimas y Courtés 1982) para el volcado de los términos al francés y al español.

[7] Yo mismo hice algunas detalladas elaboraciones sobre estas heterogeneidades en un artículo incluido en un volumen de homenaje al autor por sus sesenta años de vida y treinta y cinco de docencia universitaria (Bueno, "Sobre la heterogeneidad literaria y cultural de América Latina").

[8] Aunque listada por Jakobson como una función del referente o contexto, la función referencial es, en verdad, la relación entre el mensaje y el contexto. El contexto no hace —no puede hacer— una referencia hacia sí mismo: es el mensaje el que lo refiere. Y el mensaje que no evoca o señala un contexto, es simplemente un mensaje sin función referencial.

[9] Se hace claro que para mí, referente y contexto no son términos equivalentes, como habría querido Jakobson, aunque se den en el mismo horizonte discursivo: el referente es la *parte* del contexto al que expresamente señala el mensaje mediante su función referencial; el contexto, aunque no directamente referido por el mensaje, es el conjunto significativo que le da sentido y espesor semántico al referente. En las literaturas homogéneas, el contexto es el mismo tanto para los sujetos de la enunciación, sus códigos y sus mensajes, como para el referente.

En las literaturas heterogéneas, habría dicho Cornejo Polar de haber conocido y aceptado estas disquisiciones, hay dos contextos culturales distintos: el de la enunciación y el de la referencia. He ahí el gran desafío —la gran heterogeneidad— que se les plantea a este tipo de literaturas.

[10] Cornejo Polar considera además el texto de Guamán Poma, *La nueva corónica y buen gobierno*, el texto fundador del discurso y el sujeto migrantes: "de manera especial el intenso acápite 'Camina el autor'" (Cornejo Polar, "Condición migrante" 107).

[11] Alberto Escobar habría de llegar más lejos en la investigación de esta hibridez de códigos lingüísticos a que apela Arguedas para dar testimonio de fidelidad a la representación del mundo andino y sus hablantes. Véase *Argedas o la utopía de la lengua*.

[12] Dice E. Altuna que investigar la condición escindida de Arguedas le permitió a Cornejo Polar "ahondar en la índole heterogénea de la instancia de la emisión" (Altuna, "Historiografía literaria" 125).

[13] Dije entonces, en la "Introducción" a mi *Escribir en Hispanoamérica. Ensayos sobre teoría y crítica literarias:* "Se dirá que la nueva cientificidad descrita en este volumen tiene bastante en común con los cambios que últimamente vienen ocurriendo en los estudios literarios y culturales de Europa y los EE.UU., especialmente por obra de movimientos y escuelas críticas como la estética de la recepción, la semiótica de la cultura, la ideología de la post-modernidad, el relativismo cultural y la desconstrucción discursiva. Éstos, como se sabe, están impulsando una modificación notable de nociones teóricas y críticas, que tiende a cuestionar el canon y a revaluar los discursos culturales del 'otro', la mujer, las minorías, los dominados, etc., y a producir nuevas funciones y tareas de la crítica. Mas hay que adelantar acá que aunque ambos fenómenos globales aparenten tener un parentesco cercano, lo cierto es que difieren en origen y contenidos: el latinoamericanismo responde a una necesidad más histórico-social que meramente cultural, y tiene que ver más con presiones y demandas de una realidad fuertemente fragmentada y conflictiva que con solicitaciones intelectuales y académicas" (Bueno, *Escribir en Hispanoamérica* 17).

[14] La referencia más visible es acá el texto "Transculturating Transculturation" de Diana Taylor (1991).

[15] Me he topado últimamente con un título en inglés sobre una novela de Yasmine Gooneratne, de Sri Lanka, que adelantaría un par de años el concepto en cuestión: "The Migrant Subject and the Intercultural Textual Space: A Discussion of *A Change of Skies*" de R.P. Rama (*Rajasthan University Studies in English, 1991-1992* 23: 108-17). No me ha sido posible consultar este estudio, pese a mis esfuerzos por conseguirlo, pero su título deja entender que correspondería en no poco a lo descrito y trabajado por Cornejo Polar. Falta saber si lo ha teorizado con igual intensidad. Es seguro que Cornejo Polar no tuvo conocimiento de él.

[16] Lo que lleva a Mabel Moraña a considerar el caso dentro de "la experiencia de la desterritorialización y reinserción cultural", hecho este último que ella asimila en la misma página, creo que con razón suficiente, al ámbito conceptual de la reterritorializacón (Moraña 25).

[17] Recuérdese, sin embargo, que al analizar el "grado cero" de la heterogeneidad en el mundo andino —el encuentro de oralidad primaria y escritura en Cajamarca—, y sus secuelas discursivas, Cornejo Polar se muestra bien inclinado a trabajar actos performativos y otros mensajes no verbales. No concuerda, pues, con su modelo crítico general esta caracterización del migrante como sujeto mayormente emisor de mensajes lingüísticos.

[18] En un artículo dedicado a Cornejo Polar, Julio Noriega ("Propuesta para una poética quechua del migrante andino") trabaja al migrante moderno en tanto que sujeto de expresión literaria, creador de textos narrativos y poéticos. Hace ahí una distinción entre los textos "mediados" —testimonios de migrantes recuperados por estudiosos— y los directos de poetas y narradores que expresan su experiencia migrante.

BIBLIOGRAFÍA

Adorno, Rolena. "El sujeto colonial y la construcción cultural de la alteridad". *Revista de Crítica Literaria Latinoamericana* XIV/28 (1988): 55-68.

Altuna, Elena: "Historiografía literaria y estudios coloniales en el pensamiento de Antonio Cornejo Polar". *Revista de Crítica Literaria Latinoamericana* XXV/50 (1999): 121-29.

Bueno, Raúl. *Escribir en Hispanoamérica. Ensayos sobre teoría y crítica literarias.* Lima/Pittsburgh: Latinoamericana Editores, 1991.

_____"Sobre la heterogeneidad literaria y cultural de América Latina". *Asedios a la heterogeneidad cultural. Libro de homenaje a Antonio Cornejo Polar.* José Antonio Mazzotti y U. Juan Zevallos Aguilar, coords. Philadelphia: Asociación Internacional de Peruanistas, 1996. 21-36.

_____"Heterogeneidad migrante y crisis del modelo radial de cultura". *Indigenismo hacia el fin del milenio. Homenaje a Antonio Cornejo Polar.* Mabel Moraña, ed. Pittsburgh: IILI-Biblioteca de América, 1998. 253-68.

_____"Antonio Cornejo Polar y la universidad popular latinoamericana. Su experiencia como Rector de San Marcos". *Revista de Crítica Literaria Latinoamericana* XXV/50 (1999): 41-49.

Cornejo Polar, Antonio. "La poesía tradicional y el yaraví". *Letras* XXXVIII/76-77 (1966): 103-25.

_____"Mariano Melgar y la poesía de la Emancipación". *El Peruano* (Lima, 28-VII-1971).

_____*Los universos narrativos de José María Arguedas*. Buenos Aires: Losada, 1973.

_____"Prólogo, cronología y bibliografía". Ciro Alegría. *El mundo es ancho y ajeno*. Caracas: Biblioteca Ayacucho, 1978. [(El prólogo fue recogido con el título de "*El mundo es ancho y ajeno* y la obra de Ciro Alegría: elementos para una interpretación" en Cornejo Polar 1989.)]

_____*La novela peruana*. 2ª ed. ampliada. Lima: Horizonte, 1989.

_____"El discurso de la armonía imposible. (El Inca Garcilaso de la Vega: discurso y recepción social)". *Revista de Crítica Literaria Latinoamericana* XIX/38 (1993): 73-80.

_____*Escribir en el aire. Ensayo sobre la heterogeneidad socio-cultural en las literaturas andinas*. Lima: Horizonte, 1994.

_____"Condición migrante e intertextualidad multicultural: El caso de Arguedas". *Revista de Crítica Literaria Latinoamericana* XXI/42 (1995): 101-09.

_____"Una heterogeneidad no dialéctica: sujeto y discurso migrante en el Perú moderno". *Revista Iberoamericana* LXII/176-177 (1996): 837-44.

Escobar, Alberto. *Arguedas o la utopía de la lengua*. Lima: Instituto de Estudios Peruanos, 1984.

Greimas, A.J., J. Courtés: *Semiótica. Diccionario razonado de la teoría del lenguaje*. Madrid: Gredos, 1982.

Jakobson, Roman. "Closing Statements: Linguistics and Poetics". *Style in Language*. Thomas Albert Sebeok, ed. Boston: MIT, Nueva York, Londres: Wiley, 1960: 350-77.

Moraña, Mabel. "Antonio Cornejo Polar y los debates actuales del latinoamericanismo: noción de sujeto, hibridez, representación". *Revista de Crítica Literaria Latinoamericana* XXV/50 (1999): 19-27.

Noriega, Julio: "Propuesta para una poética quechua del migrante andino". *Revista de Crítica Literaria Latinoamericana* XXIII/46 (1997): 53-65.

Podestá, Guido: "Abelardo Gamarra: la poética del forastero". *Indigenismo hacia el fin del milenio. Homenaje a Antonio Cornejo Polar*. Mabel Moraña, ed. Pittsburgh: IILI-Biblioteca de América, 1998. 139-47.

Rama, Ángel. *Transculturación narrativa en América Latina*. México: Siglo XXI, 1982.

Taylor, Diana. "Transculturating Transculturation". *Performing Arts Journal* XIII/2 (38) (1991): 90-104.

Sujeto y discurso migrante en Antonio Cornejo Polar y José María Arguedas: dos visiones paralelas de la identidad peruana

Gracia María Morales Ortiz
Universidad de Granada

Introducción

> En el debate sobre la tradición literaria nacional nada es, nada puede ser, ni inocente ni gratuito. Con sus atributos específicos, esa tradición reproduce un cierto designio de nación, una manera de comprender, hacer y soñar el espacio y la historia de la patria, de imaginar con el deseo su — nuestro— futuro. (Cornejo Polar, *La formación* 19)

Queremos comenzar nuestro artículo con estas palabras de Antonio Cornejo Polar, tomadas de su libro *La formación de la tradición literaria en el Perú*, pues nos parece fundamental su afirmación del compromiso que cada intelectual adquiere en el momento de elaborar una tradición literaria. No es casual ni ingenua la nómina de autores o de movimientos que la crítica decide privilegiar, pues cada uno de ellos está conformando una imagen del hombre, de la sociedad y del mundo, y su mayor o menor difusión está implicando la aceptación o el rechazo. Por esto, no resulta extraño que el propio Cornejo seleccione conscientemente una serie de tendencias literarias y de figuras concretas, sobre las que centra su atención: aquellas que, por una parte, reflejan "el carácter plural y heteróclito de la literatura latinoamericana" y además "dan razón de su totalidad conflictiva; esto es, aquellos movimientos literarios que se instalan en el cruce de dos o más formaciones sociales y de dos o más sistemas de cultura". Y continúa:

> Tal es el caso de la cronística, la gauchesca, el negrismo, el indigenismo, la narrativa del nordeste brasileño, algunos aspectos de la llamada poesía conversacional y del realismo

mágico, etc. En cada uno de estos casos, aunque de manera siempre distinta, un solo proceso productivo pone en relación componentes de diverso signo socio-cultural, a través de procedimientos muy cambiantes, que no sólo indican el sesgo ideológico de las perspectivas de origen, sino, sobre todo, reproducen la desmembrada constitución de nuestras sociedades, la heterogeneidad de su producción simbólica y al mismo tiempo su configuración inestable y fluida dentro de lo que se ha denominado totalidades conflictivas (*Sobre literatura* 40).

Por lo tanto, Cornejo Polar elige su objeto de estudio y a partir de ello desarrolla aquellos cauces de indagación crítica que le permitan confirmar su propia imagen de América Latina. En este sentido, sin duda, el escritor con quien mejor enlaza es con José María Arguedas. En nuestra opinión, se trata de uno de los encuentros más fructíferos entre la producción de un autor y el despliegue de una mirada crítica sobre ésta; si la obra de José María Arguedas se hace elocuente y cobra su valor gracias a la labor de Cornejo Polar, a su vez éste último desarrollará muchos de sus conceptos a partir del estudio de las novelas y los cuentos de su compatriota.

Ya encontramos un importante punto de contacto entre ambos pensadores cuando coinciden en defender el carácter testimonial de sus respectivas actividades: por una parte, Arguedas, cuando legitima su obra por su raigambre en lo vivencial, y Cornejo, al proponer conceptos teóricos cuyo objetivo último consiste en confirmar un proyecto de sociedad para el Perú. Las categorías de heterogeneidad y totalidad, así como sus últimos acercamientos a la discursividad del sujeto migrante y su implicación con la oralidad, responden claramente a su compromiso a favor de la pluriculturalidad y su denuncia de la problemática social de este país.[1]

Es muy interesante dilucidar cómo toda esa terminología que propone Cornejo conecta claramente con los textos de José María. Su vinculación resulta aún más explícita si se relacionan las ideas que el novelista propone en sus numerosos artículos sobre literatura, etnología, lingüística, antropología, etc., con las que Antonio sistematiza, proponiendo un método de análisis y una terminología específica. Si en un trabajo anterior, ya tratamos de descubrir cómo funcionan en los textos teóricos arguedianos las categorías de totalidad y de heterogeneidad (Morales Ortiz), ahora queremos aplicar ese mismo enfoque comparativo, pero centrándonos en su definición del migrante peruano y el modo en que elabora su discurso.

1. La figura del "sujeto migrante" como experiencia personal y como objeto de reflexión en José María Arguedas

Partimos de la base de que Cornejo Polar acuña esta terminología bastantes años después de que Arguedas edificara toda su obra, y por lo tanto no siempre se da una coincidencia léxica en ambos; refiriéndonos a la categoría del migrante, en los textos arguedianos no se utiliza exactamente este vocablo, aunque sí está claramente expresada, con otras palabras, la carga semántica de la que Cornejo lo dota. Comencemos entonces por aclarar ese espacio de significación.

En primer lugar habremos de recordar que nos estamos refiriendo a un proceso de migración específico: el trasvase de población del campo a la ciudad en el Perú, a partir de la década de los '50. Aunque resulte obvio, no está de más recordar que este hecho, catalogado como el "de más incisiva y abarcadora trascendencia en la historia moderna del área andina" (Cornejo Polar, *Una heterogeneidad* 837), además de transplantar a los campesinos a un espacio geográfico distinto, los enfrenta, sobre todo, a una situación socio-cultural radicalmente ajena. El ámbito urbano les impone una serie de condicionantes que inevitablemente transforma sus señas de identidad: se da entonces un claro proceso de transculturación, el cual concluiría, en opinión de algunos estudiosos, con una forma de un "mestizaje cultural".

Cuando Cornejo propone la nomenclatura de "sujeto migrante" lo hace como alternativa a la de "sujeto mestizo", con la finalidad expresa de destacar la no finalización de ese proceso de reajuste cultural que conlleva el paso de la sierra hacia la ciudad. Sobre todo en sus últimos trabajos, descubrimos en Cornejo una tentativa de advertir sobre el uso inadecuado del término "mestizaje" (1998): según él, éste conlleva el peligro de creer que ya se ha alcanzado una situación de acomodamiento de lo indígena en lo occidental. Para Cornejo Polar, la relación entre estos dos planos no es dialéctica, sino dialógica, es decir, es imposible la síntesis pacífica de ambas realidades, que se conservan beligerantes y en pugna. El "sujeto migrante" sería la representación de esa heterogeneidad irresoluble, y en él se evidencia la pluralidad intrínseca a la realidad latinoamericana. Desde la crítica literaria, estudiar entonces el discurso que tal sujeto produce, sería una forma de indagación en la idiosincrasia de dicho subcontinente:

> Tengo para mí que a partir de tal sujeto, y de sus discursos y modos de representación, se podría producir una categoría que permita leer amplios e importantes segmentos de la literatura latinoamericana entendida en el más amplio de sus sentidos, especialmente los que están definidos por su radical heterogeneidad. Como se sabe son varias las categorías que se han usado para dar razón de este enredado *corpus*. Sin ánimo de sustituirlas, aunque algunas como la de mestizaje parecen haber agotado casi toda su capacidad iluminadora, deseo explorar la pertinencia y la efectividad de esta otra categoría, la de migración y sus derivados, que casi no ha sido empleada en relación a esta problemática. Sospecho que los contenidos de multiplicidad, inestabilidad y desplazamiento que lleva implícitos, y su referencia inexcusable a una dispersa variedad de espacios socio-culturales que tanto se desparraman cuanto se articulan a través de la propia migración, la hacen especialmente apropiada para el estudio de la intensa heterogeneidad de buena parte de la literatura latinoamericana (*Una heterogeneidad* 838).

En este fragmento se nos indica cuáles son las tres características esenciales a la condición del sujeto migrante: multiplicidad, inestabilidad y desplazamiento. Pues bien, avanzando ya hacia el que es el tema de este trabajo, si aplicamos estos factores a José María Arguedas, podemos darnos cuenta de cuánta repercusión tienen tanto en su vida como en su obra. El propio Cornejo se refiere a "los traumáticos desplazamientos que Arguedas sufrió y gozó desde niño" (1995: 103); como sabemos, Arguedas, hijo de un abogado blanco, se educará entre los sirvientes indios, que trabajaban en la hacienda de su madrastra. De este modo, asistimos a un primer desajuste en su identidad: él, por su procedencia racial y familiar, no pertenecía al mundo quechua en el cual formará su primera visión del mundo. Así lo afirma en una de las múltiples ocasiones en que aborda tal tema:

> Luego, a mí no me permitían ir a la escuela; me hacían levantar a las cinco de la mañana para traer leña, para hacer todos los trabajos que hace un indio. Pero como no era indio, como era hijo de un abogado, mi padre era juez de Primera Instancia en un pueblo que estaba un poco lejos de la aldea, entonces la población indígena me tomó prácticamente bajo su protección. Entonces yo viví íntimamente con esa gente, y aprendí a hablar el quechua, aprendí sus canciones, y me identifiqué enteramente con ellos (Romualdo y Arguedas 200).

Esta conciencia de su desarraigo cultural provocará en Arguedas importantes consecuencias, marcadas por un doble signo: si, por una parte, lo consignará como un forastero permanente, como un ser culturalmente huérfano y por ello tendiente al desequilibrio y a la indefinición (para muchos esa es la raíz de sus posteriores problemas psicológicos), por otra parte, también fundamentará su esperanza de que en el Perú consigan integrarse esos dos ámbitos culturales.[2] Así lo declara en 1968, durante el acto de entrega del Premio Inca Garcilaso de la Vega:

> Contagiado para siempre de los cantos y los mitos, llevado por la fortuna hasta la Universidad de San Marcos, hablando por vida el quechua, bien incorporado al mundo de los creadores, visitante feliz de grandes ciudades extranjeras, intenté convertir en lenguaje escrito lo que era como individuo: un vínculo vivo, fuerte, capaz de universalizarse, de la gran nación cercada y la parte generosa, humana, de los opresores. El vínculo podía universalizarse, extenderse; se mostraba un ejemplo concreto actuante. El cerco podía y debía ser destruido; el caudal de las dos naciones se podía y debía unir. Y el camino no tenía por qué ser, ni era posible que fuera únicamente el que se exigía con imperio de vencedores expoliadores, o sea: que la nación vencida renuncie a su alma, aunque no sea sino en la apariencia, formalmente, y tome la de los vencedores, es decir que se aculture. Yo no soy un aculturado; yo soy un peruano que orgullosamente, como un demonio feliz, habla en cristiano y en indio, en español y en quechua. (Arguedas, *No soy* 40-41)

A esta experiencia primera, que ya lo convierte en un "migrante cultural", se le unen después sus continuos desplazamientos geográficos.

> Luego empecé a recorrer el Perú por todas partes, llegué a Arequipa en 1924 [...]. De aquí fui al Cuzco, del Cuzco a Abancay, de Abancay a Chalhuanca, de Chalhuanca luego a Puquio, a Coracora, a Yauyos, a Pampas, a Huancayo, a una cantidad de pueblos, y tuve la fortuna de hacer un viaje a caballo del Cuzco hasta Ica: catorce días de jornada.
> (*Intervención en Arequipa* 8)

En 1931 ingresa en la Universidad de San Marcos de Lima, ciudad donde se instala definitivamente, aunque en sus últimos años pasará largas temporadas en Santiago de Chile. Estos asiduos viajes le irán aportando otra de las características que habíamos definido como esenciales para la figura del migrante: su multiplicidad. "Conozco el Perú a través de la vida", afirmará con orgullo (9).

Pues bien, una vez que hemos analizado la trayectoria vital de Arguedas y hemos destacado la adecuación de su experiencia al concepto de "sujeto migrante", queremos ahora referirnos a cómo también en sus ensayos es posible descubrir un proyecto de definición de la identidad peruana paralelo al que luego emprende Cornejo Polar. El tema de la migración rural fue sin duda uno de los espacios de reflexión que más interesó a José María. De entre las múltiples consecuencias de ese éxodo de los serranos hacia la ciudad, él resalta sobre todo dos aspectos: el peligro de que se extingan las raíces propias por el contacto con un espacio socio-cultural tan distinto; pero también la posibilidad de que ese "migrante" se integre en la modernidad que representa lo urbano, sin renunciar por ello a sus tradiciones. En estos trabajos él suele utilizar el término "mestizo", aunque no deja nunca de recalcar la situación de heterogeneidad no dialéctica de dicho personaje: es decir, su posición aún irresuelta. Recogemos algunos comentarios que indican tal dirección:

> Estas urbes repentinas, como Lima, son por eso, campos de lucha intensa. Se "modernizan" y deben "modernizarse" a toda marcha, por la misma razón de que en veinte años multiplican su población con aluviones humanos de origen campesino, que, asentados en la ciudad, padecen de desconcierto y están semidesgarrados aunque pujantes y agresivos. Y, ya que hemos citado a Lima es un museo completo del trance en que se encuentra el hombre que debe saltar uno o dos siglos de evolución en una o dos décadas,

> podemos afirmar que la masa algo desconcertada al tiempo de ingresar en la urbe, encuentra pronto su *lugar* en ella, su punto de apoyo para asentarse en la ciudad y modificarla. Encuentra tal punto de apoyo en sus propias tradiciones antiguas, organizándose conforme a ellas y dándoles nuevas formas y funciones; manteniendo una corriente viva, bilateral, entre la urbe y las viejas comunidades rurales de las cuales emigraron. La antigua danza, la antigua fiesta, los antiguos símbolos se renuevan en la urbe latinoamericana, negándose a sí mismos primero y transformándose luego. (*La cultura* 90)

Al final de este párrafo, Arguedas parece apuntar hacia una solución dialéctica al conflicto sierra/ciudad: la negación (antítesis) de determinados elementos, para construir otros nuevos (síntesis); este concepto se parecería mucho al que creó Fernando Ortiz y que luego Rama se encargaría de aplicar a la literatura, en su fundamental *Transculturación narrativa en América Latina* (1982). Ahora bien, el escritor peruano no afirma nunca que dicho proceso dialéctico haya concluido: en ese mismo texto que hemos recogido anteriormente se refiere a la corriente "viva", "bilateral" que todavía no ha dejado de fluir, así como a la situación de "desconcierto", "semidesgarramiento", "pujanza" y "agresividad" en que tales personajes desplazados se encuentran. Por lo tanto, esa coexistencia pacífica de los contrarios es más un anhelo hacia el futuro que la constatación de un logro en el presente. Al contrario, en el momento en el que él está viviendo, esos sujetos migrantes se encuentran totalmente descentrados y sin saber cuál es su lugar dentro de la capital. Así lo afirma, por ejemplo, en el siguiente comentario sobre su novela *Yawar fiesta*:

> Otro personaje peruano reciente que aparece en *Yawar fiesta* es el provinciano que migra a la capital. La invasión de Lima por los hombres de provincias se inició en silencio; cuando se abrieron las carreteras tomó las formas de una invasión precipitada. Indios, mestizos y terratenientes se trasladaron a Lima y dejaron sus pueblos más vacíos o inactivos, desangrándose. En la capital los indios y mestizos vivieron y viven una dolorosa aventura inicial; arrastrándose en la miseria de los barrios sin luz, sin agua y casi sin techo, para ir "entrando" a la ciudad, o convirtiendo en ciudad sus amorfos barrios, a media que se transformaban en obreros o

empleados regulares. ¿Hasta qué punto estos invasores han hecho cambiar el tradicional espíritu de la Capital? (*La novela y* 32)

Esta última pregunta sin contestar nos muestra cómo Arguedas es consciente de que ese proceso de adecuación del campesino a la ciudad aún no ha concluido. No obstante, todo su discurso está construido sobre una permanente mirada de indagación hacia el porvenir y de ahí parte esa actitud siempre interrogativa. Cornejo Polar, por su parte, decide basar su proyecto de futuro no tanto en la exposición de una esperanza, sino en la denuncia de la situación presente; por ello defiende la necesidad de dar cabida al concepto de sujeto migrante frente a la categoría de "mestizaje", que supondría un estado de integración irreal.

2. El discurso del migrante peruano: la cuestión del idioma en los ensayos de José María Arguedas

Los dos autores a quienes venimos analizando coinciden en concederle una importancia fundamental a la forma en la cual se expresa cada individuo, pues por ese medio se nos está develando su comprensión de la realidad. No es de extrañar, por ello, que Arguedas confiese en varias ocasiones cómo tuvo que sostener una lucha feroz para encontrar un estilo que le permitiera exponer su vivencia de desarraigo y dualidad. Tal y como él afirma, "no se trata, pues, de una búsqueda de la forma en su acepción superficial y corriente, sino como problema del espíritu, de la cultura" (*La novela y* 34).

En esa búsqueda tiene un protagonismo fundamental la vigencia de la memoria. Ya hemos comentado anteriormente cómo la única forma de conservar una identidad propia en el encuentro con las grandes urbes es el mantenimiento de la tradición. En realidad, como señala con agudeza Cornejo Polar, el proceso migratorio, además de un cambio geográfico, tiene también estrechas implicaciones con nociones de tipo temporal; se trata de lo que podríamos llamar la conciencia de un tiempo perdido, unido en el recuerdo al espacio abandonado. Según él mismo afirma, ese sentimiento de desarraigo "tiene el paradójico afecto de preservar, con intensidad creciente, la memoria del tiempo y el espacio que quedaron atrás, convirtiéndolos en algo así como un segundo horizonte vital que constantemente se infiltra, y hasta modela, las experiencias posteriores" (Cornejo Polar, *Escribir en el aire* 209).

> Después de todo, migrar es algo así como nostalgiar desde un presente que es o debería ser pleno las muchas instancias y estancias que se dejaron allá y entonces, un allá y un entonces que de pronto se descubre que son el acá de la memoria insomne pero fragmentada y el ahora que tanto corre como se ahonda, verticalmente, en un tiempo espeso que acumula sin sintetizar las experiencias del ayer y de los espacios que se dejaron atrás y que siguen perturbando con rabia o con ternura. (*Condición migrante* 103)

Ahora bien, a estas afirmaciones quisiéramos añadir cómo, en el caso que venimos tratando, el del serrano del Perú, esta cuestión se ve afectada por unas connotaciones especiales. Para el individuo quechua, ese progresivo alejamiento de la memoria conlleva unas consecuencias fundamentales pues su concepción del tiempo se basa en una estructura circular, conectada con el pensamiento mágico-mítico. Por ello, prescindir de la tradición en estas sociedades donde cada gesto está legitimado por la repetición de unos arquetipos milenarios, produce un desconcierto y un vacío existencial difícilmente comprensible para el hombre occidental, en quien opera un sentido lineal de la temporalidad. Es por ello que Arguedas siente como un problema tan profundo ese proceso de aculturación al que se está sometiendo un sector de la población migrante, y por ello también defenderá la necesidad de lo que él llama una "antropología de urgencia", tal y como expuso durante el XXXVII Congreso de Americanistas realizado en la ciudad de La Plata.

> Por mi parte, decidí exponer que los pueblos quechua y aymara habían ingresado a un período de cambios intensos y rápidos, especialmente en el Perú y Bolivia. Tales cambios toman direcciones todavía confusas. Las generaciones jóvenes, relativamente más libres que las generaciones pasadas, en contacto más activo con las ciudades, con medios de subsistencia más diversificados, aunque no mucho mejores, y bajo la presión social que considera al campesino quechua o aymara como algo inferior, y menospreciable, han adoptado una conducta inestable: dinamismo, agresividad,

simulación de pasividad, y un no bien esclarecido tipo de aparente y contradictorio menosprecio por sus viejas tradiciones. Manifesté que los estudios etnológicos, por estas razones, eran de gran urgencia en ambos países, especialmente en el Perú, porque estaban siendo olvidados muy antiguos patrones de conducta, de formas de expresión artística, de técnicas agrícolas, de sabiduría en todos los campos de la actividad humana. (Arguedas, *La cultura* 88)

Uno de los principales obstáculos con los que se encuentra el migrante peruano al llegar a la capital, es el del conflicto del idioma. Como sabemos, la mayoría de la población indígena del Perú es monolingüe quechua y, al abandonar la sierra por la ciudad, se encuentra en la difícil tesitura de instalarse a un espacio cultural occidentalizado, donde se habla castellano[3]. En palabras de Cornejo Polar:

> Aquí la migración tiene su sentido más fuerte porque a todos los disturbios previsibles añade lo que en estas circunstancias es fundamental: el paso de una cultura a otra, en más de un sentido contrapuestas, cuyo signo mayor es un bilingüismo que aún si fuera simétrico y casi nunca lo es, produce una aguda ansiedad por la confusa hibridación de lealtades y pragmatismos y a fin de cuentas, por la coexistencia de competencias lingüísticas desigualmente efectivas y como enraizadas en una memoria que está trozada de geografías, historias y experiencias disímiles que se intercomunican, por cierto, pero preservan con rigor su vínculo con el idioma en que se les vivió. (*Condición migrante* 104)

Esta es la raíz de la compleja heterogeneidad que caracteriza el discurso del sujeto migrante. Porque, como ya indica Cornejo, el paso del quechua al español implica también la necesidad de traducirse a una forma de pensamiento totalmente distinto: el pensamiento "analítico" de las sociedades modernas frente al pensamiento "sintético" de las sociedades primitivas.[4] El trasvase de un espacio a otro no es, pues, una actividad fácil y mecanizable: esa distancia en sus modos de asumir la realidad provoca que tampoco haya correspondencias ni léxicas ni gramaticales entre uno y otro idioma. Sobre esta idea reflexiona Arguedas en el "Prólogo" a *Canto kechwa*, libro que publica en 1938, tratando de traducir al español las canciones indígenas que él había ido recopilando. Recogemos de dicho texto algunos fragmentos muy elocuentes:

> No encontré ninguna poesía que expresara mejor mis sentimientos que la poesía de las canciones kechwas. Los que hablamos este idioma sabemos que el kechwa supera el castellano en la expresión de algunos sentimientos que son lo más característico del corazón indígena: la ternura, el cariño, el amor a la naturaleza. [...]
> Insisto pues en decir que no son traducciones rigurosamente literales, son traducciones un tanto interpretativas, que quizá desagradarán un poco a los filólogos, pero que serán una satisfacción para los que sentimos el kechwa como si fuera nuestro idioma nativo. (Arguedas, *Prólogo* 29)

No nos parece arriesgado apuntar que Arguedas consagrará buena parte de su creatividad como escritor y de sus reflexiones teóricas a resolver este conflicto con el idioma. Ya hemos indicado la importancia que para él tenía elaborar un estilo, donde se consiguiera mantener el alma quechua, aunque utilizando como vehículo lingüístico el castellano; pero también publicó un buen número de artículos centrados en esta temática.[5] Él era consciente de que lo indígena sólo podría traspasar las fronteras de la sierra utilizando el idioma español, y por ello era necesario hallar el modo de amoldar este idioma a la cosmovisión propia del indígena.

> Pues, si bien el kechwa es el idioma con que mejor se describe el paisaje del Ande, con que mejor se dice lo más profundo y propio del alma india, el kechwa es reducido y pequeño, el espíritu de quien sólo habla kechwa se agita en un círculo estrecho y oscuro, donde viven con subyugante fuerza las imágenes de la tierra y del cielo y donde cada palabra despierta dominadores sentimientos, y donde no existe el horizonte infinito de las imágenes del espíritu. (*El wayno y* 54)

En 1939 publica Arguedas un artículo que nos parece fundamental para entender esta temática: "Entre el kechwa y el castellano, la angustia del mestizo". Cuando se refiere al mestizo, como sabemos, no está implicando tanto cuestiones raciales como de tipo cultural: el mestizo sería aquel individuo educado en las tradiciones quechuas que se ve abocado a adaptarse a un espacio occidentalizado. Ahora bien, lingüísticamente, ha alcanzado ya ese personaje el grado de integración suficiente en su discurso como para considerarlo "mestizo" o, como apuntamos con anterioridad, ¿se encuentra todavía en un proceso de búsqueda? Veamos las afirmaciones que en el artículo anteriormente citado sostiene el propio Arguedas:

> Cuando empecé a escribir, relatando la vida de mi pueblo, sentí en forma angustiante que el castellano no me servía bien. [...] Porque habiéndose producido en mi interior la victoria de lo indio, como raza y como paisaje, mi sed y mi dicha las decía fuerte y hondo en kechwa. Y de ahí ese estilo de *Agua* del que un cronista decía en voz baja y con cierto menosprecio, que no era ni kechwa ni castellano, sino una mistura. Es cierto, pero sólo así, con ese idioma, he hecho saber bien a otros pueblos, del alma de mi pueblo y de mi tierra. Mistura también, y mucho más, es el estilo de Huamán Poma de Ayala, pero si alguien quiere conocer el genio y la vida del pueblo indio de la Colonia, tiene que recurrir a él. Esta mistura tiene un signo: El hombre del Ande no ha logrado el equilibrio entre su necesidad de expresión integral y el castellano como idioma obligado. Y hay, ahora, una ansia, una especie de desesperación en el mestizo por dominar este idioma. (*Entre el kechwa* 62)

Nos interesa destacar ese término al que Arguedas se acoge: el de mistura. La diferencia de este concepto con respecto al de mestizaje nos parece fundamental: el primero implica más la acumulación de distintos (y a veces opuestos) elementos que su integración. En este sentido, la palabra de ese "hombre del Ande" estaría más cercana a lo que Cornejo Polar denomina discurso del migrante que a la síntesis que implicaría la designación de mestizo.

> Dicho sin sutileza: si el sujeto mestizo intenta rearmonizar su disturbado orden discursivo, sometiéndolo a la urgencia de una identidad tanto más fuerte cuanto que se sabe quebradiza, el migrante como que deja que se esparza su lenguaje, contaminándolo o no, sobre la superficie y en las profundidades de una deriva en cuyas estaciones se arman intertextos vulnerables y efímeros, desacompasados, porque su figuración primera es la de un sujeto siempre desplazado. (Cornejo Polar, *Condición migrante* 106)

Esta última cita nos remite, claramente, a las palabras del propio Arguedas, cuando sostiene que "en estos países en que corrientes extrañas se encuentran y durante siglos no concluyen por fusionar sus direcciones, sino que forman estrechas zonas de confluencia, mientras en lo hondo y lo extenso las venas principales fluyen sin ceder, increíblemente" (Arguedas, *La novela y* 34). Esta metáfora arguediana conecta perfectamente con el concepto de heterogeneidad y totalidad básica en el discurso del migrante, según Cornejo Polar.

Ahora bien, junto a estas coincidencias que hemos venido apuntando, debemos recordar también una diferencia fundamental: el hecho de que Arguedas no pretende conformar una teoría sistematizada. Si bien de sus artículos y entrevistas podemos extraer una serie de ideas, coherentemente interrelacionadas, él no intentó fundar una terminología o un método a partir de ellas. En cambio, Cornejo Polar sí que se propone construir un armazón teórico y una nomenclatura concreta para aproximarse a las producciones literarias y orales de su país. No obstante, dicho aparato crítico no se encuentra desvinculado de las creaciones culturales a las que pretende explicar; sus definiciones de la "heterogeneidad", "totalidad", "sujeto migrante"..., surgen "desde" (y no sólo "para") el estudio de ese corpus y ahí radica su capacidad para captar y destacar su idiosincrasia. De hecho, si el discurso crítico de Cornejo se acopla con tanta facilidad a conceptos, implícitamente desarrollados en los textos arguedianos, ello se debe precisamente a que el primero está enraizado en la misma base cultural e ideológica que los segundos.

Por último, quisiéramos mencionar también cómo esa diferencia en el destino de sus voces (la del teórico/la del creador) provoca una consecuencia lógica: el hecho de que Arguedas puede explicar con una mayor efusividad su esperanza de que llegue a cumplirse ese proceso de síntesis y de construcción de una identidad firme, tan deseado por ambos: es decir, que el que todavía se siente desplazado (el migrante) puede llegar a crearse un espacio cultural propio y estable (la promesa del mestizo).

De aquí nace el ansia actual del mestizo por dominar el castellano. Pero cuando lo haya logrado, cuando puede hablar y hacer literatura en castellano con la absoluta propiedad con que ahora se expresa en kechwa, ese castellano ya no será el castellano de hoy, de una insignificante y apenas cuantitativa influencia kechwa, sino que habrá en él mucho del genio y quizá de la íntima sintaxis kechwa. Porque el kechwa, expresión legítima del hombre de esta tierra, del hombre como criatura de este paisaje y de esta luz, vive en el mestizo como parte misma, y esencial, de su ser y de su genio.

Este ansia de dominar el castellano llevará al mestizo hasta la posesión entera del idioma. Y su reacción sobre el castellano ha de ser porque nunca cesará de adaptar el castellano a su profunda necesidad de expresarse en forma absoluta, es decir, de traducir hasta la última exigencia de su alma, en la que lo indio es mando y raíz (Arguedas, *entre el kechwa* 63).

> Según creemos, será a través de su indagación literaria como Arguedas dé rienda suelta a ese anhelo, explicitado en tantas ocasiones. Reafirma esta hipótesis el análisis de *El zorro de arriba y el zorro de abajo*, la novela que dejó escrita antes de suicidarse. Es muy significativo que hasta el último momento este autor haya estado indagando en cuál era la forma narrativa más adecuada para ese mundo, cada vez más quebrado, cada vez más confuso. Sin duda, es esta última narración la que le lleva hasta un mayor riesgo en su construcción discursiva: de él dirá Cornejo Polar que se trata de "un texto íntima y esencialmente contradictorio [...] porque es la reproducción más fidedigna de [las] innumerables contradicciones que ni la realidad ni el pensamiento de Arguedas lograron nunca resolver". (Cornejo Polar, *Un ensayo* 301)

NOTAS

[1] Para entender la trayectoria intelectual de este crítico y la importancia de su actividad en el Perú, no sólo como teórico, sino como promotor de un tipo de análisis para lo latinoamericano, aconsejamos consultar el número 50 de la *Revista de Crítica Literaria Latinoamericana* (Lima), que ha sido dedicado íntegramente a analizar su importantísima tarea como intelectual y maestro.

[2] Afirma Cornejo cómo para Arguedas "el haber vivido sus primeros años bajo el amparo y con el cariño de los indios, asumiendo como formación primera la vasta y compleja cultura quechua, pero también sus miserables condiciones de existencia, será una suerte de paradójico "trauma feliz" que reaparecerá constantemente en su conciencia y por cierto en su obra" (*Escribir en el aire* 208).

[3] En este artículo no tenemos ocasión ya para desarrollar los conflictos que también implica el hecho de que el quechua sea una lengua esencialmente oral. Sólo dejamos apuntado cómo su traslado a un sistema escriturario implica una serie de tergiversaciones y acomodamientos, fundamentales para entender la heterogeneidad del discurso del migrante.

[4] Para un acercamiento a esta temática aconsejamos consultar autores fundamentales como Cassirer (*Antropología filosófica. Introducción a una filosofía de la cultura*), Lévi-Strauss (*El pensamiento salvaje*), Jensen, Malinowski, etc...

[5] Carmen Alemany realiza una exhaustiva recopilación y ordenación de estos artículos, y bajo el rótulo "Lingüística, educación y literatura" llega a recoger más de sesenta títulos (Alemany Bay 135-37).

BIBLIOGRAFÍA

Alemany Bay, Carmen. "Bibliografía de y sobre J. M. Arguedas". *Suplementos Anthropos* 31 (1992): 131-49.

Arguedas, José María. "Intervención en Arequipa". *Suplementos Anthropos* 31 (1992): 7-9.

_____"Prólogo a *Canto kechwa*". *Suplementos Anthropos* 31 (1992): 23-30.

_____"La novela y el problema de la expresión literaria en el Perú". *Suplementos Anthropos* 31 (1992): 31-35.

_____"No soy un aculturado". *Suplementos Anthropos* 31 (1992): 40-41.

_____"El wayno y el problema del idioma en el mestizo". *Suplementos Anthropos* 31 (1992): 53-55.

_____"Entre el kechwa y el castellano, la angustia del mestizo". *Suplementos Anthropos* 31 (1992): 62-63.

_____"La cultura: un patrimonio difícil de colonizar". *Suplementos Anthropos* 31 (1992): 88-90.

Cornejo Polar, Antonio. *Sobre literatura y crítica latinoamericanas*. Caracas: Universidad Central de Venezuela, 1982.

_____*La formación de la tradición literaria en el Perú*. Lima: Centro de Estudios y Publicaciones, 1989.

_____"Un ensayo sobre 'Los zorros' de Arguedas" José María Arguedas. *El zorro de arriba y el zorro de abajo* (edición coordinada por Eve-Marie Fell). Madrid: UNESCO y Ministerio de Cultura de España y Francia, 1990. 249-462.

_____*Escribir en el aire. Ensayo sobre la heterogeneidad socio-cultural en las literaturas andinas*. Lima: Horizonte, 1994.

_____"Condición migrante e intertextualidad multicultural: El caso de Arguedas". *Revista de Crítica Literaria Latinoamericana* XXI/42 (1995): 101-109.

_____"Una heterogeneidad no dialéctica: sujeto y discurso migrantes en el Perú moderno". *Revista Iberoamericana* LXII/176-177 (1996): 837-44.

_____"Mestizaje e hibridez: los riesgos de las metáforas". *Revista de Crítica Literaria Latinoamericana* XXIV/47 (1998): 7-11.

Morales Ortiz, Gracia María. "Heterogeneidad y totalidad: dos conceptos teóricos de Cornejo Polar aplicados a los textos de Arguedas". *Revista de Crítica Literaria Latinoamericana* XXV/50 (1999): 187-97.

Rama, Ángel. *Transculturación narrativa en América Latina.* México: Siglo XXI, 1982.

Romualdo, Alejandro y Arguedas, José María. "Poesía y prosa en el Perú contemporáneo". VV. AA. *Panorama actual de la literatura latinoamericana.* Madrid: Fundamentos, 1971. 187-207.

4. Heterogeneidad, dialogismo, ginocrítica

El indigenismo como máscara: Antonio Cornejo Polar
ante la obra de Clorinda Matto de Turner

Ana Peluffo
University of California, Davis

En el campo discursivo que configuran las reflexiones críticas de Antonio Cornejo Polar sobre la heterogeneidad cultural de la novela indigenista, la obra de Clorinda Matto de Turner ocupa un lugar privilegiado. A la re-edición que este crítico efectúa en 1974 de dos novelas poco conocidas de la autora cuzqueña, *Índole* (1891) y *Herencia* (1895), se suman posteriormente numerosos artículos en los que Cornejo Polar busca dar "una visión de conjunto" del corpus mattiano que ponga de relieve el carácter plural y acaso contradictorio de su narrativa. Varios de estos trabajos aparecerán más tarde recopilados en un libro titulado: *Clorinda Matto de Turner novelista: estudios sobre 'Aves sin nido', 'Índole' y 'Herencia'* (1992) en el que se incluyen, no solamente dos lecturas muy diferentes de *Aves sin nido* (1889)[1], sino también, estudios sobre las otras novelas de Matto de Turner, hasta entonces consideradas "marginales" o "menores". Tanto en este volumen como en gran parte de la obra crítica de Cornejo Polar se percibe una marcada preferencia por *Aves sin nido*, única novela de Matto de Turner que alude de forma explícita a lo que José Carlos Mariátegui llamó "el problema del indio" en el Perú. A diferencia de *Índole* y *Herencia*, que fueron rápidamente olvidadas porque en ellas se evapora la cuestión indigenista, *Aves sin nido* pasó a ocupar, a partir de la década del treinta, un puesto de gran visibilidad en el canon de la literatura latinoamericana.

En su lectura de las novelas de Matto de Turner, Cornejo Polar llama la atención sobre un sistema narrativo que se construye con base en antinomias y oposiciones ideológicas irresueltas: indigenismo/indianismo; tradición/modernidad; anticlericalismo/cristianismo; positivismo/romanticismo. ¿Cómo reconciliar la visión romántica de la diferencia cultural andina con la perspectiva positivista que ve, paradójicamente, la muerte del indígena como su única forma de salvación? ¿Cómo leer el anticlericalismo de *Índole* y *Aves sin nido* en el contexto de otras afirmaciones profundamente religiosas y cristianas de la autora? ¿Remite el título *Herencia* al determinismo genético de la sangre o a factores socio-culturales capaces de modificar el legado biológico del sujeto nacional? La obra de Cornejo Polar aparece entonces como un intento de dar cuenta de las propuestas conflictivamente ambiguas de Matto de Turner, poniéndolas en el contexto del debate sobre la modernización de las naciones que tuvo lugar a fines del siglo XIX.

En lo que respecta a la forma, Cornejo Polar detecta en *Aves sin nido*, *Índole* y *Herencia*, un orden mixto y sincrético en el que se yuxtaponen discursos costumbristas, realistas, naturalistas y románticos. Dentro de este eclecticismo narrativo aparece un foco central de conflicto: la oposición entre naturalismo y romanticismo. Dice Cornejo Polar que en las novelas de Matto de Turner: "Los órdenes romántico y naturalista se yuxtaponen en cada unidad textual, generando contradicciones insalvables, sin que sea visible un nivel suficiente de armonización o síntesis" (Cornejo Polar, *Clorinda Matto de Turner, novelista* 19). La tensión entre estos dos discursos, de filiación hispano-europea, se pone de manifiesto en la elaboración de la diferencia cultural indígena, que como bien lo demuestra el crítico peruano en su artículo "*Aves sin nido*: Indios, 'notables' y forasteros" (29-54) está fracturada por dos visiones opuestas entroncadas con estas dos corrientes. Desde una lente romántica, y comparando a los indígenas de la novela con los notables, se la puede leer como un *locus* bucólico de primitivismo incontaminado por los excesos de la civilización urbana. Por otro lado, interpretando la diferencia desde el positivismo, ésta se vuelve una deficiencia que hay que neutralizar, ya sea por medio de la muerte, el blanqueamiento o la educación aculturadora de los personajes indígenas. Esta segunda lectura emerge de la comparación de ese mismo primitivismo, que antes se juzgaba deseable, con los grupos forasteros (Lucía, Fernando) que tienen la función de introducir el progreso en el pueblo serrano de Killac.

El concepto de las novelas de Matto de Turner como "totalidades contradictorias" está determinado, no solamente por la forma en que se entrecruzan en ellas voces pertenecientes a distintos sistemas culturales, sino, también, por la manera en la que interactúan y se entretejen en un mismo espacio lingüístico, discursos de etnicidad y clase. Reflexiones que atañen a la especificidad conflictiva de las literaturas andinas, producidas "en los bordes de sistemas disonantes, a veces incompatibles entre sí", aparecen en *Escribir en el aire: Ensayo sobre la heterogeneidad socio-cultural de las literaturas andinas* (1994), texto en el que se modifican y ajustan los términos de la teoría de la heterogeneidad con respecto a la forma en que habían sido elaborados en la década de los setenta. Influenciado por debates posestructuralistas sobre el carácter desmembrado y desarticulado del sujeto romántico-moderno, Cornejo Polar aclara en este texto que, si las categorías sociales de raza y clase son internamente heterogéneas, juntas generan "abismos de inestabilidad de sentido". Afirma también que el paradigma crítico de la heterogeneidad cultural se elaboró como un intento de describir las diferentes instancias que componen el esquema comunicativo de las literaturas indigenistas, (emisor/discurso/referente/receptor) aunque más tarde comprendió que cada uno de esos campos eran de por sí contradictorios (17). Es importante puntualizar aquí que en sus lecturas indigenistas el crítico no cae en ningún momento en las falacias de una interpretación sociológica esquemática, que ve las categorías de etnicidad y clase como esencias a-históricas o atemporales, sino que las remite siempre a su dimensión histórico-cultural.

Dentro del carácter "tenazmente bimembre" de la estructura de las novelas de Matto de Turner, Cornejo Polar detecta un conflicto de objetivos: se busca por un lado copiar o fotografiar un referente andino, desconocido para el lector; y por otro, manipular o dirigir la interpretación de ese referente cultural por medio de la inclusión de un discurso didáctico-moral. Así como en el proemio de *Aves sin nido* el sujeto literario expresa una adhesión a un modelo estrictamente mimético y especular del discurso, esta intención se contradice en el proceso de traducción al que se somete al mundo indígena, con el objeto de hacerlo inteligible para el lector urbano. La traducción cultural de la diferencia a la norma burguesa criolla es, según el crítico, una de las limitaciones de la novela porque parece ir a contrapelo del ideal social de la diversidad cultural: "[...] no hay en *Aves sin nido* un movimiento real de reivindicación y de revalorización; hay sí una queja y una protesta contra la injusticia y los abusos y un deseo de homogeneizar la sociedad peruana bajo el modelo que encuentra su emblema en la paradisíaca Lima" (53). Al margen de que la visión edénica de Lima que se da a nivel utópico en *Aves sin nido*, se corta de raíz en *Herencia*, creo que es necesario historizar este proceso domesticador de la diferencia remitiéndolo a un contexto modernizador positivista en el que cualquier diferencia se percibe como amenazante. Dentro de este ámbito de debate, Matto de Turner "humaniza" u "occidentaliza" al indígena para darle el derecho de aparecer como un ser humano dotado de sentimientos y para hacerlo acceder a la categoría burguesa de la virtud republicana. Sin embargo, también concuerdo con Cornejo Polar en que desde la perspectiva del siglo XX, la propuesta es problemática, porque sólo concibe la incorporación del indígena en una posición de objeto de piedad de un sujeto nacional, que debe conmoverse por su situación de marginalidad. En otro trabajo he tratado de demostrar que es dentro de esta segunda lectura que hay que ubicar la paradoja central de la novela, la idea de que para mostrar al indígena como "bueno" y digno de piedad hay que "domesticarlo", o "femineizarlo", superponiendo sobre sus peculiaridades culturales, valores como la bondad, la inocencia y la sumisión, que en el período de la formación de las naciones se asignan al ámbito doméstico del ángel del hogar (*el poder de las lágrimas* 125). En ese sentido, la visión que tiene Clorinda Matto del indígena como modelo de virtud estaría en las antípodas del consenso republicano, y de afirmaciones como las de Clemente Palma quien sostiene en *El porvenir de las razas en el Perú* (1897) que "la raza india es degenerada porque tiene todos los caracteres de la decrepitud y la inepcia para la vida civilizada. Sin carácter, de una vida mental casi nula, apática, sin aspiraciones, es inadaptable a la educación" (Flores Galindo 41). Si bien la propuesta incluyente de Matto de Turner representa, en su momento, un avance con respecto a discursos anti-indigenistas y positivistas en los que se bestializa la diferencia étnica,[2] es obvio que no se consigue hacer acceder al indígena a la categoría de sujeto, porque sólo ingresa a la familia nación, en posición subalterna, como un otro colonial que necesita la protección de un sujeto criollo, que está por encima de él, y que decide qué es lo que se le debe dar o quitar.

Con respecto a la tesis pedagógica de *Aves sin nido*, Cornejo Polar afirma que en las novelas de Matto de Turner se presentan cuadros costumbristas en los que se hiperbolizan vicios nacionales que se quieren erradicar, acompañándolos siempre de una apelación "educativa o moralizante" (Cornejo Polar, *Clorinda Matto de Turner, novelista* 17). Esta línea didáctica, que apela sobre todo a los sentimientos de los lectores, es según Cornejo Polar una treta retórica que hace más aceptable la elaboración de novelas en una época en que éste es un género asociado con el escándalo y no por todos respetado (13). Aquí me interesa agregar que, teniendo en cuenta que *Aves sin nido* se produce en una época regida por una estricta división de esferas (público/privado, sentimental/racional, domesticidad/política), en la que se define al sujeto femenino como espiritual y sentimental más que racional y político, el carácter moral de su protesta justifica la incursión del sujeto doméstico en debates políticos sobre la modernización de la nación-estado. Como parte del impulso educativo, se coloca entonces ante los ojos del lector imaginado una microsociedad anti-utópica o deficiente que se quiere que repudie, para que éste visualice formas más humanitarias de encarar las tareas racionalizadoras. En este sentido, el sujeto literario (doble de Lucía) establece una relación vertical con el lector, colocándolo en una posición de alumno o discípulo sentimental, a quien busca "civilizar" o "iluminar". Se trata por lo tanto de proponer anti-modelos y modelos de virtud republicana con "la consiguiente moraleja correctiva para aquéllos y el homenaje de admiración para éstas" (Matto de Turner, *Aves sin nido* 37). El argumento didáctico que justifica la incursión del sujeto femenino en el ámbito público de la escritura es que, si las autoridades violan en sus proyectos modernizadores los principios de la religión cristiana, es su deber moral violar el espacio doméstico asignado para hacer visibles y públicos estos pecados nacionales a través de la escritura.

La conceptualización que hace Cornejo Polar del indigenismo como movimiento socio-cultural bimembre y contradictorio se desarrolla en estrecho diálogo con el pensamiento de José Carlos Mariátegui respecto del carácter "no orgánicamente nacional" de la literatura peruana. Cornejo Polar retoma de Mariátegui, no solamente la tesis dualista sobre la identidad multilingüe y pluri-social de las sociedades andinas sino también, la fina distinción que establece éste entre literatura indigenista e indígena. Es gracias a este deslinde semántico que se logra considerar indigenista una novela como *Aves sin nido*, a la que paradójicamente el director de *Amauta* había excluido de sus *Siete ensayos de interpretación de la realidad peruana* (1928). Junto con Mariátegui, entonces, Cornejo Polar hace hincapié en la "ajenidad" o "exterioridad" del productor cultural indigenista en relación al referente indígena, percepción que lo lleva a distanciarse de críticos como Concha Meléndez, Tomás G. Escajadillo, y Fernando Arribas García para quienes la idealización romántica de la cultura andina en *Aves sin nido* permite hablar de indianismo más que de indigenismo. Para Cornejo Polar "todo indigenismo es una operación transcultural" (*La formación de la tradición* 138), un acto de traducción de un universo cultural a otro, que aunque busca legitimarse recurriendo a una perspectiva interna (de testigo vivencial), se efectúa desde una óptica inevitablemente exterior y ajena al universo quechua y andino.

Al mismo tiempo, si la concepción del indigenismo como un espacio privilegiado para debatir el carácter escindido de la sociedad peruana ("la dualidad de raza y espíritu") se articula con el pensamiento de Mariátegui, la interpretación de este movimiento como un fenómeno socio-cultural, atravesado por conflictos no solamente étnicos sino también de clase, se entreteje con la lectura que hace Ángel Rama de la obra de José María Arguedas en *Transculturación narrativa en América Latina*. Tanto Ángel Rama como Cornejo Polar parten de la base de un esquema jakobsoniano para dar cuenta del carácter heteróclito del código comunicativo indigenista, en el que el receptor, el emisor y el referente están ineludiblemente situados en universos socio-culturales disímiles. En el caso de *Aves sin nido*, únicamente el referente pertenece al polo indígena, mientras que el productor cultural y el lector están inscritos en el ámbito metropolitano que se asocia con la modernidad occidental. La obra literaria indigenista se constituye entonces, para Cornejo Polar, como una zona de cruce entre dos cosmovisiones diferenciadas e incompatibles (quechua/español, oralidad/escritura, magia/racionalidad) en las que frecuentemente se plantea una relación de violencia entre los dos planos que remite al trauma de la conquista y la colonización (Cornejo Polar, *El indigenismo y las literaturas heterogéneas* 7-21; *Literatura y sociedad* 63).

En el caso de Ángel Rama, se propone estudiar el indigenismo arquetípico de los años veinte como parte de un fenómeno sociológico que resulta de la incorporación de nuevos grupos minoritarios de la clase media baja provinciana a la "ciudad letrada". Sin disminuir los méritos del indigenismo, que según el crítico uruguayo amplía la conciencia nacional proponiendo un nuevo horizonte temático, se señala el carácter "mestizo" de este movimiento, que se construye alrededor de la apropiación de la voz indígena por parte del sujeto criollo. En sus primeras reflexiones sobre la heterogeneidad cultural de la novela indigenista, Cornejo Polar cita a Rama en lo que atañe a esta interpretación sociológica del indigenismo, que llama la atención sobre la forma en que los letrados utilizan la protesta indígena para hacer sus propias reivindicaciones contra un sistema oligárquico, que los coloca a ellos, en una posición de marginalidad. Dice Rama sobre el indigenismo:

> Lo que estamos presenciando es un grupo social nuevo, promovido por los imperativos del desarrollo económico modernizado, cuyo margen educativo oscila según las áreas y el grado de adelanto alcanzado por la evolución económica, el cual plantea nítidas reivindicaciones a la sociedad que integra. [...] Como todo grupo que ha adquirido movilidad según lo apuntara Marx, extiende la reclamación que formula a todos los demás sectores oprimidos y se hace intérprete de sus reclamaciones que entiende como propias, engrosando así el caudal de sus magras fuerzas con aportes multitudinarios. No hay duda de que se sentían solidarios de ellas, aunque también no caben dudas de que les servían de máscara porque en la situación de esas masas la injusticia era aún más flagrante que en su propio caso, y además porque contaban con el innegable prestigio de haber forjado en el pasado una original cultura, lo que en cambio no podía decirse de los grupos emergentes de la baja clase media.
> (Rama, *Transculturación narrativa* 142-43)

La fórmula de Rama, que coincide con la de Mariátegui, es pensar el indigenismo como "un mesticismo disfrazado de indigenismo" (140-41), percepción sobre la que vuelve Cornejo Polar cuando afirma que en el indigenismo , "la ajenidad" del sujeto enunciante no es un déficit ideológico, que pone en peligro la transparencia de una hipotética referencialidad, sino una condición *sine-qua-non* del género. Al igual que la gauchesca en el Río de la Plata, producida por letrados, pero no por gauchos, la literatura indigenista es producto de un sujeto mestizo, que impone sus formas culturales sobre el referente indígena, desfigurándolo y desdibujando sus peculiaridades culturales.

Pero en el caso del indigenismo de Matto de Turner me interesa plantear la siguiente pregunta: ¿Qué pasa con este esquema cuando a los conflictos de etnicidad y clase, que Cornejo Polar detecta (junto con Rama y Mariátegui) en el indigenismo canónico, se añade la heterogeneidad de género del sujeto femenino letrado, con respecto al sujeto masculino criollo, alrededor del cual se construye la categoría normativa del sujeto nacional? Es decir, ¿qué ocurre cuando el emisor literario de la obra indigenista, que por su posición de clase ocupa un puesto de privilegio en la comunidad nacional, comparte con el indígena, por su identidad de género y por su extracción serrana, un lugar periférico en los imaginarios nacionales? En este sentido, creo que la diferencia del indigenismo de Matto de Turner con respecto al de sus colegas masculinos, es justamente esa zona de ambigüedad y conflicto que se genera a raíz de los frecuentes desvíos o desplazamientos entre la preocupación etnográfica y la de género. Debajo de la textura indigenista de los textos de Matto de Turner subyace un encubierto deseo de hacer acceder al sujeto femenino-serrano a la categoría autónoma del sujeto nacional liberal. Creo que aunque Cornejo Polar percibe que en *Aves sin nido* ocurre algo de esta naturaleza, cuando detecta en ella "un vago feminismo romántico" no presta suficiente atención a la forma en que esta categoría de heterogeneidad desestabiliza la supuesta homogeneidad de los discursos de etnicidad y clase. En este sentido, y ampliando la propuesta de Rama, se podría pensar en el indigenismo mattiano como una forma de enmascaramiento, no solamente como "un mesticismo disfrazado de indigenismo," sino también como "un feminismo-mesticismo disfrazado de indigenismo". Esta estrategia de lectura ofrecería la posibilidad de explicar, no solamente la elaboración contradictoria[3] de la diferencia indígena, sobre la que se superponen valores "femineizados," que la domestican literalmente, sino también la desaparición de la denuncia indigenista en novelas como *Herencia* e *Índole*. Si en *Aves sin nido* Clorinda Matto se reconoce hacia abajo, en la figura de un indígena sufriente y maltratado, en *Herencia*, el proceso de identificación se transfiere a un abanico de personajes femeninos que sufren en la gran metrópolis. No me parece casual en este sentido que en la continuación de *Aves sin nido*, se suplante al indígena como objeto de piedad con la figura de una costurera virtuosa (Adelina) excluida por su inserción en lo público del estereotipo burgués del ángel del hogar, ni que en *Índole* la protesta contra los curas, que en *Aves sin nido* se hacía en nombre de las mujeres indígenas, se extienda ahora a la mujer burguesa. Una vez en la Argentina, Clorinda Matto lucha, de forma militante, desde la plataforma periodística para incorporar al sujeto femenino al mercado de trabajo.[4] Si bien en este país no abandona por completo sus preocupaciones indigenistas[5] su postura frente a la reivindicación del indígena se vuelve, lejos de la patria, más contradictoria y problemática. ¿Cómo explicar, por ejemplo, que en *Boreales, miniaturas y porcelanas* se incluyan perfiles laudatorios, no solamente de defensores de la causa indígena (María Ana Teresa de Romainville, Don Juan de Espinosa Medrano) sino también de figuras marcadamente anti-indigenistas como Julio Argentino Roca, general que orquesta la famosa "campaña contra el indio" en Argentina o de Estanislao Zevallos?[6] Si bien es cierto que la cuestión indigenista en el Río de la Plata remite a otro contexto histórico-social, y que Matto de Turner alaba a Roca, sobre todo por el apoyo que éste le da al Perú en la guerra contra Chile (1879-1883), los elogios que Matto le proporciona no dejan de ser desconcertantes.

En *Aves sin nido* se reescribe el primer término del lema liberal de fraternidad, libertad, igualdad en términos de sororidad. En una época en que tanto indígenas como mujeres son excluidos de la categoría de la ciudadanía se genera una alianza entre estos dos grupos motivada por la problemática común de la exclusión. Algo que se ha puntualizado en recientes lecturas de la novela es que la relación sororal entre una mujer criolla (Lucía) y una indígena (Marcela) está en el corazón mismo de la historia,[7] y que les sirve a ambas para construir una pequeña base de poder desde la que pueden enfrentar los abusos de "la trinidad explotadora del indio" formada por el cura, el gobernador y el juez. Pese a que desde una perspectiva feminista es tentador idealizar esta propuesta de sororidad decimonónica, me interesa añadir que en realidad se trata de una alianza asimétrica y desigual, en la que los lazos de género no consiguen trascender las diferencias de clase y raza que las separan. La posibilidad de sentir piedad que tiene la mujer criolla (Lucía) por la mujer indígena (Marcela) depende justamente de su status protegido y privilegiado que la coloca por encima de su contraparte indígena. Por otro lado, la solidaridad de clase que une a Lucía con un sujeto masculino sentimental y letrado

(Fernando) es por momentos más igualitaria y horizontal que la relación entre ella y los indígenas, que como dije anteriormente, están altamente "femineizados". Un *tableau vivant* que recurre a lo largo de la novela y que el lector observa en calidad de *voyeur* sentimental es el de un indígena arrodillado, lloroso y suplicante que besa agradecido la mano de su protectora.[8]

Volviendo entonces a la propuesta de Rama, se podría pensar que en el indigenismo de Matto de Turner, el sujeto femenino letrado se apropia de la voz del indio para subrayar los puntos de encuentro entre racismo (*Aves sin nido*) y patriarcado (*Herencia*), para engrosar las magras fuerzas de una generación femenina, recientemente incorporada a la letra,[9] contra un enemigo común; pero por otro, y de forma más significativa y relevante a este trabajo, lo que busco sugerir es que a través de esta alianza entre indígenas y mujeres, que culmina en un proceso de apropiación o silenciamiento de la voz indígena por parte de la mujer criolla, el sujeto femenino republicano, definido en la época como doméstico y sentimental, consigue ensanchar los estrechos límites de su esfera, accediendo a los vedados campos de la racionalidad y la política. Es decir, la sentimentalización y la infantilización del indígena son fenómenos paralelos a la politización del ángel del hogar. Aunque el objetivo explícito de esta alianza es rescatar a los indígenas de su status de objeto dentro de la comunidad nacional, en realidad sólo la mujer criolla (y no la indígena) consigue acceder a un status de sujeto, a través de una intervención política disfrazada de moralidad y caridad.

Aves sin nido ingresa al gran curso de la literatura peruana gracias a las reivindicaciones de Aída Cometta Manzoni y Concha Meléndez, que protestan desde el extranjero contra su erradicación del mapa cultural de la literatura nacional. El status conflictivo que va a ocupar esta novela en el canon indigenista aparece prefigurado en el debate que mantienen estas dos críticas literarias sobre si esta novela representa la última instancia del indianismo o la apertura fundacional hacia el indigenismo. Cabe acotar, sin embargo, que la separación tajante entre estas dos categorías, en las que a partir de este momento se lee de forma a veces mecánica la novela, es, como se desprende de las mismas afirmaciones de Cornejo Polar, más arbitraria y conflictiva de lo que se puede pensar inicialmente. Cuando Cornejo Polar afirma que en el indianismo hay piedad y conmiseración, mientras que en el indigenismo aparece una protesta socio-económica, la diferencia entre estos dos paradigmas se establece al oponer los valores sentimentales y cristianos de la piedad a la eficacia política de la novela (Cornejo Polar, *Literatura y sociedad* 36-38). Creo que estas dos esferas no son necesariamente excluyentes o antagónicas, y que el sentimentalismo, entendido como un deseo de hacerle derramar lágrimas al lector por la suerte de un otro étnico en peligro, es un ingrediente fundamental de la visión política que tiene Matto de la novela como órgano de reforma cultural. La retórica de las lágrimas, que en la doctrina de las esferas se coloca del lado de la femineidad republicana, se utiliza en *Aves sin nido*, no solamente como estrategia de autorización, sino también para construir un proyecto nacional propio en el que se sentimentaliza al indígena para corregir su bestialización. En este sentido, y más que tratar de hacer coincidir la novela con un esquema de lectura bipolar (indianismo/indigenismo), me gustaría pensar la obra de Matto de Turner en términos de un indigenismo sentimental en el que, si bien la distancia entre productor cultural y referente no desaparece por completo, se produce un movimiento de acercamiento mayor entre los dos polos motivado por el sufrimiento y la categoría moral de la compasión.[10] Dado que Matto sabe que el lector sólo se puede apiadar de aquello que le resulta inofensivo, neutraliza la diferencia para que las lágrimas puedan cruzar barreras de género, raza y clase. Así, por ejemplo, se dice en un momento que cuando Marcela llegó a su choza Rosalía era "una inocente predestinada que, nacida entre los harapos de la choza, lloraba, no obstante, las mismas lágrimas saladas y cristalinas que vierten los hijos de los reyes" (*Aves sin nido* 50). La figura del indígena en peligro es utilizada, entonces, por el sujeto femenino para conmover al público y para clamar por su incorporación (lo que ya de por sí admite su exclusión) a la nación concebida metafóricamente como "nido," hogar, o familia.

En "Aves sin nido como alegoría nacional" (Cornejo Polar, *Clorinda Matto de Turner, novelista* 55-74) el crítico peruano reflexiona sobre la propuesta modernizadora de Clorinda Matto de Turner en relación con el discurso alegórico de la familia-nación. En un contexto post-bélico de crisis en el que se medita obsesivamente sobre la desarticulación de un país dividido en varias regiones culturales, el discurso homogeneizador de la familia-nación se convierte en un vehículo de cohesión cultural con el que hacer frente a lo que se percibe como una desgarradora y problematizante heterogeneidad. En este sentido, Cornejo Polar afirma que, en *Aves sin nido*, la familia Marín representa, en su doble categoría de sinécdoque y metonimia, el deseo utópico de una nación multicultural, en la que se unifique la diversidad racial de los miembros (la diferencia mestiza e indígena) bajo la norma burguesa criolla (los Marín). Algo sobre lo que Cornejo no ahonda, sin embargo, es sobre la distribución de los afectos en esa familia imaginada donde todos sus miembros (Fernando, Lucía, Rosalía, Margarita) abrazan un concepto "femeneizado" de la virtud republicana.

La visión de la familia como un espacio feminocéntrico, en el que se busca corregir los excesos del individualismo liberal, por medio de la ética de la protección y del cuidado, es para mí un elemento radical del concepto que tiene Matto de la nación como un espacio más humanitario, aunque todavía jerárquico, en el que los poderosos asumen la responsabilidad por los más débiles. Demás está decir que en esta conceptualización maternalista, más que paternalista de la nación, no se consiguen eliminar las jerarquías de raza y clase que se intentan abolir por medio de la retórica de las lágrimas. Por otro lado, es en realidad Lucía, y no "los Marín", la encargada de acabar con las tinieblas de la barbarie y de arrojar la luz del progreso sobre los grupos subalternos que viven "explotados en la noche de la ignorancia, martirizados en unas tinieblas que piden luz" (Matto de Turner, *Aves sin nido* 40). Es ella la figura-foro de esta comunidad soñada, regida por valores domésticos, dentro de la que se le asigna al sujeto femenino, el rol de iluminar no sólamente a las hijas (Rosalía/Margarita), sino también, a Fernando. Y es en parte gracias al bilingüismo como Lucía consigue convertirse en oyente y traductora del relato testimonial de Marcela.

A diferencia de otras heroínas románticas de la novela latinoamericana del siglo XIX, quienes sí manejan algún otro idioma, éste será inevitablemente el francés (pienso aquí sobre todo en la Leonor de *Martín Rivas*), Lucía maneja un idioma carente de prestigio cultural (el quechua) tan bien como el castellano. Se dice que escuchó el relato de Marcela "en su expresivo idioma" (41) y que tenía "un vivo interés en conocer a fondo las costumbres de los indios" (42). A través del bilingüismo de su heroína, Clorinda Matto postula un tipo de modernidad alternativa que acoge en su seno la diferencia indígena aunque transculturándola por medio de su traspaso al castellano. Por otro lado, es Lucía la que decide cambiar el vestido que le ha prometido Fernando por el dinero que necesita para pagar las deudas de los Yupanqui. Esta decisión problematiza el estereotipo de la mujer decimonónica como objeto decorativo o joya, y desencadena "la sangrienta batalla de los buenos contra los malos". En este sentido, la virtud de Fernando, que se halla ausente gran parte del tiempo, es básicamente no oponerse a los valientes proyectos de su esposa de enfrentar a las autoridades andinas en nombre de los indígenas. Cabe señalar también, que a lo largo de la narración se elogian las virtudes de una esfera femenina homogénea que raya en el esencialismo, porque todas las mujeres son buenas.[11] En las antípodas de esta idealización de lo femenino se halla la construcción de una esfera masculina bipolar dividida en hombres bárbaros y civilizados. Si los hombres "malos" como el cura y el gobernador maltratan a mujeres e indígenas, los "buenos" (Manuel, Fernando) son sujetos masculinos domésticos que calcan las virtudes del ángel del hogar y que cuestionan, por medio de conductas sentimentales, el modelo marcial y guerrero de la masculinidad republicana.

Dentro de esta misma composición alegórica de la familia, las afirmaciones al final de la novela de que los Marín esperan la llegada de un vástago o primogénito crean una gran expectativa en el lector que se frustra con su posterior desaparición. ¿Cómo leer la omisión de este dato en *Herencia*, cuando se sabe que Lucía estuvo embarazada en la novela anterior? ¿Es acaso que Lucía tuvo un aborto espontáneo que no se puede mencionar en el recatado siglo XIX? ¿Es, como sugiere Cornejo Polar, un error de la trama, algo factible teniendo en cuenta que *Herencia*, la continuación de *Aves sin nido*, fue publicada seis años después de la primera parte? Cornejo Polar interpreta la evaporación de este dato en términos etnográficos, como un vacío que remite a la infertilidad de los Marín, y que justifica de esta forma la formación de una familia multirracial, porque "es natural que un matrimonio sin hijos opte por adoptar alguno" (Cornejo Polar, *Clorinda Matto de Turner, novelista* 69). Sin embargo, si se tiene en cuenta que Lucía y Fernando Marín adoptan a las hijas de los Yupanqui mucho antes de que se anuncie el embarazo de Lucía (y su misteriosa desaparición) la explicación de Cornejo Polar parece perder fuerza y se vuelve insatisfactoria. No deja de ser sorprendente que en una época en la que no existen los ultrasonidos se asuma con tanta seguridad que la partida a Lima de la familia Marín se efectúa para que el "vástago" o "el hijo" reciba la educación urbana/civilizada que merece. En mi caso, y dado que se menciona en numerosas ocasiones que el futuro heredero es un niño, prefiero leer esta ausencia, a la que se suma la misteriosa desaparición de Rosalía (la única de las dos "aves sin nido" que es realmente indígena) como un deseo inconsciente de corregir el carácter masculinizante de los proyectos modernizadores que se estaban barajando en el contexto post-bélico de la guerra del Pacífico.[12] Si se tiene en cuenta que en *Herencia* se esfuman, tanto el vástago como Rosalía, y que la actuación de Fernando se vuelve también borrosa, cabe pensar que Matto imagina como solución a la crisis un proyecto de nación en el que se favorecen no solamente la instancia femenina, sino también la mestiza.

Es cierto, sin embargo, que si se lee *Aves sin nido* desligada de su continuación *Herencia*, se puede detectar en ella un impulso reformista que busca cohesionar entre sí a los diferentes grupos sociales dentro de la comunidad nacional estableciendo lazos afectivos entre ellos. Al igual que el sujeto literario, que en el proemio se construye como testigo sentimental que "ha observado de cerca" la opresión a la que son sometidos los indígenas, por parte de los "mandones de villorrio" (37), Lucía actúa en la comunidad de Killac, como un alma piadosa que *siente* en carne propia el sufrimiento de los indígenas. En este sentido la virtud de Lucía es equiparable a la de doña Petronila, mujer serrana notable, que posee "un corazón de oro" (64) y que "derrama lágrimas por todo el que se muere, conózcalo o no" (64). El heroísmo de Lucía, que se deja conmover sentimentalmente por el sufrimiento de los indígenas, se materializa en la novela en las múltiples viñetas sentimentales, en las que aparece llorando por su suerte, desmayándose, o sonrojándose por la fuerza de sus impresiones. Cuando Fernando Marín rescata a Rosalía, a punto de ser vendida como esclava, "Lucía lloraba de placer. [...] Su llanto era la lluvia bienhechora que da paz y dicha a los corazones nobles" (67). Y cuando la madre de esta niña es herida en el ataque que hacen las autoridades a la casa de los Marín, la escena en el lecho de muerte, típica de la novela sentimental, es explotada al máximo por Matto con el objeto de emocionar y hacer sufrir al lector. Dice:

> La entrada de Marcela, conducida en una camilla de palos, herida, viuda y seguida de dos huérfanas, a la misma casa de donde el día anterior salió contenta y feliz, impresionó tan vivamente a Lucía, que se hallaba sola en aquellos momentos, que no pudo contener sus lágrimas y se fue llorando hacia Marcela. (*Aves sin nido* 89)

Aquí, Matto espera que el lector se identifique con Lucía y que se deje afectar, no tanto por la inminente muerte de Marcela, sino por la suerte de sus hijas, las dos niñas huérfanas que se quedan sin hogar a la muerte de sus padres. En este sentido, me interesa resaltar junto con Cornejo Polar, que los esfuerzos sentimentales de Lucía para salvar a los indios, triunfan en el caso individual de estas niñas, pero fracasan a nivel colectivo. Cuando finalmente Fernando y Lucía abandonan Killac, reconocen su impotencia y su fracaso. Dice Lucía: "¡Oh! ¡pobres indios! ¡pobre raza! ¡Si pudiésemos libertar a toda ella como vamos a salvar a Isidro!" (177). Este pesimismo aparece también en el título sentimental de la novela que apunta a la carencia de hogar o nido de los indios, que alegóricamente remite también a su falta de nación.

¿Cómo explicar, sin embargo, el hecho de que la literatura de Matto de Turner sea mucho más heterogénea y contradictoria que la de escritores como Manuel González Prada? Cornejo Polar, siguiendo a Salazar Bondy, afirma que "el orden mixto que propone la obra de Matto de Turner representa bien la debilidad genérica del positivismo peruano y la timidez de sus planteamientos en el campo específico del arte de novelar" (Cornejo Polar, *Clorinda Matto de Turner, novelista* 22). Ampliando esta propuesta, creo que se podría decir que en el caso de Matto de Turner esas tensiones se explican por el lugar conflictivo que ocupa el sujeto femenino en el período nacional con respecto al avance de una corriente liberal modernizadora. Para poder disentir con los discursos dominantes tiene paradójicamente que asentir con sus postulados, en parte porque está tratando de construirse un lugar como sujeto político, indigenista y anticlerical en una época en que todos estos discursos son puestos del lado de la masculinidad republicana. No me parece casual que al tratar de dar cuenta de esta "timidez literaria" y de otras indecisiones ideológicas, que Cornejo Polar contrasta a veces de forma un tanto injusta con el vigor y la coherencia del discurso de "propaganda y ataque" de Manuel González Prada,[13] se mencione a otras escritoras que experimentaban por su identidad de género, las mismas disyuntivas y conflictos. Dice Cornejo Polar:

> Sería ingenuo negar que las contradicciones aludidas reflejan las limitaciones personales de Clorinda Matto y su no muy avanzado dominio del arte del relato, pero tampoco sería correcto limitar a este ámbito la explicación: en realidad la mezcla de tantos órdenes narrativos diversos plasma y expresa más un fenómeno social que una peculiaridad solamente literaria o personal. No en vano otras novelas de la época y muy claramente las de Mercedes Cabello de Carbonera, muestran una similar confusión. Son también, como las obras de Clorinda Matto, testimonio de un tiempo crítico. (*Clorinda Matoo de Turner, novelista* 22)

Más que a deficiencias estéticas o ideológicas creo que, en Clorinda Matto de Turner y en Cabello de Carbonera, estas zonas de ambigüedad y conflicto deben leerse como puntos de cruce de las líneas de un doble discurso cuya presencia en las novelas se explica por el contexto represivo en el que se publican. En una época sumamente compartimentalizada en términos de género, en la que está muy codificado lo que puede y no puede decir una mujer, Clorinda Matto debe amplificar y sobredimensionar los discursos que la sociedad le asigna para insertarse en debates sobre la formación y modernización de la nación de los que estaba excluida por su doble marginalidad. Esta estrategia de encubrimiento, por la que Matto de Turner finge ser a nivel del discurso lo que la sociedad le dice que es (sentimental, caritativa, religiosa), le va a garantizar la circulación de sus novelas en una época en que todos esos atributos se consideran inherentes a la femineidad republicana. El carácter pendular y bifronte de textos indigenistas e indianistas, anticlericales y cristianos, domésticos y políticos, naturalistas y románticos, ayuda a explicar en parte los debates que se van a generar en la crítica del siglo XX, que en la gran mayoría de los casos, y con la excepción de Cornejo Polar, tienden a privilegiar una u otra línea de su discurso. Creo que el mérito de la lectura de Cornejo Polar es haber detectado estas agudas contradicciones resistiendo a la tentación de homogeneizarlas. Al mismo tiempo, su limitación es no haber percibido que esa gran heterogeneidad que él detecta en este corpus remite a una sociedad sumamente estratificada, no solamente en términos de raza y clase, sino también de género, en una época en que como bien lo indica Sylvia Molloy, lo femenino y lo intelectual son ámbitos incompatibles (108).

NOTAS

[1] Las dos lecturas que se ofrecen de *Aves sin nido* en este volumen ("*Aves sin nido*: Indios, notables y forasteros" y "*Aves sin nido* como alegoría nacional") están separadas por un intervalo cronológico de quince años (1975-1990). En el prólogo, Cornejo Polar explica que no modifica su primera lectura de la novela porque "El trabajo intelectual tiene su historia interna, rigurosa, y es arriesgado y hasta contraproducente tratar de 'actualizar' lo que se hizo hace varios años" (7).

[2] También González Prada en el "Discurso en el Politeama" (1888) describía al indígena, desde la superioridad de clase y raza, como un sujeto envilecido y reptilesco que "*rastrea* en las capas inferiores de la civilización [...]". Ver González Prada 46. Efraín Kristal en *The Andes Viewed from the City: Literary and Political Discourse on the Indian in Peru 1848-1930* da un panorama bastante exhaustivo de algunos de los discursos anti-indigenistas que circulaban en la república de las letras en la época de crisis que sucedió a la derrota del Perú en la guerra del Pacífico.

[3] En otro trabajo he demostrado que las mismas contradicciones que atraviesan la construcción de la identidad indígena en esta novela pueden detectarse en la elaboración de la diferencia de género. Si por un lado se exalta la identidad sentimental de un sujeto femenino doméstico, cuya virtud deriva de su aislamiento del contaminado mundo de la política, se busca al mismo tiempo demostrar la necesidad de que la mujer se inserte en ese mismo espacio público que se considera degradado. Ver Peluffo 133.

[4] En "Las obreras de América del Sur" Matto de Turner se autorepresenta como miembro o eslabón cultural de una cadena de literatas que "no sólo dan hijos a la patria sino prosperidad y gloria". Dice: "Mujer e interesada en todo lo que atañe a mi sexo, he de consagrarle el contingente de mis esfuerzos que, seguramente, en el rol de la ilustración que la mujer ha alcanzado en los postrimeros días del siglo llamado admirable, será un grano de incienso depositado en el fuego sacro que impulsa el carro del progreso, y aunque éste no producirá la

columna de luz que se levanta en los Estados Unidos del Norte, él dará siquiera la blanquecina espiral que perfuma el santuario" (Matto de Turner, *Boreales, miniaturas y porcelanas* 246).

[5] Durante su exilio en Buenos Aires, Clorinda Matto traduce al quechua el Evangelio de San Lucas y los Hechos de los Apóstoles, para hacer llegar la palabra de Cristo a las comunidades andinas.

[6] En *Viaje al país de los araucanos*, Estanislao Zevallos se refiere a los indígenas que habitan la pampa argentina en términos de "bárbaros o salvajes" que necesitan ser "amansados". Se muestra partidario de la inmigración europea y de la expropiación de tierras a los indígenas para que puedan construirse ferrocarriles asociados en el siglo XIX con el progreso.

[7] Ver por ejemplo el estudio de Susana Reisz en el que la autora dice que Clorinda Matto de Turner proclama en *Aves sin nido*: "[…] a thirld world feminism *avant la lettre* which, far from excluding 'indigenous woman', establishes with her an implicit 'coalition of identities neither universal nor particular', the only such coalition visible in a colonial society, rigidly hierarchical, classist, racist and sexist, which set up and continues to set up solid barriers between women of the coast, the mountains and the jungle, between mistress and servant, between 'white', 'chola', 'indian', 'black', 'zamba', 'china' or 'china-chola'" (83).

[8] Por ejemplo, cuando Lucía y Fernando rescatan a Rosalía: "Juan se arrodilló ante la señora Marín, y mandó a Rosalía besar las manos de sus salvadores. Don Fernando contempló por segundos el cuadro que tenía delante, con el corazón enternecido, y dirigiéndose al sofá se echó de costado apoyando la espalda con firmeza […]" (67). Cuando Juan y Marcela vienen a pedir ayuda a los Marín: "Entró sin etiqueta ninguna, y se fue a arrojar a los pies de Lucía. […] Marcela entonces, fuera de sí, prorrumpió en gritos casi salvajes y se abalanzó a los pies de Lucía […]" (59).

[9] Para más información sobre la generación de escritoras a la que pertenece Matto de Turner se pueden consultar los trabajos de Francesca Denegri y Maritza Villavicencio.

[10] A diferencia de Cornejo Polar, que siguiendo a Mariátegui ve como una deficiencia y limitación de la novela que su autora no haya interpretado el problema indígena en términos económico-sociales, omitiendo mencionar la figura del gamonal, (Cornejo Polar, *Clorinda Matto de Turner, novelista* 53), Nelson Manrique en *La piel y la pluma: Escritos sobre literatura, etnicidad y racismo*, señala que: "en realidad Clorinda Matto tiene un mejor conocimiento de la realidad social que describe que aquel que sus críticos están dispuestos a concederle" (47). Para Manrique son los negociantes de lana y no los hacendados, los que constituyen a fines del siglo XIX "el centro de la dominación y explotación de la población india establecida desde aproximadamente seis décadas atrás" (50). El papel de las haciendas es para Manrique

en esta época y esta región completamente secundario porque: "No es tanto la hacienda sino más bien la expansión del capital comercial precapitalista la verdadera base sobre la cual se erigió la estructura de dominación gamonalista, aun cuando la propiedad de la tierra pudiera facilitar su desarrollo" (49).

[11] Con respecto a la homogeneización de la esfera femenina, Fernando Marín comenta: "aquí todos abusan y nadie corrige el mal ni estimula el bien; notándose la circunstancia rarísima de que no hay parecido entre la conducta de los hombres y la de las mujeres..." Y Lucía añade: "¡Si también las mujeres fuesen malas, esto ya sería un infierno, Jesús!" (164)

[12] Aquí, por ejemplo, me interesa mencionar el revanchismo completamente anti-sentimental de González Prada quien en el "Discurso del Politeama" no buscaba despertar compasión por los indígenas como Matto sino atizar el rencor contra Chile.

[13] Disiento en este sentido de la visión que tiene Cornejo Polar de la propuesta nacional de Matto de Turner como menos radical que la de González Prada. Creo que esta percepción surge de contraponer al Prada de "Nuestros indios" (1904) con *Aves sin nido* que es de 1889. Si se compara esta novela con el "Discurso en el Politeama" (1888) la visión que tiene Matto del indígena como modelo de virtud es mucho menos positivista que la de Prada. Creo que Clorinda Matto de Turner, con todas sus limitaciones, va más allá de Prada, en lo pertinente a la valorización que hace del quechua como "lengua nacional" o "lengua madre", y en la propuesta de femineizar el concepto de la virtud republicana alrededor del cual se efectúa el proceso de la regeneración nacional.

BIBLIOGRAFÍA

Arribas García, Fernando. Prólogo. Clorinda Matto de Turner. *Herencia*. Lima: Instituto Nacional de Cultura, 1974.

_____Prólogo. Clorinda Matto de Turner. *Índole*. Lima: Instituto Nacional de Cultura, 1974.

_____"Aves sin nido: ¿novela indigenista?" *Revista de Crítica Literaria Latinoamericana* XVII/34 (1991): 63-79.

Cometta Manzoni, Aída. *El indio en la novela de América*. Buenos Aires: Futuro, 1969.

Cornejo Polar, Antonio. *Escribir en el aire. Ensayo sobre la heterogeneidad socio-cultural en las literaturas andinas*. Lima: Horizonte, 1994.

_____ *Clorinda Matto de Turner, novelista: Estudios sobre Aves sin nido, 'Índole' y 'Herencia'*. Lima: Lluvia Editores, 1992.

_____ *La formación de la tradición literaria en el Perú*. Lima: Centro de Estudios y Publicaciones, 1989.

_____ *Literatura y sociedad en el Perú: La novela indigenista*. Lima: Lasontay, 1980.

_____ *La novela peruana: siete estudios*. Lima: Horizonte, 1977.

_____ "La literatura hispanoamericana del siglo XIX: continuidad y ruptura". *La imaginación histórica en el siglo XIX*. Leila Area y Mabel Moraña, eds. Rosario: Universidad Nacional de Rosario, 1994. 141-151.

_____ Prólogo. Clorinda Matto de Turner. *Aves sin nido*. Caracas: Biblioteca Ayacucho, 1994.

_____ "La literatura latinoamericana y sus literaturas regionales y nacionales como totalidades contradictorias". *Hacia una historia de la literatura latinoamericana*. Ana Pizarro, coord. México: El Colegio de México, Caracas: Universidad Simón Bolívar, 1987: 123-36.

_____ "El indigenismo y las literaturas heterogéneas: su doble estatuto socio-cultural". *Revista de Crítica Literaria Latinoamericana* IV/7-8 (1978): 7-21.

Denegri, Francesca. *El abanico y la cigarrera. La primera generación de mujeres ilustradas en el Perú*. Lima: Flora Tristán, 1996.

Flores Galindo, Alberto. *La tradición autoritaria: Violencia y democracia en el Perú*. Lima: Sur, 1999.

González Prada, Manuel. *Páginas libres/Horas de lucha*. Caracas: Biblioteca Ayacucho, 1985.

Kristal, Efraín. *The Andes Viewed From the City. Literary and Political Discourse on the Indian in Peru 1848-1930*. Nueva York: Peter Lang, 1987.

Manrique, Nelson. "Clorinda Matto y el nacimiento del indigenismo literario. (*Aves sin nido*, cien años después)". *La piel y la pluma: Escritos sobre literatura, etnicidad y racismo*. Lima: Sur Casa de Estudios del Socialismo, 1999.

Mariátegui, José Carlos. *Siete ensayos de interpretación de la realidad peruana*. Lima: Amauta, 1963.

Matto de Turner, Clorinda. *Boreales, miniaturas y porcelanas*. Buenos Aires: Juan de Alsina, 1902.

_____ *Aves sin nido*. Estudio Preliminar de Fryda Schultz de Mantovani. Buenos Aires: Hachette, 1968.

_____ *Índole*. Lima: Instituto Nacional de Cultura, 1974.

Meléndez, Concha. *La novela indianista en Hispanoamérica (1832-1889)*. Río Piedras: Ediciones de la Universidad de Puerto Rico, 1971.

Molloy, Sylvia. "Female Textual Identities: The Strategies of Self-Figuration". *Women's Writing in Latin America: An Anthology*. Sara Castro-Klarén, Sylvia Molloy, Beatriz Sarlo, eds. Colorado y Londres: Westview Press, 1991.

Oyarzún, Kemy. "Literaturas heterogéneas y dialogismo genérico-sexual". *Revista de Crítica Literaria Latinoamericana* XIX/38 (1993): 37-50.

Peluffo, Ana. "El poder de las lágrimas: sentimentalismo, género y nación en Aves sin nido de Clorinda Matto de Turner". *Indigenismo hacia el fin del milenio. Homenaje a Antonio Cornejo-Polar*. Mabel Moraña, ed. Pittsburgh: IILI-Biblioteca de América, 1998. 119-138.

Rama, Ángel. *Transculturación narrativa en América Latina*. México: Siglo XXI, 1982.

Reisz, Susana. "When Women Speak of Indians and Other Minor... Clorinda Matto de Turner's Aves sin nido: An Early Peruvian Feminist Voice". *Rennaissance and Modern Studies* 35 (1992): 75-93.

Salazar Bondy, Sebastián. *Historia de las ideas en el Perú contemporáneo*. Primer tomo. Lima: Francisco Moncloa, 1967.

Villavicencio, Maritza. *Del silencio a la palabra. Breve historia de las vertientes del movimiento de mujeres en el Perú*. Documento de trabajo número 3. Lima: Centro de la Mujer Peruana Flora Tristán, 1990.

Heterogeneidad, carnavalización y dialogismo intercultural[1]

Friedhelm Schmidt-Welle
Ibero-Amerikanisches Institut, Berlin

"Creo que Bajtín es el teórico cuyas ideas se aplican más productivamente a la literatura de América Latina" (Fernández Cozman 7). Con esta afirmación, Antonio Cornejo Polar atribuye al semiólogo ruso Mijaíl Bajtín una función decisiva para el desarrollo actual de la crítica y la teoría literarias en América Latina. Y este es el caso también con respecto a la propia obra de Cornejo Polar. Ciertas semejanzas entre sus conceptos teóricos y los de Bajtín saltan a la vista hasta para una lectura no muy profunda de sus respectivas obras. Entre otras, son las del concepto radicalmente histórico y dinámico del lenguaje y del proceso literario en general, la subsistencia de las voces "subalternas" en y fuera de los discursos hegemónicos, el interés en el análisis de literaturas "fronterizas" en los bordes de diferentes sistemas culturales, la importancia del contexto social de la literatura sin menospreciar la dimensión estética ni caer en sociologismos vulgares, y la responsabilidad del arte y con ella la de la crítica (Bajtín 1992; Cornejo Polar 1999).

Considerando los paralelos al nivel epistemológico, sorprende el hecho de que Cornejo Polar sólo se refiera a la obra de Bajtín a partir de los años '90. Por una parte, esta lectura relativamente tardía de Bajtín a mediados de los '80 (Fernández Cozman 7) puede ser la consecuencia de la traducción y recepción tardía de los escritos del semiólogo ruso en el mundo hispano en general.[2] Por otra, el latinoamericanismo de Cornejo Polar obra en este caso en el sentido de excluir la referencia a ciertas corrientes internacionales de la teoría literaria. Estas últimas, a su modo de ver, podrían demorar la formación de una verdadera teoría literaria latinoamericana[3] y producir discursos hegemónicos neocoloniales. Por esto, evita referirse a ellas y más aún utilizarlas como argumento de autoridad, pero no hay duda de que las conoce y las maneja en la dinámica de su pensamiento crítico. La exclusión de estas referencias debe entenderse, entonces, en el sentido de una estrategia política del intelectual latinoamericano, y no en el de una exclusión de ciertas lecturas.

Aunque esta estrategia de Cornejo Polar tiene la ventaja de considerar exclusivamente conceptos teóricos europeos o estadounidenses que se pueden aplicar a las especificidades de los procesos literarios latinoamericanos, ella lleva a un cierto estatismo en la definición de las categorías centrales de su teoría literaria y cultural (Pastor 41). Sobre todo el concepto clave de su interpretación de la cultura y literatura latinoamericanas, la heterogeneidad, tiende a convertirse en algunos de sus trabajos de los años '70 y '80 en una categoría más descriptiva que interpretativa (Moraña, "*Escribir en el aire,* 'heterogeneidad' ..." 282-83). Pero el afán totalizante de esta y otras categorías adoptadas por Cornejo Polar, y el esquematismo del concepto de sistemas literarios cerrados, se pierden a partir de los años '90, y sobre todo en *Escribir en el aire* (1994). No es por casualidad que en este libro la lectura de Bajtín, y sobre todo la de las categorías de la polifonía y del dialogismo, deja sus huellas más significativas, aunque la influencia de los conceptos del semiólogo sea más palpable entre líneas que en lo que Cornejo Polar escribe explícitamente sobre su teoría estética.

A pesar de esta influencia, es precisamente en su último libro donde Cornejo Polar expresa ciertas dudas sobre la posibilidad de aplicar las categorías de Bajtín al análisis de las literaturas latinoamericanas, a "la índole excepcionalmente compleja de una literatura (entendida en su sentido más amplio) que funciona en los bordes de sistemas culturales disonantes, a veces incompatibles entre sí" (*Escribir en el aire* 17). La confrontación entre voz y letra, entre los discursos orales de las culturas indígenas y la escritura de la cultura occidental en la conquista, tiene consecuencias más allá de la polifonía como la define Bajtín, y "no basta entonces con recurrir al dialogismo bajtiniano" (88). Mi propósito es, en cambio, mostrar en qué sentido la teoría de Bajtín podría ser fructífera en el contexto de la interpretación de las literaturas latinoamericanas, y sobre todo de las literaturas heterogéneas tal como las define Cornejo Polar ("El indigenismo y las literaturas heterogéneas", *Sobre literatura y crítica latinoamericanas*, "Heterogenidad y contradicción").

I. Diálogo, unidad, totalidad

El problema principal que se presenta en la confrontación de los conceptos teóricos de Bajtín y Cornejo Polar es la persistencia de la noción de *unidad* en los escritos de Bajtín sobre la estética de la creación verbal (*Estética* 13-190). A pesar del cuestionamiento de la dialéctica de Hegel y de la hermenéutica de Schleiermacher en la noción del diálogo como un proceso abierto, inacabable, que no termina en el silencio del acuerdo (Grübel, *Zur Ästhetik* 46-47), Bajtín insiste una y otra vez en la unidad de la obra literaria y de sus protagonistas: "Es el autor quien confiere la unidad activa e intensa a la totalidad concluida del personaje y de la obra; esta unidad se extrapone a cada momento determinado de la obra" (*Estética* 19). Además, introduce en este contexto una noción de totalidad que difiere marcadamente del concepto de la totalidad conflictiva o contradictoria de Cornejo Polar ("La literatura peruana"). La totalidad del personaje y del conjunto de la obra en la creación estética a diferencia de la fragmentación del sujeto en la vida real que Bajtín sin duda reconoce, es la base de la definición de la actitud del autor en su teoría literaria:

> [...] uno mismo es la persona menos indicada para percibir en sí la totalidad individual. Pero en una obra artística, en la base de la reacción del autor a las manifestaciones aisladas de su personaje está una reacción única con la *totalidad* del personaje, y todas las manifestaciones separadas tienen tanta importancia para la caracterización del todo como su conjunto. Tal reacción frente a la totalidad del hombre-protagonista es específicamente estética, porque recoge todas las definiciones y valoraciones cognoscitivas y éticas y las constituye en una totalidad única, tanto concreta y especulativa como totalidad de sentido (1992: 13-14. El subrayado es del original).

A pesar de la polifonía advertida por Bajtín en sus escritos sobre Dostoievski, esta totalidad en el sentido de una unidad del sujeto construida en la creación estética queda intacta. En este aspecto se hace patente su lectura de la filosofía romántica alemana (Friedrich Schlegel y Schleiermacher), recepción que, mediante la lectura de los teóricos alemanes de lo grotesco, influye también en su concepto de la carnavalización literaria.

Al mismo tiempo, la categoría de la unidad de la obra literaria se fortalece en la teoría de la novela de las primeras décadas del siglo XX (Lukács 1987) e influye de una u otra manera en el pensamiento bajtiniano.

Cornejo Polar, en cambio, en sus artículos de los '70 sobre la literatura indigenista procede de la idea de una falta de unidad interna en los textos de esta corriente literaria ("La novela indigenista: un género contradictorio; "La novela indigenista: una desgarrada conciencia de la historia"; *Literatura y sociedad en el Perú*).[4] En contraposición con otros críticos del indigenismo, no ve en esta falta de unidad interna una deficiencia de la novela indigenista en comparación con el modelo de la novela moderna, sino que más bien la reduce a la heterogeneidad sociocultural de esta misma literatura (Cornejo Polar, "El indigenismo y"; Oyarzún, "Latin American Literary Criticism"). Esta falta de unidad se refiere tanto a la estructura formal del texto como a la construcción del sujeto-protagonista, y es una de las características más notables de las literaturas heterogéneas. Más tarde, Cornejo Polar traduce esta noción a la del sujeto no dialéctico, migrante. Pero de cierta manera, esta categoría y la crítica del concepto romántico del sujeto ya están implícitas en la teoría de la heterogeneidad sociocultural de las literaturas andinas tal como la formula a finales de los '70.

Considerando esta diferencia en la construcción del sujeto en las literaturas heterogéneas en comparación con las que Cornejo Polar percibe como literaturas homogéneas, se hace patente la crítica de las categorías de Bajtín en *Escribir en el aire* (1994), aunque en parte, esta crítica se deba al hecho de que Cornejo Polar, como muchos otros críticos latinoamericanos, reduce la distinción bajtiniana entre la polifonía de voces, la heteroglosia, y el plurilingüismo (Bajtín, *Die Ästhetik*; Grübel, "Zur Ästhetik 52-53; Perus, "el dialogismo y" 33-34) a la noción de la polifonía de voces (Cornejo Polar, *Escribir en el aire*). Sin duda, la polifonía bajtiniana, entendida exclusivamente como polifonía de voces dentro de una misma cultura o literatura aunque no sea dentro del mismo estrato de esta cultura como en el caso del carnaval medieval en que se destaca la diferencia entre cultura oficial, hegemónica, y cultura popular, no discute la homogeneidad de esta cultura o literatura en su conjunto. Para el caso de las literaturas heterogéneas de América Latina, las categorías de la polifonía y del diálogo sólo pueden ser fructíferas, entonces, si se considera la heterogeneidad sociocultural básica a partir de la Conquista. En este sentido, tendríamos que hablar no solamente de dialogismo, sino de dialogismo intercultural.

II. Dialogismo intercultural y heterogeneidad

Pero, ¿en qué sentido podemos hablar de un dialogismo intercultural, si el encuentro de dos culturas en la conquista es forzado, violento, y si, al menos en los comienzos de esta confrontación de culturas y formas discursivas, no hay voluntad de dialogar?[5] ¿Y en qué sentido puede hacerse uso de la noción de dialogismo, si ésta tiende a negar o reconciliar las contradicciones del proceso literario en sociedades coloniales y poscoloniales? El peligro de la transferencia del dialogismo bajtiniano al contexto latinoamericano radica en la posibilidad de que esta categoría se aplique en un contexto teórico que niega precisamente la heterogeneidad sociocultural. El mismo Cornejo Polar anota que emplea con "abusiva libertad" las nociones de dialogismo e intertextualidad porque

> […] ejercen y operan una vacilante pero confortable economía para quienes hablan desde una perspectiva mestiza: todas las palabras ingresan a una constelación hecha precisamente para acoger las voces múltiples de sus ancestros dialogantes, pero obviamente se trata de una operación que normaliza la dispersión originaria en un discurso más o menos autocentrado. ("Condición migrante" 104-105)

A pesar de esta posibilidad de reconciliación de las voces dispersas del diálogo, posibilidad que se refuerza en la categoría de unidad tal como la emplea Bajtín, creo que se puede hablar de dialogismo intercultural en los casos en que las contradicciones entre las diferentes culturas confrontadas en el discurso literario no se hacen desaparecer por completo mediante una operación lingüística autocentrada y armonizante. Si consideramos lo que Cornejo Polar escribe sobre la ideología de los autores de la novela indigenista ("La novela indigenista" 62), que hasta cierto punto niegan la heterogeneidad sociocultural de su producción literaria (Schmidt, *Stimmen ferner* 186-87), es evidente que las categorías de la heterogeneidad y del dialogismo intercultural no tienen que ser congruentes en todo caso. Quizás —y quisiera formular esta hipótesis con mucha cautela no sólo por los conocidos riesgos de las metáforas (Cornejo Polar, *mestizaje e hibridez*), sino porque tendría que verificarse por análisis de textos que no puedo realizar en este momento— quizás las categorías de la heterogeneidad literaria y del dialogismo intercultural solamente coinciden en los casos de estrategias discursivas de una heterogeneidad no dialéctica o de una intertextualidad multicultural como las indica Cornejo Polar en sus últimos artículos sobre José María Arguedas ("Condición migrante e intertextualida cultural"; "Una heterogeneidad no dialéctica"). Al mismo tiempo, y respecto a las posibles conexiones entre los conceptos del dialogismo y de la heterogeneidad no dialéctica, me parece importante señalar los paralelos de las dos categorías en el nivel epistemológico. Tanto Bajtín como Cornejo Polar parten de la crítica del sujeto y de la dialéctica de Hegel, en el sentido de no reconciliar las contradicciones internas del diálogo y de no usurpar el lugar del otro en un discurso monologizante (Bajtín, *Die Ästhetik* 168-91; Grübel, "Zur Ästhetik" 46-68; Cornejo Polar, *Escribir en el aire* 88-89). Pero mientras que en Bajtín, el sujeto (literario) se define por la incorporación de los puntos de vista del otro en la percepción y actitud dialógica, pero de todos modos unitaria (Bajtín, *Estética* 28-49), el sujeto no dialéctico, migrante, tal como lo define Cornejo Polar adhiriéndose a los textos de Arguedas ("Sobre el sujeto heterogéneo") ya no se caracteriza por esta unidad interna:

> [...] en cambio, imagino que el migrante estratifica sus experiencias de vida y que ni puede ni quiere fundirlas porque su naturaleza discontinua pone énfasis precisamente en la múltiple diversidad de esos tiempos y de esos espacios y en los valores o defectividades de los unos y los otros. La fragmentación tal vez sea su norma. ("Condición migrante" 104)

Se trata en este caso de una fragmentación que va mucho más allá de la que se concibe en los conceptos occidentales del sujeto moderno. Es una manera de confrontarse con o de vivir diferentes culturas y lenguas, el bilingüismo y la diglosia (Lienhard, "De mestizajes, heterogeneidades, hibridismos y otras quimeras"), las experiencias contradictorias "entre dos aguas", sin tratar (en el mejor de los casos) o sin poder tratar de reconciliarlos, de armonizarlos. Se trata, en suma, de un sujeto complejo, disperso, múltiple (Cornejo Polar, *Escribir en el aire* 19), protagonista de una historia ya no colonial, ni siquiera poscolonial, sino posoccidental (Mignolo 1996; Moraña 1999: 22). Con la introducción de esta categoría de sujeto en la obra de Cornejo Polar, el concepto de la heterogeneidad sociocultural, desarrollado en los años '70 y '80 en el contexto de la entonces debatida cuestión de la literatura nacional (Cornejo Polar, "El indigenismo y las literaturas heterogéneas", *Literatura y sociedad en el Perú, La cultura nacional, Sobre literatura y crítica latinoamericana*)[6] y ampliado a comienzos de los '90 por el reconocimiento de la heterogeneidad interna en todos los niveles del proceso literario ("Heterogeneidad y contradicción en la literatura andina"), se extiende a un contexto más amplio que el de la literatura y la cultura nacionales. En este sentido, se propuso la posibilidad de aplicar la categoría de heterogeneidad a espacios y contextos transnacionales (Trigo) o poscoloniales (Schmidt, "Literaturas heterogéneas y alegorías nacionales"), y situarla de esta manera en el contexto de los debates actuales de los estudios culturales.[7]

Además de los aspectos que hacen suponer una ampliación de la categoría de la heterogeneidad sociocultural y una reformulación de sus relaciones con la noción del dialogismo, tenemos que repensar las dos categorías desde una perspectiva ginocrítica. Con razón, Kemy Oyarzún ha señalado la falta de una crítica del género en las obras de Bajtín y Cornejo Polar ("Literaturas heterogéneas" 41)[8] y la necesidad de fundar una ginocrítica heterogénea (45-48). Quizás esta falta de una perspectiva ginocrítica es la mayor deficiencia de la actitud crítica-teórica de Cornejo Polar, sobre todo porque sus interpretaciones de la literatura indigenista y en especial de la obra de Clorinda Matto de Turner hubieran sugerido este análisis ginocrítico.

III. Heterogeneidad y carnavalización

La "moda/industria Bajtín" que se impuso sobre la crítica literaria y cultural en las últimas décadas (Perus 29), ha generado interpretaciones acríticas y generalizadas sobre las supuestas "situaciones dialógicas" en la literatura latinoamericana (*Acta Poética*; García Méndez: 101-02[9]). Más que las categorías de polifonía y dialogismo, la carnavalización literaria tal como la analiza Bajtín en *La cultura popular en la Edad Media y en el Renacimiento. El contexto de François Rabelais*, se ha convertido en un *passe-partout* de la crítica literaria latinoamericana. Como afirma Rita de Grandis, se llegó a ver carnavalización en todo (43). Pero este uso y abuso de la categoría de "carnavalización" en América Latina remite, más allá de las modas académicas, a algunas peculiaridades del desarrollo de las literaturas y culturas latinoamericanas. La no simultaneidad de lo simultáneo, la coexistencia de culturas y literaturas occidentales e indígenas, la confrontación entre oralidad y escritura, la modernización incompleta y periférica, la heterogeneidad sociocultural: todos estos factores comparten ciertas características con las del momento histórico de la formación sociocultural que describe Bajtín en su libro sobre el carnaval medieval y la carnavalización literaria en la obra de Rabelais. En este sentido, lo que Françoise Perus expresa sobre el dialogismo bajtiniano, igualmente se puede aplicar a la categoría de la carnavalización literaria:

> [...] la noción de dialogismo sienta ante todo la existencia de una zona fronteriza entre espacios socioculturales y sociolingüísticos diversos y relativamente inestables que obedecen a temporalidades disímiles, y cuyas delimitaciones y modalidades específicas de articulación histórica y literaria constituyen precisamente el objeto central del "principio dialógico" bajtiniano. La insistencia del crítico e historiador ruso en los encuentros o los choques de culturas, en los periodos de transición, en las formas históricas de separación y contacto entre tradiciones históricamente separadas, lenguajes vivos y formas canonizadas, géneros "altos" y "bajos", oralidad y escritura, etc., da cuenta de una preocupación que va mucho más allá de las marcas formales de los cambios de registro lingüístico o estilístico. (Perus 34)

Aunque concuerdo con Perus en lo que afirma sobre las preocupaciones principales del crítico ruso, no quiero disminuir aquí el contraste entre los "choques" de culturas descritas en la obra de Bajtín, y los que examina Cornejo Polar en su concepto de la heterogeneidad sociocultural, diferencias por las cuales precisamente prefiero hablar de dialogismo intercultural en el caso de las culturas y literaturas heterogéneas. Creo que la diferencia más significativa entre la carnavalización literaria analizada por Bajtín y la carnavalización en las literaturas heterogéneas latinoamericanas (y quizás en las poscoloniales en general) consiste en el hecho de que en estas últimas, la carnavalización no sólo se refiere a los *discursos* dominantes, sino a todo el sistema de la *cultura* dominante. En este contexto, me parece importante señalar una vez más el hecho de que Bajtín distingue entre carnaval medieval y carnavalización literaria como operación textual. En parte, los malentendidos con respecto a sus categorías y las posibilidades de la aplicación de ellas al contexto latinoamericano radican en una falta de distinción rigurosa entre estas dos nociones teóricas. Aunque ya existan varios trabajos que tratan los temas del carnaval y de la cultura de la risa en la literatura latinoamericana, son pocos los análisis de la carnavalización literaria en los textos de las literaturas del subcontinente. Pero por el momento, no me interesa profundizar en el análisis de la carnavalización literaria en sí, sino en las posibles relaciones entre esta noción y la de la heterogeneidad.

Creo que para examinar éstas, es necesario considerar el hecho de que la noción de heterogeneidad no se refiere únicamente a las literaturas latinoamericanas, sino que se trata de una categoría histórica con respecto al análisis de un proceso sociocultural (Bueno 21-24). Esta heterogeneidad sociocultural de cierta manera forma la base de los discursos heterogéneos. En cambio, la noción de carnavalización literaria es una categoría lingüística-literaria, y aunque se base de una manera bastante mediatizada en los análisis bajtinianos del carnaval medieval, de la cultura de la risa y de lo grotesco en estos últimos, esta base es históricamente anterior a la carnavalización, y no simultánea como en el caso de la heterogeneidad.

No pretendo negar la posibilidad de la carnavalización literaria en textos que no pertenecen al corpus de las literaturas heterogéneas. En este sentido, las nociones de heterogeneidad y carnavalización son más bien categorías paralelas y complementarias que imprescindiblemente están conectadas entre sí. En este contexto sería adecuado, a mi modo de ver, distinguir la carnavalización de discursos dominantes de la de sistemas culturales. En el caso de la carnavalización en textos de las literaturas heterogéneas, se trataría entonces, como también en el caso del dialogismo bajtiniano, de una carnavalización intercultural, mientras que en las literaturas homogéneas, sería una carnavalización intracultural. Partiendo de esta diferenciación, se tendrían que verificar las relaciones concretas entre los conceptos de la carnavalización y de la heterogeneidad literaria mediante el análisis de textos literarios latinoamericanos (en el sentido más amplio de la palabra). En un trabajo anterior (Schmidt, "Heterogeneidad y carnavalización en tres cuentos de Juan Rulfo"), argumenté que el corpus de textos heterogéneos en los cuales se puede comprobar la carnavalización literaria, no tiene que limitarse a las representaciones inmediatas de un referente que pertenece a la(s) otra(s) cultura(s), sino que la heterogeneidad se debe entender en la mayoría de los casos como heterogeneidad interna en todos los niveles del proceso literario, tal como la define Cornejo Polar a partir de los '90 ("Heterogeneidad y contradicción", *Escribir en el aire*). De esta manera, el corpus de las literaturas heterogéneas en que se carnavalizan los discursos y los sistemas culturales dominantes no tiene que limitarse a la literatura indigenista, por ejemplo. Se puede tratar más bien de la representación de conflictos de larga duración del *temps durée*, como diría Fernand Braudel, conflictos que se han interiorizado en una sociedad o un ámbito cultural heterogéneo, y, con este, en todos los niveles del proceso literario. Estos conflictos precisamente radicalizan las estrategias discursivas de la carnavalización literaria en las literaturas heterogéneas: se vuelven más complejas, más dispersas quizás, porque se trata a la vez de una carnavalización intracultural e intercultural. En el caso de la producción literaria de Juan Rulfo, por ejemplo, la carnavalización de los discursos dominantes termina con la revaloración de las culturas indígenas, aunque éstas aparezcan solamente de manera fragmentaria (Schmidt 1998).

Esto no significa que las características de la carnavalización literaria tal como las define Bajtín para las literaturas europeas se pierden. Al contrario, se intensifican por la heterogeneidad sociocultural en las literaturas latinoamericanas. Este proceso se puede comprobar de manera ejemplar para las relaciones entre oralidad y escritura. La confrontación entre la cultura popular y la culta en la carnavalización literaria examinada por Bajtín, se hace más compleja en el caso de las literaturas heterogéneas, como bien han mostrado Carlos Pacheco y Martin Lienhard en sus interpretaciones de la problemática de oralidad y escritura en la prosa de José María Arguedas, João Guimarães Rosa, Augusto Roa Bastos, y Juan Rulfo (Lienhard, "El substrato arcaico en *Pedro Páramo*", *La voz y su huella*; Pacheco, *La comarca oral*).[10] Supongo que lo mismo se puede decir de la representación del cuerpo que tanto en la carnavalización intracultural como en la intercultural es un cuerpo no limitado, no orgánico, y hasta a veces grotesco. Sería interesante, en este contexto, comparar las representaciones o la construcción, respectivamente, del cuerpo y del sujeto no dialéctico/migrante en las literaturas heterogéneas. Sin entrar en detalles lo que dejo para otra ocasión, quisiera llamar la atención sobre los paralelos del cuerpo herido y del Estado-nación o la cultura no orgánicos de cierta manera también heridos en la producción literaria latinoamericana (Schmidt, "Liebe und Patriotismus" 65-68). Quizás el cuerpo herido y hasta grotesco es nada más una de las posibles representaciones de la producción simbólica del sujeto no dialéctico y de la imposibilidad de construir identidades estables, orgánicas en las literaturas poscoloniales.

Otro de los aspectos que intensifica y radicaliza el proceso de la carnavalización en las literaturas heterogéneas es la diferencia que ya mencioné antes, entre la carnavalización que se basa en una relativización de las jerarquías intraculturales (en el carnaval medieval) históricamente anterior a esta operación textual, y la carnavalización intercultural *permanente*, como efecto de la persistencia de periodos de transición, de conflictos de larga duración, de formas de separación y contacto entre tradiciones culturalmente separadas más allá de la confrontación y de los intercambios entre los sistemas de la cultura culta y la popular. La intertextualidad intercultural es decir la que se realiza entre los textos de los sistemas de la cultura culta y la popular, por un lado, y el sistema de las culturas indígenas, por otro (Cornejo Polar, "El problema nacional" 105) podría entonces dar lugar a la relativización de las jerarquías discursivas y culturales sin una falsa armonización de las contradicciones internas de y entre estos sistemas. Esta relativización mediante la integración de estrategias discursivas culturalmente "otras" ya excedería los límites de la carnavalización en su sentido estricto. Llevaría, en sus formas más radicales, a la desnarrativización de la narrativa dentro de la narrativa y con ella al fin de la transculturación (Moreiras 223-24, 227).

En el mejor de los casos, las características de la carnavalización literaria se manifiestan en América Latina (y quizás en otras sociedades poscoloniales) como un acto de revelación de una polifonía intercultural, de la heteroglosia y del plurilingüismo, a la vez que la heterogeneidad de los textos y de la sociedad a que éstos se refieren, se manifiesta de una manera en que las voces subterráneas y marginadas de las otras culturas se pueden *escuchar* y preservan su tono y temple discordante (Cornejo Polar, "Los sistemas literarios" 22-23; Schmidt, *Stimmen ferner* 308-27, "Heterogeneidad y carnavalización" 242). La carnavalización literaria contribuiría así a la desmitificación de los discursos y de las culturas hegemónicos, a una relativización de las jerarquías culturales, y a una revelación de la misma heterogeneidad sociocultural de las literaturas latinoamericanas.

NOTAS

[1] Agradezco a Carlos Pacheco su lectura de la primera versión de este artículo y sus sugerencias. Traté de incorporarlas en lo posible.
[2] La recepción internacional de la obra de Bajtín no comienza hasta la década de los '60 debido a razones políticas, sobre todo (Grübel, "Michail M. Bachtin. Biographische" 12-17). Son dos teóricos búlgaros exiliados en París, Julia Kristeva (1969, 1981) y Tzvetan Todorov (1981), los que estimulan la lectura de Bajtín en el contexto de la teoría estructuralista y posestructuralista.
[3] Varios de los artículos de Cornejo Polar parten de la necesidad de fundar una crítica literaria latinoamericana que se distinga de las teorías literarias internacionales que dominan la crítica en América Latina entre los años '50 y '70 ("El indigenismo y las literaturas heterogéneas" 7). Critica sobre todo el concepto de generaciones literarias, la teoría inmanentista, y el estructuralismo (*Sobre literatura* 13-14; 1989: 11-12; Calderón Chico 41), pero sin excluir ciertos métodos de este último para el ánalisis de los textos (Cornejo Polar, *Sobre literatura* 11), y sin menospreciar la crítica posestructuralista (*Escribir en el aire* 14-15). En los '90, el mismo Cornejo Polar reconoce que el proyecto de fundar una teoría literaria latinoamericana fracasó ("Para una teoría literaria" 9).
[4] Hablamos aquí de la unidad interna de la obra literaria y no de la categoría de la unidad de la cultura y de la literatura nacionales que

Cornejo Polar critica en sus trabajos sobre la historiografía literaria en el Perú (*La formación de la tradición literaria en el Perú*).

[5] Cornejo se ocupa de este problema con detención a lo largo del primer capítulo de *Escribir en el aire* (25-89).

[6] En este sentido, es importante señalar la influencia de las categorías teóricas de José Carlos Mariátegui, sobre todo de las del último de sus *7 ensayos*, en el desarrollo de la teoría de la heterogeneidad de Cornejo. Véase, al respecto, el artículo de Antonio Melis en el presente volumen.

[7] Con esta contextualización no quiero decir que la heterogeneidad sociocultural entendida en el sentido antes descrito sea una categoría entre otras que se emplean en estos debates. Creo que más bien funciona a la manera de una ampliación crítica de estos conceptos desde perspectivas latinoamericanas o latinoamericanistas, respectivamente.

[8] Véase también el artículo de Ana Peluffo en el presente volumen.

[9] A pesar de que García Méndez critica la aplicación acrítica de las nociones teóricas de Bajtín a la literatura latinoamericana, él mismo las aplica al análisis de una gran variedad de novelas de los siglos XIX y XX. Lo que me parece significativo al respecto es que casi todas estas novelas pertenecen al corpus de las literaturas heterogéneas definido por Cornejo Polar en su artículo "El indigenismo y las literaturas heterogéneas: su doble estatuto sociocultural" (1978), sin que García Méndez se refiera a la teoría de la heterogeneidad.

[10] Véase también el artículo de Carlos Pacheco en el presente volumen. En los trabajos mencionados, Lienhard y Pacheco no se refieren explícitamente al concepto de la carnavalización, pero creo que sus ensayos se podrían conectar con las categorías de Bajtín.

BIBLIOGRAFÍA

Bachtin, Michail M. *Die Ästhetik des Wortes*. Frankfurt/Main: Suhrkamp, 1979.

Bajtín. Mijail. *La cultura popular en la Edad Media y en el Renacimiento. El contexto de François Rabelais*. 4a ed. Madrid: Alianza, 1990.

_____*Estética de la creación verbal*. 5a ed. México, D.F.: Siglo XXI, 1992.

"Bakhtine mode d'emploi". *Études françaises* 20/1 (1984).

Bueno, Raúl. "Sobre la heterogeneidad literaria y cultural de América Latina". *Asedios a la heterogeneidad cultural. Libro de homenaje a Antonio Cornejo Polar*. José Antonio Mazzotti y U. Juan Zevallos Aguilar. coord. Philadelphia: Asociación Internacional de Peruanistas, 1996. 21-36.

Calderón Chico, Carlos. "La crítica literaria en Hispanoamérica, (Entrevista a Antonio Cornejo Polar)". *Débora* 1/1 (1987): 40-53.

Cornejo Polar, Antonio. "El indigenismo y las literaturas heterogéneas: su doble estatuto sociocultural". *Revista de Crítica Literaria Latinoamericana* 4/7-8 (1978): 7-21.

_____"La novela indigenista: un género contradictorio". *Texto Crítico* 5/14 (1979): 58-70.

_____"La novela indigenista: una desgarrada conciencia de la historia". *Lexis* 4/1 (1980): 77-89.

_____*Literatura y sociedad en el Perú. La novela indigenista*. Lima: Lasontay, 1980.

_____"El problema nacional en la literatura peruana". *Que hacer* 4 (1980): 100-09.

_____*La cultura nacional: problema y posibilidad*. Lima: Lluvia Editores, 1981.

_____*Sobre literatura y crítica latinoamericanas*. Caracas: Universidad Central de Venezuela, 1982.

_____"La literatura peruana: totalidad contradictoria". *Revista de Crítica Literaria Latinoamericana* 9/18 (1983): 37-50.

_____*La formación de la tradición literaria en el Perú*. Lima: Centro de Estudios y Publicaciones, 1989.

_____"Los sistemas literarios como categorías históricas. Elementos para una discusión latinoamericana". *Revista de Crítica Literaria Latinoamericana* 15/29 (1989): 19-25.

_____"Heterogeneidad y contradicción en la literatura andina. (Tres incidentes en la contienda entre oralidad y escritura)". *Nuevo Texto Crítico* 5/9-10 (1992): 103-11.

_____"Sobre el sujeto heterogéneo: análisis de dos fragmentos de *Los ríos profundos* de José María Arguedas". *Escritura* 18/35-36 (1993): 5-18.

_____*Escribir en el aire. Ensayo sobre la heterogeneidad sociocultural en las literaturas andinas*. Lima: Editorial Horizonte, 1994.

_____"Mestizaje, transculturación, heterogeneidad". *Revista de Crítica Literaria Latinoamericana* 20/40 (1994): 368-71.

_____"Condición migrante e intertextualidad multicultural: el caso de Arguedas". *Revista de Crítica Literaria Latinoamericana* 21/42 (1995): 101-09.

_____"Una heterogeneidad no dialéctica: sujeto y discurso migrantes en el Perú moderno". *Revista Iberoamericana* 62/176-177 (1996): 837-44.

_____"Mestizaje e hibridez: los riesgos de las metáforas. Apuntes". *Revista Iberoamericana* 63/180 (1997): 341-44. (También en *Revista de Crítica Literaria Latinoamericana* 24/47 (1998): 7-11; y en *Perfil y entraña de Antonio Cornejo Polar. Homenaje.* Tomás G. Escajadillo (ed.) Lima: Amaru Editores, 1998. 187-92.)

_____"Para una teoría literaria hispanoamericana: a veinte años de un debate decisivo". *Revista de Crítica Literaria Latinoamericana* 25/50 (1999): 9-12.

De Grandis, Rita. "Incursiones en torno a hibridación : una propuesta para discusión de la mediación lingüística de Bajtín a la mediación simbólica de García Canclini". *Revista de Crítica Literaria Latinoamericana* 23/46 (1997): 37-51.

Fernández Cozman, Camilo. "Antonio Cornejo Polar: la crítica como pasión". (Entrevista.) *La casa de cartón de Oxy* II época, 11 (1997): 2-8.

García Canclini, Néstor. *Culturas híbridas. Estrategias para entrar y salir de la modernidad.* México: Grijalbo, Consejo Nacional para la Cultura y las Artes, 1990.

García Méndez, Javier. "Pour une écoute bakhtinienne du roman latinoaméricain". *Études Françaises* 20/1 (1984): 101-16.

Grübel, Rainer. "Michail M. Bachtin. Biographische Skizze". Michail M. Bachtin. 1979. 7-20.

_____"Zur Ästhetik des Wortes bei Michail M. Bachtin". Michail M. Bachtin. 1979. 21-88.

"Homenaje a Bajtín". *Acta Poética* 18/19 (1997-1998).

Kristeva, Julia. *Sémeiotiké. Recherches pour une sémanalyse.* Paris: Éditions du Seuil, 1969.

_____*El texto de la novela.* 2a. ed. Barcelona: Lumen, 1981.

Lienhard, Martin. "El substrato arcaico en *Pedro Páramo*: Quetzalcoatl y Tlaloc". *Iberoamérica. Historia – Sociedad – Literatura. Homenaje a Gustav Siebenmann.* Tomo 1. München, 1983. 473-90.

_____*La voz y su huella. Escritura y conflicto étnico-cultural en América Latina 1492-1988.* 3a ed. revisada y aumentada. Lima: Horizonte, 1992.

_____"De mestizajes, heterogeneidades, hibridismos y otras quimeras". *Asedios a la heterogeneidad cultural. Libro de homenaje a Antonio Cornejo Polar.* José Antonio Mazzotti y U. Juan Zevallos Aguilar. coordinadores. Philadelphia: Asociación Internacional de Peruanistas, 1996. 57-80.

Lukács, Georg. *Die Theorie des Romans. Ein geschichts- philosophischer Versuch über die Formen der großen Epik*. 11a ed. Darmstadt: Luchterhand, 1987.

Mariátegui, José Carlos. *7 ensayos de interpretación de la realidad peruana*. 28va ed. Lima: Biblioteca Amauta, 1989.

Mignolo, Walter. "Posoccidentalismo: las epistemologías fronterizas y el dilema de los estudios (latinoamericanos) de áreas". *Revista Iberoamericana* 62/176-177 (1996): 679-96.

Moreiras, Alberto. "José María Arguedas y el fin de la transculturación". *Ángel Rama y los estudios latinoamericanos*. Mabel Moraña, ed. Pittsburgh: IILI-Serie *Críticas*, 1997. 213-31.

Moraña, Mabel. "*Escribir en el aire*, 'heterogeneidad' y estudios culturales". *Revista Iberoamericana* 61/170-171 (1995): 279-86.

_____ "Antonio Cornejo Polar y los debates actuales del latino- americanismo: noción de sujeto, hibridez, representación". *Revista de Crítica Literaria Latinoamericana* 25/50 (1999): 19-27.

Oyarzún, Kemy. "Latin American Literary Criticism: Myth, History, Ideology". *Latin American Research Review* 23/2 (1988): 258-70.

_____ "Literaturas heterogéneas y dialogismo genérico-sexual". *Revista de Crítica Literaria Latinoamericana* 19/38 (1993): 37-50.

Pacheco, Carlos. *La comarca oral. La ficcionalización de la oralidad cultural en la narrativa latinoamericana contemporánea*. Caracas: La Casa de Bello, 1992.

Pastor, Beatriz. et al. "Debate de la primera sesión". *Revista de Crítica Literaria Latinoamericana* 15/29 (1989): 39-58.

Perus, Françoise. "El dialogismo y la poética histórica bajtinianos en la perspectiva de la heterogeneidad cultural y la transculturación narrativa en América Latina". *Revista de Crítica Literaria Latinoamericana* 21/42 (1995): 29-44.

Schmidt, Friedhelm. *Stimmen ferner Welten. Realismus und Heterogenität in der Prosa Juan Rulfos und Manuel Scorzas*. Bielefeld: Aisthesis, 1996.

_____ "Liebe und Patriotismus in Texten der mexikanischen 'Romantik': Ignacio M. Altamiranos *Julia* und Pedro Casteras *Flor de llama*". *Iberoromania* 46 (1997): 60-74.

_____"Heterogeneidad y carnavalización en tres cuentos de Juan Rulfo". *Revista de Crítica Literaria Latinoamericana* 24/47 (1998): 227-46.

_____"Literaturas heterogéneas y alegorías nacionales: ¿paradigmas para las literaturas poscoloniales?" *Revista Iberoamericana* 66/190 (2000): 175-85.

Todorov, Tzvetan. *Mikhail Bakhtine. Le principe dialogique.* Paris: Éditions du Seuil, 1981.

Trigo, Abril. "De la transculturación (a/en) lo transnacional". *Ángel Rama y los estudios latinoamericanos.* Mabel Moraña, ed. Pittsburgh: IILI-Serie **Críticas**, 1997. 147-71.

Género y pluralismo:
crítica heterogénea de las culturas latinoamericanas[1]

Kemy Oyarzún
Universidad de Chile

Si tuviésemos que escoger al menos una deuda histórica de la crítica heterogénea de Antonio Cornejo Polar sería la conciencia de inscribir la crítica literaria de Nuestra América en una crítica global de las culturas latinoamericanas con sus múltiples "estatutos" (etnias, *ethos*, clases). Eventualmente (y aquí se inserta este ensayo), se "sumaron" a esos estatutos, el del *sistema sexo-género* y el registro de la oralidad, ambos como *ethos* marginales, cuestionadores y productivos de las culturas de la "Ciudad letrada". Imposible, al hacer un balance de estos últimos diez años, abstraerse de la crisis marásmica en la que se halla desde hace algún tiempo no el quehacer artístico-verbal, sino los tránsitos y transacciones que se han venido dando en el escenario tenso, conflictuado y frecuentemente excluyente de la crítica literaria latinoamericana hegemónica, al menos tal y como ésta se ha venido practicando en las últimas dos décadas de gran parte de la Academia. Me refiero a los procedimientos, estrategias y agenciamientos convocados en la canonización, territorio siempre movedizo en el cual se ocultan y develan las complicidades de la crítica con la hegemonía. Y me refiero, sobre todo, a la canonización de los propios instrumentales teóricos, a la hermenéutica como Discurso Verdadero, discurso que vuelca *su* verdad como *la* verdad sobre los textos de creación verbal sin relevar en la superficie sus propias operaciones hegemónicas.

Siempre es riesgoso generalizar, de modo que advierto desde el comienzo que lo que pienso y digo se encuentra situado y posicionado desde mi trabajo de diez años en la Universidad de Chile —esto es, en el seno de la crisis de las instituciones estatales, públicas y nacionales, propia del quiebre de las políticas keynesianas o fordistas en la era de este *Terzo* Capitalismo sobre cuya plataforma hemos cruzado el "encabalgamiento" de siglo.

Pensarnos como comunidad hermenéutica que asume instrumentales heterogéneos implica de suyo resignificar el mapa de lo local latinoamericano y de sus relaciones de "colonialidad" cultural con la/s metrópolis en el seno de la "geodésica" política de lo que se ha dado en llamar la "globalización".

En primer lugar, la cultura de hoy —en tanto producción simbólica y material— pasa por las transformaciones propias de la transnacionalización. A diferencia de la Ilustración cuya resonancia privilegiaba el escenario de la Nación/Estado, se habla hoy de una capacidad inédita de "unir y dividir" el mundo a partir de los modos de producción y reproducción cultural.

Segundo, la mediatización cultural es inherente a la transnacionalización existente. Otro modo de decir que la mediación específica de la cultura globalizada implica la subordinación de las otras tecnologías culturales a los medios de comunicación masiva.

Tercero, se sostiene que la cultura de la globalización aparentemente introduciría una homogeneización y una neutralización de la diversidad conflictiva propia de toda sociedad moderna. Los efectos materiales (desestructuración de la producción endógena) y simbólicos (desterritorialización, reterritorialización y cooptación) de tales condiciones de producción cultural presupondrían, aparentemente, que en las culturas posmodernas las clásicas identidades emanadas de las grandes contradicciones de clase habrían entrado en un proceso de fragmentación, desterritorialización y creciente homologación mediática.[2]

La propia conceptualización teórica del *sistema sexo-género* es, en el campo académico, ejemplo de tal fragmentación identitaria. Gran parte de los estudios sobre la globalización coinciden en mostrar que la tendencia a la homogeneidad mediática no excluye la proliferación de realidades y subjetividades otras. En este intersticio contradictorio —homogeneidad/diversidad— se genera simultáneamente la identidad como deseo (*voluptas*) y voluntad (política) de diferencia. Luego, precisamente a partir de la crisis de las identidades clásicas, las prácticas culturales de hoy van dando paso a identidades más nomádicas, situacionales y relacionales que ponen en jaque las formas tradicionales de organización y los modos de hacer política. Para García Canclini, tanto la homogeneidad como la hibridez desafiarían las definiciones más viejas de identidad nacional y comunidad (Rubin).

A nivel económico, la globalización promueve el desarrollo de una producción cultural de exportación que abarca del turismo a las telenovelas y otras imaginerías envasadas. Pero además, ella ha implicado el desarrollo de mercados y capitales de servicios, información e informática. Instrumentos financieros y otros productos ancilares van subordinando o desplazando a las mercancías tradicionales y a la producción industrial masiva. Conjuntamente se producen movimientos laborales diaspóricos, organizados más allá de las fronteras nacionales. Al interior de las Naciones/Estado —debilitadas, re-mapeadas, pero aún vigentes— el valor desagregado de las nuevas exportaciones y la reorganización de la producción del agro genera nuevas identidades geo-laborales que intensifican las crisis de la familia tradicional y sacuden las bases del *sistema sexo-género* vigente: maquiladoras y temporeras son escuetos pero dramáticos ejemplos de ello. A esas desterritorializaciones socio-culturales, se suman las desterritorializaciones represivas, producidas durante la década del '70 al '80 en el Cono Sur.

En suma, en la era de la globalización, no sólo se utilizan las imaginerías del sistema tradicional *sexo-género* para promover la adquisición de mercancías, sino que se generan identidades nuevas. El consumo organiza las culturas de la producción (incluidas la circulación y la distribución) y de la reproducción, las culturas del tiempo de rendimiento y las del tiempo de ocio, los procesos de identificación y los procesos de vinculación (las relaciones sociales). Las culturas asociadas al ocio y al consumo —presentes sobre todo en la publicidad y en los suplementos periodísticos— enfatizan una modernización gráfica (diseño, puesta en escena y montaje) y propician imágenes femeninas desinhibidas, cuerpos sexualizados, "destapes" visuales que contrastan con las imágenes de-sublimadas del melodrama ilustrado y con la moralidad victoriana sostenida por las retóricas oficiales y por los "cuerpos centrales" de periódicos y revistas durante la dictadura y gran parte de la post-dictadura, en el caso chileno.

Para los setenta, se evidenciaba que la crítica latinoamericana heterogénea se había venido perfilando con instrumentales polifónicos desde temprano. En este sentido, podría afirmarse que la proliferación globalizada de identidades, al igual que la crisis de valores asociados a la República (estatismo, énfasis en lo público, vocación nacional o bolivariana) se venía expresando desde el Modernismo Cultural (es decir, mucho antes de las vanguardias y del posmodernismo) en Nuestra América. Martí hacía un llamado continental a trabajar los universales a partir de nuestra especificidad, entroncada en aspectos etnoculturales ("Nuestros indios", "Nuestra América"). Rubén Darío inscribía la heterogeneidad genérico-sexual en su imaginario de lo "raro", legitimando explícitamente en prólogos, pero más implícita y proteicamente en su quehacer estético-verbal los constructos polimórficos de lo sexual. Reconocer esta doble partición "inicial" de la crítica heterogénea ("Ilustrada inclusiva" en el caso de Martí y crítica de la razón instrumental en el de Darío), se hacía cada vez más necesaria si habíamos de posibilitar una bisagra persistente y permanente entre los "múltiples estatutos" que Cornejo Polar había señalado en sus ensayos. A partir de esos hitos, coincidentes con sensibilidades y racionalidades latinoamericanas cada vez más lúcidas frente a los estratagemas de la razón imperial, el esquema sarmientino de civilización y barbarie sufriría una serie de resemantizaciones. Al llegar a Fernández Retamar, Ana Pizarro, Josefina Ludmer o Carlos Monsiváis, lo "nuestro" había dejado de ser lo "otro", aquello desplazado y diferido, abstraído y reprimido, concebido, en fin con parámetros esencialistas (Cornejo Polar, Rincón, Fernández Retamar, Jitrik, Rama, Osorio). Con Carlos Monsiváis, Silvia Molloy y Pedro Lemebel, para escoger sólo una "muestra", la heterogeneidad cultural refiere a desigualdades, la alteridad a la subalternidad, lo "otro" devendrá un registro cada vez más encarnado, situacional y geopolíticamente designable. Hoy, con Benjamin y Dussel, podríamos afirmar que aquí el problema de la alteridad pasa desde hace un buen tiempo por el filtro del dominio: describe opresión y/o "victimación", violencia material y simbólica que recorre cuerpos, identidades y saberes.

Desde Martí y Darío a Cornejo Polar, la trayectoria crítica no sólo ha intentado dar cuenta de la especificidad de nuestras sociedades, de la poliglosia cultural y valórica, sino del propio instrumental con el que se intenta aprehender esa particularidad: actividad no sólo reflexiva, sino auto-reflexiva. En esta trayectoria hacia la autonomía crítica, las reflexiones sobre las culturas latinoamericanas han debido enfrentarse a la mitología de la "neutralidad" de la ciencia, ideologema que vela el salto que el hombre de Occidente realiza a partir de la era cartesiana: universalizar exclusivamente en base a su experiencia, proyectar esa universalización como único horizonte válido para el conocimiento, y defender los límites de su abstracción estableciendo una cartografía en la que toda experiencia diferenciable en términos de etnia, clase o género-sexual deviene en continente oscuro de la parcialidad, del subjetivismo, de la imprecisión o de la "irracionalidad". Luego, no es simplemente enfrentándose al pensamiento "acabado" de la ciencia occidental que se ha venido instituyendo una crítica latinoamericana autogestionadora, sino cuestionando los engranajes de un imaginario único, homogéneo y excluyente que rige las operaciones occidentales, no sólo a nivel de las prácticas científicas sino artísticas y discursivas en general.[3]

La noción de "violencia epistemológica" —concepto vinculado a las prácticas epistemológicas contestatarias y contrahegemónicas que responden al legítimo y creciente reconocimiento actual de la multiplicidad y legitimidad de las racionalidades y sensibilidades interpretativas— resulta seminal a la hora de develar las operaciones de la economía política del saber (Pacheco). Esa radical erosión sistémica capaz de alterar las estrategias depuradoras de la ciencia oficial de Occidente es en Nuestra América ante todo practicada en el terreno de las relaciones interculturales, en un plano "etnopoético". Hoy me propongo develar hasta qué punto es necesario realizar una "violencia epistemológica" al interior de nuestro propio terreno crítico, enfrentándonos al sistemático silenciamiento de las marcas genérico-sexuales.

Entre lo que podríamos llamar la crítica "etno-poética" y aquélla elaborada por los distintos feminismos latinoamericanos existen obviamente intereses convergentes y zonas encontradas. Estoy convencida de que ambas tendencias del pensamiento latinoamericano se retroalimentan con el cuestionamiento que cada una realiza de los paradigmas etno y androcéntricos de la ciencia occidental.

LITERATURAS HETEROGÉNEAS

El modelo de las "literaturas heterogéneas" —tal como fue denominado por Cornejo Polar— se fundamenta en la pluralidad etnocultural de las sociedades latinoamericanas y presupone la coexistencia de varios modos productivos (no capitalistas, precapitalistas, capitalistas dependientes), sin que ninguno de ellos haya logrado homogeneizar la totalidad de la nación (Cornejo Polar). Esos modos productivos generan, a su vez, producciones simbólicas e imaginarias asociadas a diferentes registros. Más que nación, naciones; más que una literatura, múltiples literaturas; más que un *ethos*, una pluralidad de culturas. Cohabitan en el imaginario latinoamericano oralidad, voces indígenas y mestizas, pero también el *kitsch*, los dioses del consumismo, voces de la ciudad y de las calles de la "trastierra", retazos de cultura libresca aurática y desauratizada. Desde muy temprano, la producción cultural de Nuestra América trastocaba el circuito comunicacional de los textos. Aquí, quien habla (el letrado europeo recién llegado) no siempre coincide con el referente (el mundo de las tierras recién conquistadas), ni tampoco con el destinatario (europeo, primero, criollo letrado después). Entre esos tres registros comunicacionales (emisor, referente, destinatario) se advierten no sólo voces de distintos surtidores, sino sobre todo sistemas estético-ideológicos conflictivos. Nuestras prácticas culturales no sólo hablan de una batalla social entre clases, etnias y géneros sexuales, sino que se generan como batallas semióticas y semánticas, textos en pugna consigo mismos.

La nueva crítica latinoamericana, porosa ante esta heterogeneidad etnocultural, revela zonas convergentes con proyectos teórico-metodológicos tales como los del primer Lukács, Kristeva o Bajtín. Cuando el crítico de Rabelais elabora su historia social de la risa (Bajtín, *La cultura popular*), se detiene en un momento particularmente heterogéneo de la historia de Occidente: fines del medioevo, surgimiento de una nueva clase (protoburguesa), privilegio del *Logos*. El carnaval callejero ha desembocado en el libro. En la novela que emerge de este cataclismo social, una batalla: signo contra símbolo, la ambigüedad moderna contra los absolutos feudales. En la conclusión novelesca, una conquista: el signo se ha impuesto sobre el símbolo, la historicidad y la duda han desplazado al mito y su candor. Octavio Paz resume las "ambigüedades" del signo en la novela en los siguientes términos:

> [La novela] es así, épica de héroes que razonan y dudan, épica de héroes dudosos, de los que ignoramos si son locos o

cuerdos, santos o demonios. Muchos son escépticos, otros francamente rebeldes y antisociales y todos en abierta o secreta lucha con su mundo, Épica de una sociedad en lucha consigo misma [...] El mundo que rodea a estos héroes es tan ambiguo como ellos mismos.

Por su parte, para el Lukács hegeliano la diferencia entre esos dos ideologemas es expresada así:

> esos héroes [novelescos] siempre están buscando [...] Dicho de otro modo, puede tratarse de un crimen o de locura, y los límites que separan al crimen del heroísmo positivo [...] son fronteras movedizas [...] En ese sentido ni la epopeya ni la tragedia [ideologema del símbolo] conocen crimen o locura.

Con gran capacidad de síntesis, el crítico húngaro resume el contraste entre signo y símbolo en dos aforismos: ideologema del símbolo, "tiempos [en los que se] puede leer en el cielo estrellado el mapa de los caminos" (29); ideologema del signo, "el camino ha terminado, el viaje comienza" (167).

"IDEOLOGEMA DEL RITO" Y DIALOGISMO

De acuerdo con la crítica atenta a la transculturación latinoamericana (Rama, *Transculturación narrativa*), en muchas de nuestras producciones culturales el signo (ideologema idóneo del emisor letrado "moderno") cohabita conflictivamente con el símbolo (ideologema idóneo de las distintas etnias y sectores de la "trastierra", no plenamente incorporados a los proyectos desarrollistas). Lo cierto es que el contraste entre los ideologemas del símbolo y del signo, tan adecuado para entender el proceso de transición entre las sociedades feudales y las proto-capitalistas en Europa, podría ser complejizado aún más en América Latina si introducimos el concepto instrumental de "ideologema del rito", siguiendo en parte algunos de los planteamientos de Morandé. Esta precisión arroja luz sobre aspectos diferenciales de culturas que no se homogeneizaron ni bajo simbólicas feudales ni "puramente" capitalistas en Nuestra América.

El "ideologema del rito" correspondería al registro cultural de lo que Deleuze-Guattari denominaron —con frecuente mixtificación— la "máquina salvaje", modalidad simbólicoimaginativa característica de las sociedades que "codifican los flujos sobre el cuerpo lleno de la tierra" (Deleuze, Guattari). Me interesa incorporar el ideologema del rito a esta discusión por dos razones: en primer lugar, éste es semiótico y semánticamente operativo en muchos textos latinoamericanos cuya hibridación es de orientación étnica (Vallejo, Arguedas, N. Guillén, Leonel Lienlaf, Elicura Chihuailaf). En segundo lugar, este ideologema es radicalmente más diverso y heterogéneo que los ideologemas del símbolo y del signo. En el *Popol Vuh* por ejemplo, la escritura se asocia desde el comienzo a la "tintura" o pintura, así como a otras artes. Los primeros engendrados, "no hacían más que música, más que canto; su trabajo cotidiano no era sino pintura, sino escultura; recreaban el corazón de la abuela" (*Popol Vuh* 51). En síntesis, ideologema del rito: no sólo "polifónico" (Bajtín), sino "poligráfico". Esta última cualidad era exigencia de Siqueiros para nuestro arte. La heterogeneidad de lo ritual se expresa en un desequilibrio entre lo vocal, lo gráfico y lo visual. Aquí, la palabra es mera designadora, no representante logocéntrico homogeneizador. En otro contexto, Lyotard describe la triple dislocación del ideologema ritual en los siguientes términos:

> Régimen de connotación [...] triángulo mágico con sus tres lados, voz-audición, grafismo-cuerpo, ojo-dolor [...] Todo es activo, acciona, reacciona en el sistema, todo es uso y función [...] conectando palabras, cuerpos y dolores, fórmulas, cosas y afectos —connotando voces, grafías, ojos, siempre con un uso polívoco (Lyotard 41-82).

Si en Europa la modernidad narrativa se establece con la conquista del símbolo por parte del signo, en las prácticas artístico-discursivas latinoamericanas, estos tres ideologemas parecen cohabitar con mayor o menor grado de dislocación, vacilación e intermitencia. Entre el rito, el símbolo y el signo, una batalla frontal que los textos no logran resolver: Rulfo, Vallejo, Arguedas, Castellanos, Roa Bastos, cierto García Márquez. Cuando esa batalla se resuelve demasiado fácilmente, los textos se han inclinado hacia el ámbito de la abstracción, el monólogo, la homogeneidad: *Doña Bárbara*. Viaje sin retorno del civilizado a una tierra de nadie. El triunfo del signo en las literaturas latinoamericanas casi siempre ha coincidido con la lógica excluyente del liberalismo y del neoliberalismo. Narrar a partir de usurpaciones, exclusiones, represiones y autocensuras. Lo propio constituido en barbarie, aquello que es necesario borrar, conquistar, dominar, neutralizar —lo Otro.

CULTURAS HETEROGÉNEAS Y SISTEMA SEXO-GÉNERO

Quisiera destacar —como lo he hecho en otras ocasiones— la necesidad de plantear la subyugación de la mujer en términos de relaciones globales de poder que incluyan el dominio y la sobre-explotación de los recursos simbólicos, económicos y sociales de amplios sectores nacionales, raciales y étnicos. Ello no sólo dentro del contexto de las particulares formas que haya adquirido la colonialidad en América Latina, sino también teniendo en cuenta los rasgos etnocéntricos de los países "desarrollados". En este sentido, creo importante tener en cuenta dos instancias del trabajo crítico feminista: 1) la necesidad de aislar nuestro objeto a fin de avanzar en el conocimiento de la especificidad de lo femenino, y b) la importancia de ahondar en las zonas relacionales, tanto sincrónicas (clases, etnias) como diacrónicas (distintos hitos de la trayectoria de los modos productivos). Creo que esas dos instancias teóricas deberían ser articuladas a la hora del análisis si lo que se pretende es ir sentando las bases para una crítica "dialógica" en lo genérico sexual.

Creo que hasta la crítica latinoamericana masculina más abierta a la especificidad etnocultural y a la "hibridación" discursiva de nuestras sociedades ha descuidado elaborar paradigmas que den cuenta del *sistema sexo-género*. ¿Qué implica insertar un dispositivo genérico-sexual en conceptos tales como dialogismo, heterogeneidad, heteroglosia, ideolectización, creación verbal, cánones literarios, semiosis, batalla por la forma o transculturación? ¿De qué modos altera la entrada de la mujer al discurso literario y crítico? ¿Qué caracteriza la producción imaginaria y simbólica de un género sexual tradicionalmente relegado a la reproducción biológica? ¿Cuán heterogéneos pueden ser los paradigmas culturales de una especie "sorda a su otra mitad"?

En el inestable proceso que genera las identidades, el hombre de Occidente imaginó un continente oscuro e innombrable; sobre esa delimitación irguió su identidad: exilio imaginario del "salvaje", de la madre y el hijo "perverso", de la mujer erógena, del cuerpo. Al deseo de lo Otro le asignó el territorio de lo satánico, lo delictuoso y más tarde, lo patológico: histeria, locura. El deseo marginal es la sinrazón, aquello que amenaza la barra depuradora que separa los dos continentes (cordura/locura, civilización/barbarie, virgen/bruja). En este sistema, no hay flujo posible entre lo uno y lo otro, entre el hombre racional que se cree ser y el niño perverso que se cree haber sido. Tabú al incesto y a la homosexualidad, dos tabúes fundacionales en la retórica del inconsciente patriarcal y que conservan la huella de la misoginia: no copular con la madre, pero si desearla; extirpar de las identidades el vestigio de la mujer.

GENEALOGÍA DE UN MONOLOGISMO GENÉRICO SEXUAL

Bajtín define el dialogismo estético-epistemológico como un "viaje de ida y de regreso" (*Estética de la creación verbal* 27 y ss.). A partir de allí, en el plano de la subjetividad experiencial y perceptiva, el sujeto debería desfamiliarizarse, verse como otro, alterarse, para llegar al auto-conocimiento. Sólo un sujeto otra/ o puede completar, con un excedente de visión exteriorizada, la *imago* propia que sin ese viaje de "ida" es un cuerpo fragmentado. El viaje de "ida" orienta la vivencia interna hacia la exterioridad, otro —para— mí, y esta proyección a la otredad se constituye en requisito fundamental del "acontecer estético" ("la conciencia absoluta no puede ser estetizada"; "la objetivación ética y estética necesita un poderoso punto de apoyo fuera de uno mismo, en una fuerza real desde la cual yo podría verme como otro") (28-36). Hasta allí el viaje de ida. No obstante, el proceso cognitivo estético (y ético) estaría incompleto sin el "viaje de regreso", conclusivo y reflexivo frente a la vivencia interna: "La actividad estética propiamente dicha comienza cuando regresamos hacia nosotros mismos y a nuestro lugar fuera de la [otra persona], cuando estructuramos y concluimos el material de la vivencia" (31). Vivencia y conocimiento, cuerpo desmembrado de la percepción y figura "entera" del *orden simbólico*, actor y autor, he aquí dos aspectos esenciales del dialogismo. El otro ("viaje de ida") ilumina con su excedente de visión quién yo soy (regreso reflexivo y conclusivo al lugar de la interioridad). Cuando el carnaval desemboca en el libro, el privilegio de lo de "arriba" (cultura de élites, *logos*, espíritu) coincide con la biografía del *self-made man*. La novela europea nace con la narración de la ontogenia del varoncito en el *orden simbólico* patriarcal. El *Bildungsroman* es aprendizaje masculino y mascultista. Luego, la identidad del hombre de Occidente es también el dique contra un cierto tipo de dialogismo, el genérico-sexual, ya que todo viaje de ida y vuelta sólo se puede hacer dentro de los límites demarcados por el *orden simbólico* patriarcal. En el ámbito de lo genérico-sexual, el diálogo sólo es permitido bajo el sello de la conquista, la subordinación y el dominio. La Mujer —en particular la mujer-objeto de la colonialidad— es y ha sido el último territorio edípico/patriarcal del orden civilizatorio andro y eurocéntrico.

Importa tener presente que ese territorio amenazante, poblado de fantasmas onerosos (*uncanny*), remite a dos registros sociales: género sexual y etnia cultural. Sexismo y racismo se funden en ese continente pedido del imaginario masculino occidental. Cuando Esteva Fabregat insiste en que "cada sexo lleva en sí mismo la contradicción del otro" (Buxo-Rey 31), se está intentando dialogizar la contradicción bi-unívoca que plantea la lógica occidental en lo genérico-sexual. "Yo soy la [hembra] bestia, yo soy el negro" —dice Artaud desde la intermitente zona de la locura. Curiosamente, la clase no siempre pasa por la demarcación de la locura. Quijote y Sancho dialogan en la España erasmista. No obstante, el deseo de Don Quijote no dialoga con Dulcinea en tanto sujeto del deseo-dulce porque en esa representación ella carece de pulsiones propias. El colonialismo hace coincidir los registros del sexismo y el racismo con los de clase. Para que el Periquillo Sarniento pueda entrar a dialogar con las clases hegemónicas, debe justamente depurarse de la "sarna" (la nodriza indígena y la madre en él; es decir, la mujer "salvaje").

El patriarcado neo/colonialista se funda sobre la primera forma de explotación de la especie, la del *sistema sexo/género*. Pero no se debe olvidar que en gran medida el origen de la diferenciación coercitiva de lo genérico-sexual remite a la clausura de lo pre patriarcal, matrilíneo, de muchas sociedades arcaicas, incluidas las americanas. No quisiera remitirme aquí a la tan notoria polémica "Engels/Lévi-Strauss" en torno a la universalización o no de lo patriarcal en las civilizaciones humanas.[4] Aunque todo pareciera indicar que de por sí muchas de las sociedades indígenas seguirían un desarrollo similar a las de Occidente con respecto al patriarcado, desde el momento en que aquéllas entran en el circuito de la colonización casi todas acusan un acelerado proceso mascultista. Incluso en aquellas sociedades más decididamente patriarcales —el caso de los imperios azteca e incaico— no cabe duda que la diferenciación sexual no siempre implicaba que la mujer fuese excluida de las actividades públicas. Así, me parece significativo hacer notar que el mayor grado de "avance" de las civilizaciones tiende a coincidir con un menor grado de dialogismo en lo genérico-sexual, con una menor participación de la mujer en los asuntos comunitarios o sociales y con una confrontación cada vez más biunívoca entre la madre y la mujer sexuada, pasando ésta última al ámbito de lo satanizado y posteriormente patologizado.

Muy temprano en las *Midrash* —leyendas orales judías— aparece la leyenda de Lilith. Aquí, Dios crea a Adán y Lilith en condiciones niveladas; no a la mujer a partir de la "costilla" masculina. Ambos surgen del "polvo de una mezcla de semen y de sangre": ellos fueron creados "iguales y tuvieron relaciones sexuales de gran intensidad" (Araújo 6 y 7). No obstante, ya en el *Talmud*, libro sagrado de los judíos, Lilith aparece marcada con el signo de lo demoniaco femenino "luna negra", "mujer devoradora de niños". En la Biblia ya ni siquiera aparece, al menos no con ese nombre y función. En su sugerente ensayo sobre las resemantizaciones de la Madonna en Occidente, Julia Kristeva traza el exilio semiótico-semántico de la mujer sexuada en un posible "error de traducción", ya que al parecer el traductor reemplazó el término semítico que designa el estatus socio-legal de una mujer soltera por el término griego *parthénos*, que marca la característica fisiológica y psicológica de la virginidad (Kristeva).

PROBLEMAS DE MÉTODO: FEMINISMO Y ETNOCRÍTICOS

> "Madre y ahora! [...] Tal la tierra oirá en tu silenciar, cómo nos van cobrando todos [...] el alquiler del mundo donde nos dejas [...] y el valor de aquel pan inacabable."
> César Vallejo (XXIII, *Trilce*)

No obstante la estrecha relación entre sexismo y racismo a partir del colonialismo, es importante desbrozar las especificidades de uno y otro registro. Inevitablemente, los aportes del feminismo arrojan luz para una más amplia y pluralista concepción de la heterogeneidad de nuestras literaturas. Asimismo, el trabajo diacrítico con los "etnocríticos" latinoamericanistas puede arrojar luz sobre aspectos fundamentales de la producción literaria de la mujer, sobre todo en lo que guarda relación con la tendencia de cierto feminismo crítico al esencialismo y, por qué no decirlo, cierta sordera frente a otras formas de opresión. El trabajo crítico que sustentaran fundadoras como Rosario Castellanos, Julieta Kirwood y Rosario Ferré, (entre otras tantas) es decisivo en esa dirección. Historizar y relativizar culturalmente la opresión de la mujer es una tarea que todavía tiene mucho por desbrozar dentro de los feminismos críticos.

En un plano más sutil, no sorprende que el feminismo etnocéntrico de Occidente tenga tantas dificultades epistemológicas frente a la importancia de los mitos matrocéntricos en mucha de nuestra literatura, tanto escrita por mujeres como por hombres. El matrocentrismo de Vallejo, por ejemplo, puede interpretarse como una abierta protesta al desplazamiento del *ayllu* en la producción económica y simbólica de la sociedad peruana. Sólo tardíamente han aparecido dentro de los países desarrollados, feministas que trabajen con criterios etnográficos pluralistas y relativizadores, la especificidad de los procesos de individuación narrados por las literaturas escritas por mujeres en América Latina, donde la biografía femenina no reproduce los patrones excepcionalistas de las protagonistas de los países desarrollados (Sommer). Aquí la subjetividad de la mujer se constituye en diálogo con otras identidades y con un fuerte sentido de colectividad, sin que por ello se pierda el sentido de lo "propio". Lo personal se va construyendo en relación con lo público y no a expensas de ello.

Más aquí no se trata de "mujeres" solamente. Es cierto que de Nellie Campobello a Rosario Castellanos, Marta Brunet, Marta Traba, Rigoberta Menchú o Diamela Eltit, el aprendizaje de las protagonistas y su constitución como sujetos, son procesos que van asociados a un concepto móvil, plural, fluido y posicional. También es cierto, sin embargo, que en proyectos escriturales lésbico-homosexuales, ocurren similares operaciones de pluralismo identitario: pienso en Manuel Puig, Néstor Perlongher, Sylvia Molloy, Pedro Lemebel.

¿Qué cuerpo imagina un griego presocrático, una monja visionaria del medioevo, un cabalista español, un fraile de la Colonia latinoamericana, un homosexual del Santiago dictatorial?

¿Qué cuerpos se dan las distintas culturas?

¿En qué condiciones se produce un cuerpo y cuáles son sus fronteras?

¿A qué tratamientos se lo expone?

¿Dónde estudiarlo?

¿En qué condiciones se producen los saberes sobre los cuerpos?

Una breve mirada a las imaginerías del cuerpo abre zonas discontinuas en donde pensamiento y vida confluyen. Intersección compleja y turbulenta de registros paralelos y asintéticos. Y sin embargo, nada importa más, nada desata más pasiones —y desencuentros que hablar sobre los cuerpos— desnaturalizados ellos, abstraídos como han llegado hasta nosotros en la simbólica de este fin de milenio. Más que un cuerpo, una geofísica de cuerpos: cuerpo animal, cuerpo antropoide, cuerpo cibernético, cuerpo celeste, cuerpo social. Así, no nos inquietaremos sólo por la "representación" del cuerpo, sino por las construcciones de que es (y ha sido) objeto, sus usos y abusos sociales, sus funciones, disfunciones y defunciones (Cuéllar, Foucault, Laqueur). Todo un sistema de interconexiones, una pragmática que incluyen comunicaciones, intercambios y tráficos de registros heterogéneos que van desde lo orgánico a lo tecnológico, de lo mítico a lo textual y de éste a lo político. Los cuerpos coexisten *en y con la cultura*, y, en este sentido, es imposible soslayar cuánto importan las consecuencias éticas y biopolíticas de este ser *en-sí* (lo Real lacaniano) y *para-sí* (el Imaginario) del cuerpo.

Se empieza a abrir todo un campo de disonancias y polifonías que abarca desde el arte a las ciencias más "duras". No parece haber consenso en los discursos acerca del cuerpo. "El arte es polívoco. La ciencia unívoca. El discurso cotidiano es equívoco" —se afirmó nítidamente durante largo tiempo. Pero estas diferencias se sostienen sobre todo frente a dos perspectivas: a) al objeto empirista, el como cuerpo pre-existente, no "desnaturalizado" (al menos hasta los trabajos de Haraway y Maturana, el discurso científico se ha venido afirmando y derivando su autoridad sobre la base de la naturalización de los cuerpos) y b) al cuerpo como instancia heterogénea, con un doble estatuto (irreductible al lenguaje y a la vez, sólo comunicable a través de éste). Mientras el arte ficcionalizaba y desnaturalizaba objetos, tiñéndolos, "lenguajeándolos" y desfigurándolos, las llamadas ciencias duras erigían como barrera a esas tinturas subjetivas, un cuerpo natural, empírico, de superficie lisa, abstracto, sin espesor. *Cuerpo de mentira/ Cuerpo de verdad. La sangre en la ciencia y el rojo en el cine*. Los límites parecían nítidos y estables, pero las incertidumbres de lo Real persistían (y persisten) como desafío o límite *exterior* a todo *orden simbólico*.

Rescatar la heterogeneidad conflictiva en los discursos científicos acerca del cuerpo me parece importante, sobre todo si tenemos en cuenta que la supuesta "naturalidad" del cuerpo/ objeto ha constituido una significativa estratagema de poder frente a los géneros, la sexualidad, el aborto, el SIDA.

Antes de la ciencia sexual, la "alquimia" de un *continuum* sexo-género. Allí, el humano es uno, androginia sin forma que se va diferenciando sexualmente por accidente. Pero a partir del siglo XVIII el hilo se corta. Aquí las distinciones pasan por el filtro de la diferencia metafísica: el humano es doble, sexualmente hablando. El discurso de la Modernidad destaca desde el origen dos naturas, una masculina y otra femenina y establece pocos puntos de contacto entre ambas. A partir del siglo XVIII, disyunción sexual excluyente, "ser esto o aquello". El andrógino — aquella zona intermitente de lo indiferenciado y confuso — se empieza a concebir como antinatural, patológico. La diferencia "ha de ser tajante", sostuvo el historiador chileno, Vial Correa, con respecto a los sexos en una polémica sobre el género sostenida en Chile a raíz de documentos preparatorios para la IV Conferencia en Beijíng. Los límites "difusos" parecen amenazantes. Tal vez por ello, las transgresiones a este ordenamiento metafísico de las diferencias emergen como "retornos de lo reprimido" (Oyarzún, "Estudios de género").

En los orígenes de la Modernidad, la ciencia sexual operaba estrictamente dentro de las coordenadas victorianas frente al tabú de la homosexualidad y al placer sexual femenino, no reproductivo. A excepción de los valores sexuales, el Renacimiento implicó una flexibilización de muchos otros valores (bien, verdad, belleza, por ejemplo). Como bien lo describiera Julieta Kirkwood, en medio de sociedades cada vez más "abiertas" y plurales la moral sexual se contrajo, de forma tal que la ciencia sexual clásica pudo hacer concordar dos estrategias de poder: satanización y patologización de la homosexualidad y de las diferencias. El sistema sexo-genérico operaría como un sistema de castas en el seno de la pretendida movilidad de las sociedades de clases.

Estamental, rígido, inmóvil, era evidente que el sistema sexo-género no "avanzaba" en Occidente al mismo ritmo que los grandes cambios tecnológicos. Algo resistía, algo asociado a los prejuicios, al dogma.

El *Libro de buen amor* del siglo XIV o *Gargantúa y Pantagruel*, del Renacimiento, eran muchísimo menos "recatados" que textos del XVIII o del XIX. No en vano Mijail Bajtín habló de un éxodo del cuerpo material en la cultura occidental. En la carnavalesca medieval,

> el principio material y corporal [era] percibido como universal y popular, y como tal, se oponía a toda separación de las raíces materiales y corporales del mundo, a todo aislamiento y confinamiento en sí mismo, a todo carácter ideal abstracto o intento de expresión separado e independiente de la tierra y el cuerpo. El cuerpo y la vida corporal adquirían a la vez un carácter cósmico y universal: no se trataba tampoco del cuerpo y la fisiología en el sentido estrecho y determinado que tienen en nuestra época: todavía no estaban singularizados ni separados del resto del mundo. (*La cultura popular* 24)

Este cuerpo convertido en síntoma, separado y ensimismado, "desincardinado" y abstraído, negado o reprimido, caracterizaría a la ciencia sexual del siglo XVIII en adelante.

Sin embargo, me parece que el concepto de género no ha bastado para incardinar concreta, social, históricamente el pensamiento occidental con respecto a las diferencias sexuales. Si bien esa noción ha posibilitado la instalación de la diferencia en las prácticas de discurso, el propio concepto de género, a su vez, se ha venido construyendo sobre una brecha abismal entre discurso y práctica, entre cultura y naturaleza, entre lo simbólico y lo Real. Era posible entonces trazar una panorámica del género en las distintas culturas. Pero no se entraba a considerar los cuerpos, las diferencias sexuales, la sexualidad en las distintas culturas y en los distintos períodos históricos.

En mi opinión, los *impasses* del concepto de género estaban vinculados a los obstáculos epistemológicos propios del culturalismo y de cierta semiótica estructuralista, heredera del formalismo. Si el "lenguaje" (verbal, se entiende) es el centro ("en el principio era el verbo"), lo que aparece permanentemente desplazado hacia los márgenes es "el referente". Lacan indica ese desplazamiento poniendo lo Real entre paréntesis. Más, ¿cuál sería el referente del género, el cuerpo? Y si así fuera, el cuerpo, ¿no es también un representante verbal? Laberinto sin salida del signo: si bien la construcción de lo Real por parte de las comunicaciones masivas se evidencia más y más, también es cierto que para muchos el simulacro televisivo es más "real" que aquello construido. Otro modo de decir, que para muchos las construcciones comunicacionales no sólo "articulan" (Saussure), sino que "sustituyen" plenamente a lo real.

La moderna autonomía relativa del signo puede tornarse fácilmente en un nuevo absoluto en la era de la globalización, entendida ésta como organización de los saberes en el *Terzo* Capitalismo. Aquí, donde la ficción es interpretada como "más verdadera" que lo "representado". En este contexto, me ha parecido importante volver a partir con Saussure de la idea de que el lenguaje "articula" la realidad para nosotros. Articular no significa "borrar": las trazas son tozudas. Desde su "paréntesis" lacaniano, lo Real desafía, actúa, produce sus efectos y huellas en el signo, y es producido, a su vez, por éste. Asumir la crisis del referente no es lo mismo que negarlo. ¿Por qué optar, desde una lógica excluyente, por el género a expensas del cuerpo, por la simbólica de género a expensas de lo sexual concreto, por la cultura a expensas de la natura, por lo social material a expensas de lo social simbólico?

Es en este contexto que sigo adscribiendo a la concepción de *sistema sexo-género* elaborada en los años '70 por la antropóloga Gayle Rubin, pese a que la propia crítica ha desistido últimamente de su instrumentalidad. Me parece que se trata de una herramienta teórica que posibilita la articulación "holística" *y heterogénea* de términos que comúnmente se hallan contrapuestos en forma antagónica y excluyente.

Estamos plenamente conscientes de que se necesita dar cuenta de los aspectos simbólicos y materiales del sistema, entendiendo al mismo tiempo, que ninguno de los dos términos (ni el sexo, ni el género) "determina" causal, mecánicamente al otro. Así, considero los siguientes aspectos a la hora de estudiar el *sistema sexo-género* en un modo de producción simbólico-material concreto:

1) el cuerpo *como tal, presencia, espasmo o dehiscencia*; los usos y abusos de que es objeto; la economía política de los sexos; la biopolítica, la bioética.

2) la simbólica de los cuerpos; historia social de los cuerpos.

3) la simbólica del género; construcción cultural de la *diferencia* sexual.

4) las dimensiones socio-económicas de la articulación sexo/género (relaciones de parentesco y su articulación en distintos modos productivos; articulación entre modos de reproducción y modos de producción en la historia).

Se entiende que todo sistema sexo/género implica una dimensión ontogenética (esto es, que "produce efectos de sujeto individual") y una dimensión filogenética (esto es, que produce efectos de subjetividad colectiva en la "historia de la especie").

GINOCRÍTICA HETEROGÉNEA

He aquí la inflexión ginocrítica de las "literaturas heterogéneas": frente a los diversos modos productivos que generan un texto específico, plantear la productividad genérico-sexual con criterios históricos, desencializadores. Muy temprano en este siglo, Virginia Woolf —cuya meta paradójicamente era una literatura "universal" sin marcas genéricas— introduce en *Un cuarto propio* tres criterios teóricos frente al estudio de la literatura y la mujer que aquí quisiera destacar: la historicidad, la problematización de las condiciones de producción y la importancia de estudiar la relación entre las condiciones de producción y de reproducción de la especie. Pienso que los planteamientos sobre la productividad literaria, que en general han dado tan fecundos resultados críticos, se enriquecen al incorporar al problema de la producción y circulación textual las condiciones específicas de reproducción de la especie, dado que hay silencios de la mujer dentro del ámbito de lo literario que sólo pueden ser relativizados dentro de la articulación entre producción social y reproducción (social) de la especie. Deducir del "silencio" de las grandes mayorías de mujeres en las letras una "carencia" en el deseo, ha sido tan sólo una de las falencias a que han conducido algunos enfoques en los que las condiciones sociales de reproducción de la especie y otras prácticas femeninas han sido desconocidas. Otra falencia que se deduce de la anterior ha sido el suponer que el orden simbólico es mascultista por esencia y que, por ende, el lenguaje es "masculino". Afirmar esto en teoría feminista equivaldría a afirmar en el ámbito de las marginalidades étnicas, que el lenguaje es por esencia "colonizador" o "blanco".

Consecuentemente, la desencialización de las prácticas discursivas es una productivización feminista que, en última instancia, coincide con similares "cortocircuitos" epistémicos de parte de otros sectores marginales. Al descentramiento del logocentrismo realizado por el ingreso de la voz "femenina" en el ámbito de la letra impresa, hay que sumarle un descentramiento macrofísico: la desestabilización de los límites ficcionales establecidos del "adentro" y "afuera" de los textos y de las otras construcciones discursivas. Los géneros discursivos referenciales lo ejemplifican.

Me parece crucial recordar que la identificación excluyente entre libro y cultura es también sobredimensionada como efecto de estrategias de poder. De aquí se deduce: a) la importancia de recordar que la "batalla por la forma" es siempre doble (micro y macrofísica); batalla de ideolectización y apropiación de formas dadas y batalla por abrir espacios sociales para la circulación de las formas reapropiadas; y, b) la necesidad de llevar a cabo, tanto en los ámbitos de creación verbal como de elaboración crítica, una reinscripción simbólica e imaginaria de cuerpos y prácticas desvalorados en la cultura androcéntrica. Esto último ha empezado a ser realizado por las literaturas testimoniales. También por proyectos tan disímiles como *Alta cocina* de Amparo Dávila, *Lección de cocina*, de Rosario Castellanos y muchos de los cuentos de Marta Brunet, textos en los que se resemantizan las prácticas culinarias o "domésticas" de la mujer. Algo similar ocurre con la cosmética femenina en *Máscara negra*, de Marina Arrate, y las múltiples "literaturizaciones" del cuerpo en la escritura de mujeres (Gabriela Mistral, Alfonsina Storni, Margo Glantz, Diamela Eltit, son escasos ejemplos).

Se ha afirmado que la primera forma de diferenciación coercitiva en la historia de la humanidad fue la de los géneros sexuales. Consecuentemente, podríamos afirmar que la "primera" heterogeneidad simbólica es también genérico-sexual. En literatura, las implicaciones son vastas. En la mayoría de los casos en que el referente es femenino, nos encontramos con una situación de hibridación textual sobre todo si tenemos en cuenta que la mujer escasamente ha sido "emisora". Algo similar ocurre con la relación emisor-receptor. No huelga seguir recalcando la necesidad de estudiar con métodos interdisciplinarios (etnográficos, psicoanalíticos, sociológicos, históricos), el impacto que ha tenido la entrada de la "lectora femenina" (Hausser habla de "lector afeminado") en el circuito mascultista de la cultura. Este es un hecho altamente significativo en el romanticismo por ejemplo, que tanto se prolongó en América Latina. Aquí existe mucho terreno avanzado en los estudios sobre "cultura de masas", sobre todo en lo que respecta al folletín, foto-novelas y formas afines, aunque con algunas opacidades frankfurtianas (Mattelart; Santa Cruz, Erazo). Esta hibridación genérico-sexual en la recepción textual se va haciendo más compleja al pasar la mujer de "lectora sentimental" a lectora crítica. Ya apuntábamos más arriba a los aportes de la teoría crítica feminista y el desconstruccionismo frente al logocentrismo.

Opino que el feminismo debería seguir ahondando en la dirección de lecturas diacríticas y dialógicas de textos escritos por hombres, a fin de continuar develando los estratagemas mascultistas. Los trabajos de Francine Masiello son seminales en este sentido, ya que realizan lecturas contrastivas entre los ideologemas inscritos por mujeres y hombres durante el siglo XIX. Esos estudios revelan que aún en el caso de las mujeres conservadoras, los artefactos literarios operan con dispositivos mucho más porosos a la heterogeneidad etnocultural y genérico-sexual que aquéllos escritos por los hombres del liberalismo (Masiello).

A la hibridación genérica en el ámbito de la recepción hay que sumar la que se da en el ámbito de la producción. Ya se han hecho notar las falencias de una hermenéutica feminista enmarcada estrictamente en las teorías de la represión —Freud, Lacan, J. Mitchell, Cixous, cierta Kristeva (Mitchell). Allí se ha buscado la especificidad de la mujer en la carencia o sus sustitutos: fallas, interrupciones, silencio, sombra, eco, síntoma. Las mujeres entran al campo discursivo literario en forma decisiva en el primer tercio del siglo XX: Nellie Campobello, María Luisa Bombal, Victoria Ocampo, Juana de Ibarbourou, Alfonsina

Storni, Gabriela Mistral. Yo misma he tratado de demostrar que con contadas excepciones (Nellie Campobello, cierta Alfonsina Storni, la última Gabriela Mistral, Marta Brunet), en esos años, la mujer productora de textos literarios entraba a ocupar el sitio asignado a ella por el discurso hegemónico. La mujer histérica —contrapartida de la mujer sentimental— tiende a perpetuar la cartografía "nebulosa" del patriarcado. Allí, es el síntoma histérico ficcionalizado y no la forma artística global, el que expresa cierta postura contestataria.

¿Importa el sexo de quienes producen las simbólicas? Durante las últimas dos décadas esta pregunta fue particularmente útil en el campo de las producciones culturales: el arte, las comunicaciones, la literatura (Richard).

Para Nelly Richard, como lo mejor del arte tiende a la "feminización", resultaría secundario o hasta irrelevante que quienes lo produzcan sean anatómicamente "hombres" o "mujeres". Lo importante, para la crítica cultural es que esa "feminización" coincida con un cuestionamiento estético-político profundo y radical. La teoría comunicacional ha demostrado que separar tajantemente lo sexual de lo genérico puede resultar reductivo. La crítica culturalista ha llevado estudios sobre "imagen", "mentalidad" y "estereotipos" que, por reiterativos, han resultado a la postre infecundos. En mi opinión, sí importa concebir la comunicación más allá de los "mensajes" o "productos". No basta con "mensajes" innovadores, si lo que se pretende es afectar las macro y micropolíticas discursivas aumentando el acceso de la mujer como productora, como sujeto generador de políticas, de formas, de medios y nuevas tecnologías de comunicación. Otro tanto se podría afirmar acerca de las marginalidades étnicas. La propia teoría feminista ha venido demostrando que la aparición de la mujer como sujeto de la ciencia está produciendo cambios fundamentales en las antiguas economías de colonialidad del saber, alterando las relaciones de poder allí. No puede sino ser relevante en extremo ir avanzando en la dirección de saberes cada vez más autogestionados. Y ello implica de suyo modificar los mapas políticos de la producción cultural. De ahí que sí me parezca relevante la "raza", la "etnia", el sexo y el género de quienes producen las prácticas simbólicas.

Por último: ¿son sólo simbólicos fenómenos como la feminización de la pobreza, la violencia intrafamiliar, el SIDA?

Ningún intento fragmentario serviría para responder estas interrogantes. La pobreza, la violencia, el SIDA son fenómenos que afectan "holísticamente" a los seres humanos, desde los más recónditos intersticios psíquico-individuales a los resortes más públicos, desde lo más íntimo y cotidiano a lo laboral. Freud dijo alguna vez que el ser humano se realiza plenamente en el libre y rico ejercicio de tres dimensiones: el amor, la comunicación, el trabajo. Estas tres dimensiones deberían quedar profundamente transformadas si lo que se desea es la construcción de sociedades con igualdad y respeto a las diferencias.

En sus textos esos/as sujetos de la producción cultural, dialogan consigo mismas/os, con otros y otras, dentro de un circuito comunicacional hegemónico que tiende a desconocer el "género" y la etnoglosia social. Estas/os emisores, posicionadas/os relativamente como sujetos, emprenden un viaje de ida y de regreso, alterándose en la escritura. La hibridación genérica se completa si observamos que se dirigen a un público de hombres y mujeres. En mayor o menor medida, estas emisoras crean textos heterogéneos desde una perspectiva etnocultural: Gabriela Mistral y su americanismo, Nellie Campobello y su tributo a los tarahumaras. Esta trayectoria se afincará en la producción de Rosario Castellanos, Rigoberta Menchú, Mercedes Valdivieso o Diamela Eltit, Elena Poniatowska o Guadalupe Santa Cruz.

DIALOGISMO, GENEROGLOSIA Y GENEROLECTO

Abocada desde la mujer y desde lo popular alternativo a la dura tarea de recomponer el tejido socio-político desmembrado durante el régimen militar, Julieta Kirkwood se convierte en los años de la dictadura en una "doble militante", del feminismo y del socialismo (este último sinónimo en sus textos de democracia radical). Para hacerlo, asume la doblez de toda praxis cultural en tanto producción y reproducción de vida simbólica y material: para ella, el saber es praxis (actividad, trabajo, producción de producción, creación de pensar) y el hacer es proyección situacional de saber, praxis concreta. La insistencia en otorgar a la reflexión el estatuto de praxis implicaba de suyo un golpe epistemológico al sociologismo vulgar de los '60 y al neo-positivismo aún vigente, en tanto para Kirkwood pensar y hacer se constituyen como binarismos mutuamente articulables, no excluyentes. Su texto, "El nudo feminista-político", es clarificador en este sentido (Kirkwood, *Las mujeres y el feminismo*).

Mejor aún: iconoclasta, Kirkwood es una intelectual "orgánica" de ambos movimientos (feminismo y socialismo), con la soltura, distancia y espíritu crítico que implica una militancia no meramente partidaria, sino atenta a las vicisitudes de proyectos políticos amplios, multiclasistas y plurales. ¿Se trata de "orgánicas" contradictorias? Lo más probable es que así fuera. Ello se expresa con nitidez en sus irradiaciones identitarias: Julieta se declaraba socialista/feminista y feminista/socialista, dependiendo del espacio y del énfasis, pero siempre con un ánimo polemizador, que le permitía hacer resaltar las aristas que dificultaban el análisis como zona de superficie homogénea. Ese nudo identitario marcaba las diferencias que se manifestaban (y hasta cierto punto, se manifiestan aún hoy), entre las mujeres "políticas" y las del "movimiento" al interior del feminismo. Pero también refería a las diferencias que ella (como mujer y desde esa diferencia) tenía dentro del movimiento socialista y popular movimiento por el cual ella, junto a tantos/as otros/as, también se jugó durante esos álgidos días del régimen militar. De tan contradictorias esas "militancias", a Julieta le parecían constituir nudos de tensiones irreconciliables, mutuamente excluyentes, capaces de obstaculizar el desarrollo de un proyecto de país democrático en lo político-social, pero también en lo cultural, sexo-genérico. No obstante las dificultades, su proyecto se abocó hasta el final en descubrir los modos de des/articular esos nudos, desbloqueando, paso a paso en el análisis cuanto ellos tenían de "obstáculo epistemológico" (según Bachelard) e ideológico.

Sostengo que esa tensionalidad creadora hace de Julieta una intelectual orgánica de nuevo tipo. Se trata de subjetividades bipolares, fragmentarias, nomádicas, pero no por ello "inorgánicas", a menos que entendamos por orgánica una vinculación ciega, acrítica, dogmática. La doble "militancia" no implica ni el debilitamiento del deseo (*voluptas*) ni la desmotivación política (voluntad de poder). Antes bien, ella implica un tortuoso y ambivalente proceso de vinculación/desvinculación con proyectos reflexivos y políticos; un singular modo de situarse en la praxis desde la diferencia, de modo de no anular la capacidad desmitificadora y distanciada —y por tanto, creadora— del quehacer crítico-político. Podría decirse que en todos los ámbitos de sus quehaceres este sujeto "proclama su autonomía" no autárquica: antes bien, una autonomía con proyectos y capacidad de proyección, pero que es desantropomorfizadora, secular, profundamente anti-edípica al no estar sujeta a tutelaje alguno. Antes bien, el nudo gordiano, ciego, es precisamente el del tutelaje:

> con este verbo desatado, con esta capacidad de juego en la vida, de placer, de gesto libre, de salto al *id* en el vacío de la plenitud de todo deseo..., sin apropiación ni acumulación para suplir vacíos... Con todo esto es cierto, no se construyen civilizaciones a la manera conocida (Kirkwood, *Ser política en Chile*).

Julieta no se "casa" ni con un feminismo ni con un socialismo "puros"; ni ese feminismo es "uno", ni ese socialismo es "uno". Tampoco se trata de partidos, sino de movimientos amplios, heterogéneos, heteróclitos; orgánicas en "movimiento", modernas en lo que tienen de horizonte abierto, no dogmático; dinámicas en tanto no tienen ni puerto seguro ni programas pre-envasados. No se trata de renunciar a la identidad, sino más bien declinarla situacionalmente. Por ello, este proyecto no puede implicar la "desafección" (de deseo y voluntad de poder) comúnmente asociada a las identidades fragmentarias y nómadicas en la posmodernidad. Kirkwood moviliza para su praxis de pensar/hacer, razón, ideología y afectos; voluntad política y *voluptas* deseantes. Cuando ella expresaba como intelectual mujer que "alguien" le estaba "quitando las palabras" no se trataba simplemente de una denuncia, sino de un "sentimiento conmovido, doloroso" al que se le agregaban "la ira, la sensación de manoseo", y, a la vez, un "imperioso deseo y voluntad de aclarar esos equívocos" (*Tejiendo rebeldías* 40). La palabra es el campo de disputa, es el espacio en el que se despliegan los nudos del saber; espacio intersectado por fuerzas de poder. El acceso a la palabra es desde el comienzo de su praxis un asunto complejo, en el que comprometía no sólo una doble orgánica, sino una doble resistencia: al "patriarcado" — autoritarismo sexo-genérico desplegado en culturas de izquierda y de derecha— y a la dictadura militar en tanto proyecto anti-democrático.

"Reconstruir la trama de lo invisible y romper con lo privado" (*Ser política en Chile* 10), podría ser un aforismo que bien sintetice las particulares transformaciones al quehacer historiográfico que Kirkwood se propone a modo de practicar una deconstrucción de las formas hegemónicas de hacer historia. La crítica comparte la idea que Benjamin avanzara respecto a que la historia la narran los vencedores. La invisibilidad de la mitad de la especie humana en la historiografía le sirve para comprobar los obstáculos o nudos epistemológicos de esta disciplina. La tesis de la invisibilidad de género se fundamenta en varios de los supuestos explicitados más arriba. La asociación de lo femenino a lo privado y doméstico, la noción de lo doméstico como "improductivo", el prejuicio respecto de la privacidad de la reproducción sexual ha redundado en la ausencia de una identidad femenina históricamente diferenciable. Para Kirkwood, pensar en rearticular los binarismos que se han venido estableciendo entre "modo de producción" y "modo de reproducción", resulta significativo para proponer el tipo de paradigma de la historia social que ella tiene en mente. Una historiografía atenta a los usos y abusos de los cuerpos, de la sexualidad, de las formas de alianza y parentesco, una historiografía capaz de visibilizar la "productividad" de lo doméstico en los ámbitos material y simbólico le va permitiendo a Kirkwood sacar a luz identidades y prácticas ocultas y, al mismo tiempo, ir contribuyendo a la reescritura de un proyecto global de sociedad de otra índole.

Rearticular la liberación global (proyecto país) con la igualdad sexo-género, implicó desde sus primeros escritos una radical transformación del concepto vigente de sociedad y del modelo de Nación-Estado allí preconizado (*Ser política en Chile* 185-86). En este sentido, su quehacer incita con gran vigencia aun a la creación de una cultura de otro tipo. Aquí el cambio cultural se suma a los quehaceres políticos. Otro modo de decir que el campo cultural es el sitio donde se conjugan juego y poder, lo estético y lo ético. Con la validación de los proyectos identitarios múltiples, posicionales y situacionales, los movimientos alternativos por los que apostaba Kirkwood ponen en el tapete no meramente una resignificación de la Nación-Estado, sino el rol preponderante que la cultura adquiere (o "debería adquirir") en la vida política y social. En este sentido, la obra de Julieta Kirkwood hace de bisagra entre una cultura republicana y una cultura de fin de siglo, posmoderna en la medida en que es simultáneamente deudora y crítica del ideario ilustrado.

Carlos Monsiváis se preguntó una vez: ¿Cómo suena una sociedad? Creo que nuestras prácticas culturales han ido avanzando tortuosa y sigilosamente en la dirección de la polifonía que se escucha en nuestras calles, tierras y trastierras. En este ensayo, hemos centrado nuestra atención en la productividad hermenéutica de dos esferas de nuestra crítica: la etnopoética y la feminista. No obstante, estamos plenamente conscientes de que el paradigma de las literaturas heterogéneas es mucho más vasto aún, si consideramos otras modalidades híbridas de Nuestra América: literatura fantástica, negrismo, literatura homosexual, parodia posmoderna.

Hasta ahora, podría afirmarse que tenemos textos que suenan primordialmente a voces masculinas y otros, todavía los menos, que hacen oír fundamentalmente voces femeninas. Por otra parte, hay textos en los que las voces heterogéneas de lo popular se escuchan con más registros y mayor intensidad que en otros. Importa posibilitar inscripciones de género y etnoglósicas en las que se ponga de relieve el habla de las/os subalternas/os y la batalla conflictiva en que se hallan inmersos (luchas por cambios en el sistema de gustos, en los códigos estéticos, en las condiciones, instituciones y agenciamientos del canon hegemónico). Esa heteroglosia etnogenérica no puede menos que depender de las posibilidades *reales* de un cambio cultural en la dirección del pluralismo de agentes *productores* y no sólo de una heterogeneidad de *consumidores* de discursos estéticos y teóricos.

NOTAS

[1] Este ensayo constituye una versión ampliada y revisada de, "Literaturas heterogéneas y dialogismo genérico-sexual" (1993).
[2] Sobre globalización y periferia, consultar Dussel.
[3] Sobre el mito de la neutralidad de la ciencia, consultar Cicotti et.al. También la Escuela de Frankfurt se planteó problemas relacionados con los problemas entre "intereses" y pensamiento científico, ver: Sohn Rethel.
[4] Esta polémica es discutida ampliamente por Lacock. Por mi parte, he discutido este tema extensamente en mí artículo "Edipo, autogestión

y producción textual: Notas para una teoría feminista latinoamericana" (1989).

BIBLIOGRAFÍA

Araújo, Ana María. "Eva y Lilith, las dos caras de lo femenino". *La República de las mujeres*. Domingo 11 de noviembre de 1990.

Bajtín, Mijail. *Estética de la creación verbal*. México: Siglo XXI, 1982.

_____*La cultura popular en la Edad Media y en el Renacimiento. El contexto de François Rabelais*. Madrid: Alianza, 1987.

Buxó-Rey, María Jesús. *Antropología de la mujer: Cognición e ideología cultural*. Barcelona: Promoción Cultural, 1978.

Cicotti, Giovanni, Marcello Cini y Michelangelo de Maria. "The Production of Science in Advanced Capitalist Countries". *The Political Economy of Science*. Hilary Rose y Steven Rose, eds. Londres: MacMillan, 1976.

Cornejo Polar, Antonio. "El indigenismo y las literaturas heterogéneas: su doble estatuto socio-cultural". *Revista de Crítica Literaria Latinoamericana* IV/7-8 (1978): 7-21.

Cuéllar, R. *El cuerpo humano en el capitalismo*. México: Folios, 1985.

Deleuze Gilles y Félix Guattari. *El antiedipo*. Barcelona: Seix Barral, 1973.

Dussel, Enrique. *Ética de la liberación en la edad de la globalización y de la exclusión*. Madrid: Trotta, 1998.

Fernández Retamar, Roberto. "Para una teoría de la literatura hispanoamericana". *Casa de las Américas* XIV/80 (1973): 128-34.

_____"Algunos problemas teóricos de la literatura hispanoamericana". *Revista de Crítica Literaria Latinoamericana* I, 1 (1975): 7-38.

Foucault, Michel. *Historia de la sexualidad*. 3 tomos. México: Siglo XXI, 1977.

Jitrik, Noé. *Producción literaria y producción social*. Buenos Aires: Sudamericana, 1975.

Kirkwood, Julieta. *Las mujeres y el feminismo*. Santiago: Documentos, 1987.

_____*Tejiendo rebeldías*. Santiago: CEM, La Morada, 1987b.

_____*Ser política en Chile*. Santiago: Cuarto Propio, 1990.

Kristeva, Julia. "Stabat Mater". *Historias de amor*. México: Siglo XXI, 1988. 209-231.

Lacock, Eleonor. "Women, Development, and Anthropological Facts and Fictions". *Latin American Perspectives. Women in Latin America: an Anthology*. Riverside (CA): Latin American Perspectives, 1979.

Laqueur, Thomas. *La construcción del sexo. Cuerpo y género desde los griegos hasta Freud*. Madrid: Cátedra, 1994.

Lukács, Georg. *Teoría de la novela*. Buenos Aires: Siglo Veinte, 1986.

Lyotard, Jean-François. *Discours, figure*. Paris: Klincksieck, 1971.

Masiello, Francine. "Between Civilization and Barbarism: Women, Family and Literary Culture in Mid-Nineteenth Century Argentina". *Cultural and Historical Grounding for Hispanic and Luso-Brazilian Feminist Literary Criticism*. Hernán Vidal, ed. Minneapolis (MN): Institute for The Study of Ideologies and Literature, 1989. 517-566.

Mattelart, Michel. *La cultura de la opresión femenina*. México: Era, 1977.

Mitchell, Juliet. *Psychoanalysis and Feminism*. Nueva York: Vintage Books, 1975.

Morandé, Pedro. *Ritual y palabra*. Lima: Centro Andino de Historia, 1980.

Osorio, Nelson. "Las ideologías y los estudios de la literatura hispanoamericana". *Casa de las Américas* XVI/94 (1976): 63-75.

Oyarzún, Kemy. "Edipo, autogestión y producción textual: notas para una teoría feminista latinoamericana". *Cultural and Historical Grounding for Hispanic and Luso-Brazilian Feminist Literary Criticism*. Hernán Vidal, ed. Minneapolis: Institute for The Study of Ideologies and Literature, 1989. 587-623.

_____"Literaturas heterogéneas y dialogismo genérico-sexual". *Revista de Crítica Literaria Latinoamericana* XIX/38 (1993): 37-50.

_____"Estudios de género: saberes políticas, dominios" *Revista de Crítica Cultural* 12 (1996): 24-29.

Pacheco, Carlos. "Trastierra y oralidad en la ficción de los transculturadores". *Revista de Crítica Latinoamericana* XV/29 (1989): 25-38.

Paz, Octavio. "Ambigüedad de la novela". *El arco y la lira*. 3ª reimpresión. México: Fondo de Cultura Económica, 1981. 219-231.

Popol Vuh. 5ª ed. Traductor al francés: Georgos Raynaud; traductor al español: Miguel Ángel Asturias y J.M. González de Mendoza. Buenos Aires: Losada, 1975.

Rama, Ángel. "Sistema literario y sistema social en Hispanoamérica". en: *Literatura y praxis social en América Latina*. Caracas: Monte Ávila, 1974.

_____*Transculturación narrativa en América Latina*. México: Siglo XXI, 1982.

Richard, Nelly. *Masculino/Femenino. Prácticas de la diferencia y la cultura democrática*. Santiago de Chile: Francisco Zegers, 1993.

Rincón, Carlos. "Para un plano de batalla de un combate por una nueva crítica en Latinoamérica". *Casa de las Américas* XI/67 (1971): 39-59.

_____"Sobre crítica e historia de la literatura hoy en Latinoamérica". *Casa de las Américas* XIV/80 (1973): 135-47.

Rubin, Gayle. "El tráfico de mujeres: notas sobre la 'economía política' del sexo". *El género: la construcción cultural de la diferencia sexual*. Marta Lamas, comp. México: UNAM, 1996.

Santa Cruz, Adriana y Viviana Erazo. *Compropolitán. El orden transnacional y su modelo femenino. Un estudio de las revistas femeninas en América Latina*. México: Nueva Imagen, 1980.

Siqueiros, David A. *Art and Revolution*. Londres: Lawrence and Wisbart, 1975.

Sohn Rethel, Alfred. *Intellectual and Manual Labour*. Londres: MacMillan, 1978.

Sommer, Doris. "Not Just a Personal Story: Women's Testimonios and the Plural Self". *Life / Lines. Theorizing Women's Autobiography*. Bella Brodzki y Celeste Schenck, eds. Ithaca: Cornell University Press, 1988: 107-130.

"Voices of the Voiceless in Testimonial Literature". Parts I and II. *Latin American Perspectives* 18, 70 y 71 (1991).

Woolf, Virginia. *Un cuarto propio*. México: Colofón. 1984.

5. Polémica: los riesgos de las metáforas y el futuro del latinoamericanismo

Algunas observaciones sobre el último ensayo de Antonio Cornejo Polar y el futuro del hispanoamericanismo

John Beverley
University of Pittsburgh

El último ensayo de Antonio Cornejo Polar, "Mestizaje e hibridez: Los riesgos de las metáforas. Apuntes" —escrito en vísperas de su muerte y presentado inicialmente *in absentia* en el congreso de LASA en Guadalajara, México en 1997— es, paradójicamente, una respuesta a un problema —"el desdichado y poco honroso final del hispanoamericanismo," como Antonio lo nombra allí— que su misma obra crítica, en tanto interrogación de la supuesta unidad y autoridad del canon de la literatura peruana, contribuyó a crear. Si el impulso central de la generación crítica en que participó Antonio era cuestionar los límites de la "ciudad letrada", su posición aquí parece más bien un esfuerzo por reterritorializar el campo disciplinario de la crítica hispanoamericana, por redefinir y defender sus fronteras, marcando lo que debe ser su interior y exterior. Pero, ¿defender contra qué, exactamente? El blanco de su ensayo es doble: contra la creciente influencia de distintas formas de "teoría" metropolitana en el campo de la crítica, y contra la creciente dominación del idioma inglés en dicho campo disciplinario.

Para abreviar, y para poner atención a su articulación de ideologemas disciplinarios e institucionales, podríamos llamar a esas formas de teoría metropolitana "estudios" (culturales, poscoloniales, subalternos, feministas, gay, etc.). El argumento "desde Latinoamérica" —pidiendo prestada una frase de Nelly Richard— es que "estudios" representan una problemática estadounidense (y/o británica-Commonwealth) sobre el multiculturalismo, el feminismo, las políticas de identidad, y la descolonización que ha sido desplazada de una manera ahistórica a América Latina, con la consecuencia de deformar su particularidad histórica y cultural. Tanto el afán desconstructivista de "estudios" como su ubicación en centros prestigiosos de la academia estadounidense funcionan para ocultar o denegar tácitamente la autoridad hermenéutica del intelectual literario latinoamericano, y del español como idioma del saber. Dejan a ese intelectual y a ese idioma en el lugar de *objetos* de reflexión crítica-teórica, pero no en el lugar de producción teórica. El resultado —sugiere Antonio— es que el hispanoamericanismo es actualmente un campo "diglósico", fracturado entre una reflexión "sobre" América Latina hecha principalmente en inglés desde la academia estadounidense (y, en menor grado, europea), y una reflexión "desde" América Latina en español o portugués más marginal y precaria.

En una frase famosa de Paul de Man, la resistencia a la teoría constituye en sí la teoría: *the resistance to theory is theory*. La resistencia a "estudios" representada por el ensayo de Antonio (y otras articulaciones recientes) equivale en este sentido a una especie de neo-arielismo, una afirmación trágica (es decir, llena de un sentido de auto-afirmación y, a la vez, de su propia mortalidad, en condiciones de globalización y de la hegemonía regional de Estados Unidos), de un valor propio hispanoamericano ubicado en su pensamiento crítico-cultural. El desplazamiento de la autoridad del intelectual latinoamericano no sólo se deriva de una contradicción interior al proyecto democratizador de la crítica hispanoamericana progresista: también viene desde la derecha, por decirlo así, con la reestructuración y/o privatización de la universidad latinoamericana y lo que cuenta en esa universidad como capital cultural, en una manera que desprestigia el saber literario y las humanidades en favor de la profesionalización técnica-administrativa. En este contexto, es posible entender y simpatizar con una postura neo-arielista como respuesta a la hegemonía neoliberal. Sin embargo, la resistencia a o el rechazo de "estudios" corre el riesgo de ocultar o de no pensar adecuadamente algunas de las relaciones institucionales y culturales de exclusión e inclusión, subordinación y dominación que operan *dentro de* las naciones latinoamericanas y lo que cuenta como su cultura "nacional". Pero, y esto era uno de los grandes temas de la obra crítica de Antonio, precisamente el cuestionamiento de esas relaciones —relaciones que pasan *por* la "ciudad letrada" y por la supremacía colonial del español sobre los idiomas indígenas— ha sido —es— la tarea más urgente de la crítica progresista en América Latina.

Llegamos de cierta manera al siguiente *impase*, que, de algún modo define la situación de la crítica hispanoamericana actual. El prestigio de "estudios", emanado sobre todo desde la academia estadounidense y la teoría metropolitana, contribuye a descentrar la autoridad de una tradición previa de pensamiento progresista latinoamericano ligado a la izquierda y a la defensa antiimperialista de lo nacional. Esto hace a "estudios" "objetivamente" cómplices de la hegemonía neoliberal y de la privatización y reestructuración de la universidad latinoamericana. Pero el objetivo de "estudios" fue, en primera instancia, hacer una reflexión crítica sobre el proyecto de la izquierda, abriendo paso hacia nuevas formas de poder de gestión y resistencia en América Latina.

La crítica literaria y cultural propiamente hispanoamericana (escrita en español, "desde" América Latina, etc.) desplazada por "estudios" resiente y resiste su prestigio en nombre de la reafirmación de un proyecto de izquierda "nacional" o continental, y el valor de lo local. Pero esa reafirmación se logra al precio de reafirmar también —sin exactamente buscar esto— exclusiones y jerarquías de valor y privilegio que limitaron o complicaron (en el caso de los regímenes revolucionarios) la posibilidad de hegemonía de ese proyecto en primer lugar. En este sentido, la resistencia a "estudios" dificulta la posibilidad de cumplir con una de las tareas centrales —quizás la más central— del proyecto de la izquierda intelectual en América Latina: la democratización del imaginario cultural y político.

Se podría argumentar que Antonio ofreció en su propia obra crítica —sobre todo en *Escribir en el aire* y los ensayos que precedieron a "Mestizaje e hibridez", como "Una heterogeneidad no dialéctica"— una alternativa a los ideologemas preferidos de "estudios" (es decir, a la jerga de lo subalterno, lo híbrido, la desterritorialización, etc.). Para mi gusto, "Una heterogeneidad no dialéctica" me parece un mejor modelo para el desarrollo del campo de los estudios culturales latinoamericanos que, por ejemplo, *Culturas híbridas* de García Canclini. Pero el concepto de heterogeneidad es precisamente un concepto que deriva en parte (o coincide con) de la articulación posestructuralista de lo heteróclito y del sujeto "descentrado", y de la crítica a la supuesta unidad de la nación en los estudios poscoloniales. Esto equivale a decir también que la alternativa heterogéneo/híbrido es interior, *a la vez*, a los "estudios" y al campo del pensamiento cultural propiamente hispanoamericano (refleja en particular un debate entre Cornejo Polar y García Canclini sobre la forma en que se articulan las diferencias multiculturales dentro de las sociedades americanas).

Pero, al fin de cuentas, lo que está en juego en el ensayo de Antonio no es la validez de los argumentos sobre transculturación, mestizaje, hibridez, de un lado u otro, sino las nuevas (y viejas) formas de enfrentamiento a todos los niveles entre Estados Unidos y América Latina, y los tensos campos afectivos que generan esos antagonismos. Se trata de una polarización entre un hispanoamericanismo metropolitano y lo que Hugo Achugar llama "el pensamiento latinoamericano". Para recordar una frase de Marx, esta polarización es algo que ocurre más allá de nuestras voluntades —es un efecto superestructural de la globalización. Podríamos quizás tratar de pensar y vivir esta polarización como lo que se solía llamar una "contradicción en el seno del pueblo" —es decir, una contradicción que puede producir nuevas formas de radicalización y solidaridad entre las Américas. Lo que podría articularse en este sentido es el problema de cómo desmantelar estamentos sociales y culturales heredados de un pasado común colonial y "nacional-liberal" en ambas Américas, en la dirección de sociedades más diversas, democráticas e igualitarias. (Una de las cosas que opera para desconstruir de hecho el binario latino/anglo es la creciente "hispanización" de Estados Unidos, que dentro de muy poco llegará a ser el tercer país de habla española en el mundo).

Pero quizás no. Quizás lo que revela sintomáticamente el ensayo de Antonio es una forma emergente de lo que el politólogo norteamericano Samuel Huntington entiende por la contienda de las civilizaciones, *the clash of civilizations*: es decir, la emergencia en el contexto de la globalización de nuevas formas de conflicto geo-político basadas en la agudización de diferencias culturales. Si la meta del Departamento de Estado norteamericano que asesora Huntington es asegurar la congruencia de Estados Unidos y América Latina como *una* civilización con valores culturales compartidos, nuestra pregunta sería más bien: ¿Qué Estados Unidos concuerda con qué América Latina?, porque hemos aprendido precisamente de la obra de Antonio que ni Estados Unidos ni América Latina son espacios homogéneos, idénticos a sí mismos.

¿Un testamento intelectual?
Comentario a "Mestizaje e hibridez: los riesgos de las
metáforas. Apuntes"

Carlos García-Bedoya
Universidad Nacional Mayor de San Marcos

Mientras se lo permitió la enfermedad, Antonio Cornejo Polar siguió trabajando en diversos proyectos con su característica responsabilidad intelectual. "Mestizaje e hibridez: los riesgos de las metáforas. Apuntes" es el último texto que logró concluir. Se trata de una ponencia preparada para el Congreso de LASA (Latin American Studies Association) que se realizó en Guadalajara, México, en abril de 1997. Cornejo Polar tenía previsto asistir a ese evento pero la gravedad de sus males (murió el 18 de mayo de ese año) se lo impidió. Su ponencia, que fue leída en el evento, evidencia de manera muy directa la preocupación del autor por la situación de los estudios literarios latinoamericanos, constituyendo en mi opinión una suerte de testamento intelectual.

El breve trabajo de Cornejo consta de dos partes claramente diferenciables. En la primera parte, Antonio Cornejo Polar retoma un debate conceptual en el cual ya había incursionado reiteradamente, ahondando en la discusión de categorías como mestizaje e hibridez, pero también heterogeneidad o transculturación. Es claro que, en el trabajo que comentamos, sus reflexiones sobre tales asuntos quedan truncas, pero es conocida su línea de pensamiento: apunta a una crítica de las resonancias armonizadoras subyacentes en algunos de esos conceptos. No me interesa ahora incidir en ese complejo debate. Puntualizo simplemente que en mi opinión propuestas como las de García Canclini, Rama y Cornejo Polar diseñan en lo fundamental un espacio de convergencia teórica en torno a los problemas de la diversidad latinoamericana. Entre los planteamientos de estos autores a mi entender más que oposiciones inconciliables existen cuestiones de énfasis: mientras que por momentos García Canclini o Rama tienden a poner de relieve la posibilidad de síntesis armonizadoras, Cornejo Polar remarca constantemente la persistencia de la contradicción. A pesar de tales diferencias, insisto en la necesidad de ahondar en las convergencias entre estas distintas propuestas.

La segunda parte del trabajo supone un giro temático bastante brusco. El autor pasa a expresar concisamente diversas preocupaciones sobre el destino del hispanoamericanismo, con un estilo muy directo e insuficientemente matizado, para nada típico de Cornejo Polar. Es para mí evidente que el brusco cambio en esta segunda parte del texto y lo apresurado de la redacción obedecen a obvias razones: me atrevo a pensar que Cornejo Polar era consciente de lo crítico de su condición y que quiso enunciar, aunque sea insuficientemente elaboradas, algunas inquietudes que lo obsedían. Es por esta razón, por tratarse de la expresión de sus últimos desvelos, de la plasmación un tanto angustiada de una última invocación a sus colegas, que me parece adecuado considerar a la segunda parte del texto que estamos comentando como un testamento, en el sentido de expresión de las últimas "voluntades" intelectuales del autor: al detectar ciertos males en nuestra disciplina, formula también un llamado a la rectificación. En esta breve nota, quiero centrar mi comentario en esa parte "testamentaria" del trabajo.

Las formulaciones de Cornejo Polar inciden en lo que cabe denominar la división internacional del trabajo intelectual: el tercer mundo (y en particular América Latina) quedaría relegado a la condición de productor de materia prima cultural, que las academias del primer mundo (y sobre todo las estadounidenses) transforman en sofisticados artefactos crítico-teóricos. Obsérvese que se trata de una problemática que ha sido abordada con amplitud, entre otros, por Walter Mignolo y Nelly Richard. Mignolo cuestiona el occidentocentrismo teórico, la idea de que sólo existe un único posible *locus* o lugar de enunciación (no en un sentido puramente geográfico, sino más bien geo-cultural) para el pensamiento teórico o científico (obviamente el mundo occidental), y demanda reconocer la validez de la reflexión producida desde otros lugares de enunciación (entre ellos América Latina). Vale recordar que el gran debate sobre la teoría literaria latinoamericana en los años 70 y 80 giraba en torno a una problemática similar: la pertinencia de una autonomía en nuestra reflexión teórica. No sorprenderá que Cornejo Polar, uno de los participantes más entusiastas en tales debates (y que mejor percibió luego sus múltiples limitaciones) reiterara en sus últimas reflexiones ese añejo reclamo de autonomía.

Cornejo Polar insiste repetidamente en el predominio del uso del inglés en la reflexión sobre la producción literaria y cultural latinoamericana, que genera una especie de crítica diglósica, en el sentido de que entre los distintos idiomas empleados en la disciplina (inglés versus español o portugués) se establecen relaciones de poder marcadamente asimétricas, constituyendo una expresión más de esa peculiar división del trabajo intelectual. En mi opinión, la dimensión lingüística del problema es sólo un síntoma de una realidad más profunda. Lo más grave es que un segmento ampliamente mayoritario de la reflexión crítica y teórica sobre la literatura y la cultura de América Latina se procesa desde paradigmas y desde prioridades estadounidenses-anglosajonas, y no desde prioridades y problemáticas definidas por el propio campo intelectual latinoamericano. Esa producción surgida desde un locus de enunciación estadounidense se revela en general poco atenta a las particularidades latinoamericanas, lo que explica una frecuente tendencia a trasladar mecánicamente a América Latina esquemas conceptuales surgidos a partir de otras realidades del tercer mundo, como sucede con las teorías de la poscolonialidad o la subalternidad, diseñadas en función de países impactados por la experiencia del colonialismo inglés. Es igualmente claro que se suele prestar escasa atención a la producción crítica y teórica surgida desde la propia América Latina, y que no se da la necesaria importancia al diálogo académico norte/sur, o que en todo caso éste se plantea de una manera excesivamente asimétrica.

Cornejo Polar subraya que la producción crítica y teórica surgida desde Norteamérica, si bien goza de indudables ventajas institucionales, suele ser muy vulnerable a la sucesión de más o menos efímeras "modas intelectuales" que determinan sus marcos conceptuales y sus prioridades de investigación, los cuales frecuentemente se proyectan hacia Nuestra América y rara vez coinciden con nuestras propias prioridades y preocupaciones. Algo sarcásticamente, Cornejo observa, a mi entender con razón, que su "extrema preferencia por el estrecho canon teórico posmoderno es una compulsión que puede llegar hasta el ridículo". Esa compulsión lleva frecuentemente a extrañas combinaciones teóricas, mezclando aparatos conceptuales cuya compatibilidad epistemológica resulta al menos problemática: confieso francamente que me resulta difícil entender ciertas mezclas, como por ejemplo Althusser con Derrida, autores pertenecientes en mi opinión a paradigmas epistemológicos inconciliables. Tal compulsión lleva además a perder de vista valiosos aportes previos, injustamente relegados a los "museos intelectuales". En contra de tal tendencia, Cornejo Polar demuestra convincentemente cómo es posible abordar temas caros a la agenda posestructuralista desde paradigmas considerados "obsoletos": así, estudia la problemática del sujeto y la representación apoyándose en los aportes de M. H. Abrams y Erich Auerbach.

Con estos apuntes no pretendo trazar una visión unilateral de la crítica producida desde Norteamérica es obvio que en ella existen perspectivas diversas, algunas de ellas más sugerentes y más dialogantes, pero sí creo que esas consideraciones son válidas para un grueso sector de la reflexión que ocupa una posición dominante en nuestra peculiar latinoamericanística diglósica. Esto por cierto, como apunta Cornejo, tampoco implica que la producción surgida desde el *locus* latinoamericano sea necesariamente "mejor". Ella adolece de serias deficiencias, debidas en gran medida a lo que Antonio Candido llamaba nuestra debilidad cultural: precariedad de los espacios intelectuales, deterioro de las instituciones educativas, etc. Sin embargo, a pesar de sus indudables deficiencias, esta producción representa una voz que merece ser escuchada en los debates intelectuales, en especial si tales debates giran en torno a un "área de estudio" llamada América Latina.

Si se parte de que la reflexión sistemática, la teoría y la ciencia, no son patrimonio exclusivo de occidente, si se acepta la posibilidad y la legitimidad de diversos lugares de enunciación teórica, en otros términos, si se cuestiona la división internacional del trabajo intelectual todavía vigente, tampoco puede aceptarse que la voz intelectual de América Latina (del tercer mundo) sólo resulte audible a través de la intervención de intermediarios que, situados no física, sino epistemológicamente, en el primer mundo, pretenden asumir la representación intelectual del tercer mundo. Parte de este fenómeno es lo que Grínor Rojo ha denominado una rebelión de los intelectuales *resident-alien*. Creo que no se trata de negar el importante rol que intelectuales procedentes del tercer mundo e instalados en el primero pueden cumplir, sino de aclarar que su intervención no puede servir para justificar la marginalización de los planteamientos surgidos desde el propio tercer mundo (en concreto América Latina). Creo que la opción de numerosos estudiosos latinoamericanos de insertarse en la academia estadounidense es por supuesto una opción absolutamente legítima, pero creo igualmente que tal inserción puede procesarse de distintas maneras y no necesariamente a través de una asunción pasiva de los paradigmas vigentes. Creo además que estos intelectuales latinoamericanos pueden cumplir una función muy valiosa si se esfuerzan por potenciar los canales de diálogo con sus pares que trabajan en la propia América Latina: la suya puede ser una contribución decisiva al socavamiento de esa cuestionable división internacional del trabajo intelectual. Sin duda, la labor del propio Cornejo Polar resulta ejemplar para esta opción alternativa.

Por otra parte, el reconocimiento de diversos lugares de enunciación teórica no puede significar el aislamiento de los distintos espacios de producción intelectual, cuyo ámbito de validez quedaría restringido a los linderos de un particular locus de enunciación, llámese América Latina, India, Africa, China, Europa, etc. La crítica a la esencialización de una única razón o episteme no debe implicar la pura existencia diferencial de varias, es decir una especie de "diseminación" epistemológica, sino el necesario diálogo entre ellas, desde una perspectiva epistemológica totalizadora, pero no homogeneizante, sino enraizada, al modo de Cornejo Polar, en la contradicción, configurando lo que me atrevería a denominar una epistemología dialógica.

Las críticas de Cornejo Polar no surgen pues desde un rechazo parroquial a los aportes foráneos, sino desde la insistencia en la necesidad de reafirmar lo que Françoise Pérus denominó una tradición crítico-teórica latinoamericana autocentrada. Esto es, una producción intelectual surgida desde nuestras peculiaridades, desde nuestras prioridades, desde nuestras propias problemáticas, incluso desde nuestras debilidades. Lo cual, repito, no implica el rechazo a la múltiple riqueza de los aportes externos, sino un diálogo algo menos "diglósico" y una actitud que propicie una capacidad de asimilación selectiva, de resemantización e integración creadora, desde nuestro propio horizonte intelectual. Esa tradición autocentrada existe, es rica y mucho más sólida de lo que nosotros mismos a veces creemos. A su consolidación contribuyó significativamente Antonio Cornejo Polar y no sorprenderá que a su preservación apuntaran sus últimas reflexiones.

Cuerpos intelectuales latinoamericanos transmigrados: la heterogeneidad como paradoja de la nacionalidad

Ileana Rodríguez
The Ohio State University

Quiero empezar esta nota sobre algunos de los aspectos polémicos del trabajo de Antonio Cornejo-Polar con un recuerdo personal. La última vez que lo vi fue en casa de Carmen Rita Ravel y Jaime Giordano en Pittsburgh. Le conté en esa ocasión lo que había oído en La Habana y que decía: "ahora que Rama está muerto, el principal es él, Cornejo". "Antes y después", contestaba él, con su humor socarrón, a lo cual yo respondía que recordara que "todavía había clases sociales", y que él seguía siendo el "taita", el "gran curaca".

Noté en esa reunión que Cornejo no participaba en ese elaborado código de comportamientos sociales norteamericanos con los cuales los individuos de aquí ejercen control sobre su propio ser en sociedad. No hablaba inglés, lo cual le impedía acceder a los matices múltiples con los que se maneja ese liberalismo coercitivo norteamericano de salón. Su humor daba muestras de que los horizontes del feminismo y del multiculturalismo norteamericano, le eran un tanto ajenos. Pero aun así, como quiero argumentar, su concepto de heterogeneidad, leído desde aquí, adquiría un fecundo sentido dentro de los estudios étnicos, poscoloniales, y subalternos. El gran maestro de nuestra generación, el que nos abrió el campo a la comprensión de las relaciones sociales mal representadas y peor comprendidas en la cultura alta, no desde el punto de vista de la transculturación como proponía Ángel Rama, sino desde la heterogeneidad, se empezaba a desubicar en el contexto de ciertos debates académicos norteamericanos. Encontrarle los puntos polémicos no es por tanto difícil. Nada es imposible a un académico acostumbrado a hacer girar sin fin los términos del campo propio para llegar a conformaciones figurales distintas de las que encontró en su horizonte anterior. Y, en este sentido, el lado del cual Cornejo es más vulnerable es justamente la postulación de la heterogeneidad dentro del restrictivo campo de los estados nacionales. Claro, como dirían en mi tierra, discutir los límites de los paradigmas nacionales hoy es como pegarle a un moribundo. Pero cuando Cornejo escribía, la nación no era esa construcción evanescente, imaginaria, exclusivamente letrada, sino más bien objeto de deseo político al que todos queríamos entrarle.

Visto desde esa perspectiva, la heterogeneidad era ese vehículo que nos permitía comprender, a profundidad, esas formas particulares de leer lo nacional que excluían, o incluían de a poquito, lo indígena. La heterogeneidad no era pues del todo como la transculturación un punto de convergencia y afinidad. La heterogeneidad era la expresión misma de una oposición, negación, o contrariedad raigal que invocaba justamente el principio de dialogismo que la convivialidad multicultural requiere para ser verdadera. Visto desde hoy, la idea de la heterogeneidad y la de la nación son los términos en pugna de una paradoja. De manera sucinta, si la nación es un principio occidental o de occidentalización, ella no puede dar cuenta de la heterogeneidad cultural puesto que su misión social es opuesta. Su misión es la de homogeneizar culturas y, en términos del liberalismo, la de elaborar los costosos consensos. A mí me parece que esto es justamente lo que Cornejo demuestra en su lectura de la literatura peruana.

Desde nuestro presente teórico, la heterogeneidad es justamente aquel dispositivo que, como el de la subalternidad, viene a señalar los límites de la epistemología occidental de y en la nación. La heterogeneidad desborda los marcos establecidos por la nación y, porque da cuenta de lo desdeñado, de lo hecho a un lado, de lo no imaginado, por eso es que en la historia de la literatura peruana, Cornejo va poco a poco explicando el nudo ciego que lo heterogéneo presenta a los intelectuales nacionales. El reto ahora no es mostrar lo que no se hizo, que eso lo hizo muy bien Cornejo, sino cómo pensar ese otro saber o saberes. Para poner dos ejemplos contemporáneos, una lectura de la novela *No me esperen en Abril* de Bryce Echenique (y, en un grado menor, *País de Jauja* de Edgardo Martínez) sobre el eje cholo como principio de heterogeneidad en la narrativa rinde resultados inmediatos en la directa fragmentación del relato. La presencia del cholo sirve sólo para marcar la ruptura del hilo narrativo, la diégesis de una historia ficcionalizada en la que él es uno de los signos discordantes. Si editáramos la novela de Echenique preservando sólo los momentos en los que aparece el cholo, sus quinientas páginas quedarían drásticamente reducidas a diez o a veinte quizás. Y los cholos ciertamente no entrarían a encarnar la metáfora de "los futuros gobernantes de la nación" que la novela trabaja con ironía. Leer estos fragmentos linealmente sería imposible porque el sujeto heterogéneo quedaría profundamente descontextualizado y su presencia no constituiría nunca una historia, ni siquiera imaginada. De hacer esta prueba tendríamos cuando más un anecdotario de la negatividad en momentos y situaciones colectivas que nunca llegarían a constituir una nación. Así pues, mientras Cornejo acierta en su concepto, desacierta en su localización puesto que lo hace derivativo de las mediaciones intelectuales y con eso entra más dentro del terreno del multiculturalismo que del de la heterogeneidad. El multiculturalismo quedaría aquí definido como una condición teórica mediatizada por la escritura de los intelectuales.

Sin embargo, si tomamos a la letra su concepto y lo situamos más en las narrativas o anecdotario histórico de las confrontaciones coloniales, ahí la virtualidad muestra toda su luz precisamente porque no hay nación ni tampoco hay intelectuales nacionales. Lo que hay es un enfrentamiento entre dos culturas que en su inicio deciden codificar su oposición (dejar registrada su no dialogalidad) en torno a un artefacto occidental que es el libro. Ante este objeto deslocalizado en el contexto de uno de los interlocutores, el despliegue de juicios en su entorno lleva a Cornejo a establecer una serie de matices productivos como son los de la oralidad frente a la lectura y escritura, las comparaciones entre diferentes grados de participación en la cultura letrada de parte de los que presentan el libro como artefacto de poder y prueba de que su epistemología es la verdadera. Con esto Cornejo logra ilustrar la heterogeneidad como una inversión de valores en cuyo encuentro se demuestra el poder de la cultura indígena como una de las epistemologías maestras en pugna por la significación de los objetos culturales. Es desde este poder establecido, reconocido y autorizado desde donde se desprecia un artefacto que dice representar el poder ajeno, otra *episteme*; y es desde esta autoridad de aquí desde donde se discute y niega la autoridad de allá, tanto como la de aquéllos que vienen a hablar sólo en nombre y representación de otros.

Sin importarle quien gana o quien pierde, Cornejo pasa luego a ilustrar cómo en la música y en el baile se canta y danza, a quinientos años, una historia que no está solamente narrada como incidente de un encuentro desafortunado entre dos culturas, sino como una historia viva que persiste en la representación obsesiva de ese encuentro. La historia que vive en la danza, en el canto, en el llanto no es una historia codificada a la occidental sino una forma alternativa de la sobrevivencia de otra historia en y de la heterogeneidad. Esta misma historia desfasa el conocimiento de un espacio a otro de la crónica histórica al folklore para hacerlo servir, como dice Anthony Giddens de Freud, como testimonio de los efectos de la primera modernización en la conciencia colectiva de los pueblos. Pero esta manera de narrar la heterogeneidad se sale una vez más de los marcos occidentales, no sólo en las tipologías de las genealogías culturales (arte y no historia; danza y no letra; música y no escritura), sino también en los espacios donde pervive y en su traslape y trasvase cultural a través de las regiones donde esta cultura otra sobrevive. Y aquí el concepto de heterogeneidad de Cornejo viene a cobrar valor en la potencialización de esas formas de expresión que, irónicamente capitalizan los Estudios Culturales.

Otro tope o aspecto polémico de Cornejo, el más recientemente establecido dentro del campo es el de la diferencia entre heterogeneidad e hibridez. A Cornejo no le preocupó tanto la idea de la transculturación como a Rama quizás —especulemos— porque era andino. Y aquí podemos ya pensar esa idea del mismo Cornejo de Latinoamérica como "totalidad contradictoria", que dejaremos al margen de estas breves páginas de comentario. Como andino peruano, mestizo élite, a Cornejo le interesaba menos el mestizaje que lo indígena; menos la relación ciudad/región que las etnias. De ahí podemos entender porqué viene a leer lo híbrido como aspecto subyacente del mestizaje.

A mí de este debate me interesa poner en perspectiva tres aspectos. Uno es el del horizonte de Cornejo respecto a los procesos de masificación de la cultura, que es donde se sitúa el concepto de lo híbrido y, por tanto, su conspicua ausencia en la polémica sobre las nuevas teorías culturales en Latinoamérica que en Estados Unidos se denominan Estudios Culturales. Esta es una de las formas de reorganizar el campo político y de debatir los procesos de democratización en el período post-socialista, o post-guerra fría. Lo segundo es la relación que establece entre bibliografías de aquí y de allá, y el señalamiento de la ausencia de las bibliografías latinoamericanas en los Estados Unidos dentro del mismo campo latinoamericanista. Esto es, su apego a los circuitos cerrados del libro y de la mediación del letrado y las letras. De esta manera, aunque entra en desacuerdo con Rama en los aspectos relativos a la teorización de transculturación y heterogeneidad, su trabajo sigue preso en la ciudad letrada. Esta observación nos conduce por vía directa a uno de los temas calientes de hoy que es el de los intelectuales de aquí y de allá. Cornejo tampoco supo sopesar eso que ahora llamamos paradigma de la globalidad, sobre todo en su relación con la cultura electrónica que masifica y democratiza. Y en el tercer punto se encontraría el de la presencia incipiente de los movimientos indígenas que vendrían a revalorizar sus teorías sobre la heterogeneidad con relación a lo que aquí voy a llamar los procesos de exposición de la modernización de las etnias por las etnias mismas, la conciencia que despliegan en su capacidad o incapacidad de generar localidades.

Mi hipótesis de trabajo con respecto a estos puntos ciegos está relacionada menos con las teorías culturales y más con los procesos de migración propios de la postmodernidad. El gran maestro Cornejo, peruano élite de cepa, se trasladó a un contexto cultural que tarda años en aprenderse. Como todo Latino en los Estados Unidos, la vivencia directa que produce una cultura liberal, moderna, consensualmente coercitiva, ofusca, más si ocurre en un momento en que la configuración del mundo está radicalmente cambiando. La vida le llevó al umbral mismo de los hechos donde el impacto de las nuevas corrientes no sólo le empezó a desbaratar su mundo, como nos lo ha desbaratado a todos, sino que marcó en cuerpo propio las rupturas que la misma heterogeneidad que él tanto había estudiado en libros, trae como consecuencia directa de la vida biológica y emocional de las personas que la sufren, cuando no la cantan, la bailan y la ríen. A mí no me cabe duda de que si hubiera tenido el tiempo para vivirlo, hubiera seguido con nosotros el camino de la heterogeneidad que algunos continuamos ahora bajo otro nombre. Él habría entrado con la fuerza de su experiencia y erudición, y más, con una nueva sensibilidad social adquirida, a explicar esos compartimentos indialogables de lo heterogéneo en la multiculturalidad conflictiva que los Estados Unidos le ofrecía en bandeja. En esa dirección marchaba en su último libro *Escribir en el aire*, que escribió en Estados Unidos cuando admite con el pecho abierto, su propia condición de "un confuso y entreverado hombre heterogéneo".

Llamado al latinoamericanismo autóctono. El sentido del texto de Guadalajara de Antonio Cornejo Polar

Raúl Bueno
Dartmouth College
Universidad Nacional Mayor de San Marcos

Es obvio que el último trabajo de Antonio Cornejo Polar, "Mestizaje e hibridez: los riesgos de las metáforas. Apuntes", constituye ante todo una autocrítica y, por esta vía, un llamado a sortear los problemas que acosaban al autor, y las inconveniencias en que incurrió o creyó incurrir. Dictado desde su lecho de enfermo terminal, para ser leído en el congreso de LASA en Guadalajara (abril de 1997), es un texto descarnado, escrito con premura y, por ello, desprovisto de las riquezas de estilo de otros trabajos suyos, pero es elocuente, creo que correcto en todos sus puntos y honesto. Al producirlo hacía, en cierto modo, una evaluación de su caso como intelectual, y de casos similares al suyo, en el minuto en que las acciones se le habían vuelto definitivamente irreversibles. Dos aspectos del latinoamericanismo le preocupan sobremanera: el mareante embrujo de las metáforas que, a modo de categorías descriptivas, intentan dar cuenta de nuestra cultura y literatura, y el predominio de la lengua inglesa en el latinoamericanismo de la hora.

En el primer caso el autor encuentra que esas metáforas o nociones prestadas de otros ámbitos de realidad y conocimiento (mestizaje, hibridez, "ajiaco") son "tan conflictivas" como las categorías surgidas del ejercicio crítico propio, e inserta aquí sin reticencias su categoría de literatura heterogénea, junto a las de literatura alternativa y literatura diglósica. Véase bien que incluye en el lugar del conflicto la categoría mayor de su trayectoria intelectual, la que es crucial a todo un sistema de pensamiento en que conceptos laterales o complementarios, como heterogeneidad (en sí, o real, o cultural), sujeto heterogéneo y sujeto migrante, comienzan a tener sentido y utilidad. ¿Por qué, a la hora penúltima, ensaya esta sinceridad que parecería mellar su trayectoria? "[P]orque ninguna de las categorías mencionadas resuelve la *totalidad* de la problemática que suscita y todas ellas se instalan en el espacio epistemológico que — inevitablemente— es *distante y distinto*" (énfasis míos). Hay allí una insatisfacción de fondo que lo lleva a requerir, implícitamente, categorías menos laxas, conceptos más precisos y potentes, nociones más rendidoras, que cumplan lo que prometen. Sabe que no tiene tiempo para una nueva búsqueda y deja señalada la tarea para los estudiosos que siguen. ¿Cómo lo hace? Como una señal de alarma, una prevención o un aviso. No en vano usa el verbo "alertar" en la primera línea de su trabajo, sumándose a lo que acababa de hacer su colega y amigo: "No hace mucho Fernández Retamar *alertó* contra los peligros implícitos en la utilización de categorías provenientes de otros ámbitos a los campos culturales y literarios" (mi énfasis).

Como estudioso, como teórico, él sabía bien que *ninguna* categoría resuelve *todo* el problema que suscita (ni siquiera el que concita). Sabía que hay una distancia de base entre la palabra y la cosa que convoca. Y que todo concepto acarrea y añade problemas nuevos (los teóricos de la información dirían "ruido") al asunto que parcialmente resuelve. Había trabajado con el mestizaje y vio, por ejemplo, que el concepto soluciona algunas expectativas culturales y buena parte del problema de la identidad latinoamericana, pero introduce el fantasma de la homogeneización, que no se compadece mucho de la realidad de América Latina. Entonces intenta ahí mismo, sobre el papel, descartar el recurso al préstamo y a la imposición conceptual y seguir el ejemplo de categorías extraídas de la misma materia investigada y de sus propias modulaciones de función y sentido ("*Tinku, Pachakuti, Wakcha*, para el mundo andino"), pero declara insatisfactorio el caso porque, aunque admite la "capacidad hermenéutica" de esas "formas de conciencia", no llega "a observar su rendimiento teórico". Pero ha ganado bastante en el intento: ha logrado convocar a los latinoamericanistas autóctonos —y a los autoctonizados, claro, estirpe entrañable de extranjeros que vienen a trabajar *con* nosotros y *en* nuestras lenguas— que conocen los objetos de estudio desde adentro, o casi, para que se apresten a formular soluciones desde sus propios arsenales y con verdadera creatividad. Entonces su llamado siembra el deseo del perfeccionamiento conceptual por medio de la cosecha de insatisfacciones. Es decir, acude al descontento —de que hablaba Henríquez Ureña— en forma positiva, como promotor de discursos críticos, surgidos desde *acá* y desde *adentro*. Su llamado es a las jóvenes generaciones: hay que crear —como habría dicho Martí— también en estas circunstancias. No quiere que se tomen las palabras mayores del latinoamericanismo autóctono (transculturación, heterogeneidad, por ejemplo) como herencia insuperable y fija.

En la segunda parte la autocrítica es más sutil, menos explícita, porque está revestida de otras críticas, y es tal vez —si mis suposiciones son correctas— algo más dolorosa. El tema ahí es la lengua con que, en la actualidad, se escribe mayormente el latinoamericanismo: una lengua extranjera, básicamente el inglés, y todo lo que va con la lengua, especialmente "la óptica parcial de la cultura cuyo idioma se utiliza". Es decir, según el autor, el latinoamericanismo ha salido del ámbito que le corresponde y se hace y discute en universidades europeas y estadounidenses, donde se reelabora el dato latinoamericano siguiendo las agendas políticas y culturales prevalecientes en esos centros a la hora actual. Lo que le hace escribir en tono admonitorio: "alerto contra el excesivo desnivel de la producción crítica en inglés que parece —bajo viejos modelos industriales— tomar como materia prima la literatura hispanoamericana y devolverla en artefactos críticos sofisticados". Otra vez aquí su llamado es a los jóvenes latinoamericanistas autóctonos (no veo por qué tendría que cambiar de destinatario de una sección a otra de su texto), y su palabra de toque es, otra vez, "alertar" (¿está mal recordarles que su deber primero es escribir en la lengua en que crecieron y se formaron?).

Hay dos cosas a aclarar en esa prevención. Primera, hemos soslayado los latinoamericanistas nuestras obligaciones: hemos dejado de hacer lo que nos correspondía (o parte de ello) y hemos dejado a otros hacer las cosas nuestras, en sus propias lenguas y con sus puntos de vista; y hasta les hemos servido de proveedores de materia prima. Segunda, muchos de nosotros, subyugados por el encanto del inglés, y ansiosos por situar nuestros discursos en las corrientes académicas dominantes, hemos declinado nuestra propia lengua y adoptado lenguas y ópticas extrañas al latinoamericanismo. A quienes por razones de fuerza —entre ellas la falta de oportunidades laborales y recursos de investigación— hemos tenido que desplazarnos hacia el Primer Mundo les pregunto: ¿nos exigen nuestros empleadores producir en inglés? No descuento la conveniencia de darle a conocer al otro, en inglés, *nuestros* puntos de vista sobre los asuntos que nos conciernen, pero entonces pregunto ¿no existe entonces la obligación de retornar ese punto de vista, o criterio, o novedad, a la fuente que la origina, y en su idioma? Va más con este asunto del latinoamericanismo expresado en las lenguas del Primer Mundo (mi colega Beatriz Pastor ha producido un enjundioso ensayo al respecto), pero este apartado ha prometido un tema distinto. Pasemos entonces a la autocrítica, a propósito del problema de lenguas, en el texto de Guadalajara.

El asunto va por el lado de las homologías. Su expresión más escueta podría ser ésta: en el latinoamericanismo actual el inglés es a América Latina como el español (o el portugués) es a las zonas no occidentalizadas del continente y sus lenguas. Se entiende que similares grados de poder y subyugación están comprendidas en ambas series de relaciones. Entonces, sostengo que Cornejo Polar quería, con todo este asunto de la lengua hegemónica, implicar su insatisfacción —y su dolor— por haber trabajado el universo andino en una lengua, la española, que a menudo le es totalmente ajena a ese universo; por no haber podido llegar con su dato, en los sistemas y medios pertinentes (la oralidad quechua o aymara), a los sujetos de su referencia; por haber tomado, en suma, la producción discursiva del mundo andino profundo como materia prima para su discurso crítico. Cierto que tomó muchas precauciones para sortear esta problemática: trabajó la literatura situada al filo del choque cultural, el indigenismo, que se expresa en un español flexionado hasta el punto de ser dúctil a las formas de conciencia indígenas; se valió de excelentes traducciones al español de los textos indígenas que fueron objeto de su investigación; supo, y no descontó nunca este saber, que el español fue y es lengua de poder y avasallamiento, como bien lo recuerda Rigoberta Menchú; se puso siempre, intelectual, afectiva y moralmente, del lado de los vencidos; y anheló, entonces, una sociedad múltiple, pero desjerarquizada y armoniosa. Mas su trabajo no tuvo la llegada que, en el fondo, supuso: se quedó, celebrado pero cautivo, entre los anaqueles de la cultura criolla y la academia del Perú y más allá, sin alcanzar al andino masivo. Supo también que el latinoamericanismo local no se hace en lenguas aborígenes, sino en lenguas que no siempre se compadecen de las culturas indígenas o indomestizas, a las que tratan como meros objetos de referencia, o surtidores de materia cultural "prima", a la que deben añadirle un inteligible y una racionalidad ajenas. Lo supo y lo sintió siempre. De ahí que en no pocas ocasiones confesara que se sentía incómodo de tener que trabajar sobre traducciones, y admiraba a quienes habiendo cruzado fronteras lingüísticas y culturales —algunos de ellos profesores europeos, sus amigos— se empapan de los registros aborígenes y son capaces de interactuar directamente con el andino original. (¿Habría imaginado, emulando al maestro Mariátegui, un latinoamericanismo desjerarquizado y deshegemonizado, en que los indios e indomestizos, esto es, las culturas alternativas de América Latina, estén en condiciones de producir su propia información científica, para explicarse a sí mismos y explicarles a los otros su situación y sus relaciones con los sectores dominantes?). Otra vez: da para más esta línea de reflexiones. Yo la dejo ahí porque supongo, con buenas razones, que está enrielada la cuestión para que vaya de por sí.

No quisiera, sin embargo, cerrar mi parte sin remarcar algunos de los "llamados" implicados, a mi modo de ver, por el texto de Guadalajara: 1. Avanzar el latinoamericanismo hispano-luso-franco-nativo-parlante, sin dejar que lo avasallen culturas dominantes, cualquiera que éstas sean. 2. Aprender —los latinoamericanos de buena fe— lenguas aborígenes y llegar hasta sus usuarios naturales, en sus propios sistema y códigos, con la información que les y nos concierne: es nuestro deber. 3. Promover la formación intelectual de los nativo-parlantes, dentro de un proyecto cultural más amplio que apunte a reestudiar las políticas de lengua y cultura en América Latina: es su derecho.

6. Desplazamientos transterritoriales y traducción cultural

Desplazamientos, voces, y el lugar de la lengua en la
crítica de Antonio Cornejo Polar

Mabel Moraña
University of Pittsburgh

1. INTRODUCCIÓN

Podría considerarse que uno de los temas de reflexión más importantes que la teorización poscolonial ha entregado a los estudios latinoamericanos es el que se vincula con el lugar central de la lengua en intercambios interculturales, y su función determinante como dispositivo esencial en el proceso de construcción y negociación de identidades colectivas. Esta cuestión, que implica un reconocimiento de la distancia que separa a los sujetos que intervienen en situaciones comunicativas, y de la necesidad de captar y elaborar productivamente la *diferencia* que articula agentes y proyectos culturales, es uno de los temas que Antonio Cornejo Polar trabajara, durante sus muchas décadas de labor intelectual, y con el que decidiera cerrar (o mejor aún, dejar abierto) el ciclo de sus reflexiones sobre literatura y cultura latinoamericana.

En torno a ese tema, que recorre la cultura americana desde sus orígenes occidentales, se ha reconocido que todo discurso, escrito u oral, lleva las marcas no sólo de la posicionalidad individual de los sujetos involucrados en el acto comunicativo, sino de la "situación de discurso" que da lugar al intercambio lingüístico. Para decirlo en la forma resumida que da a esta cuestión Bill Ashcroft, "todo texto escrito es una situación social", de la misma manera que todo significado es una realización o un logro social *posicionado* ("a situated accomplishment") caracterizado por la participación de escritor y lector en un discurso particular (298).[1]

La tensión entre este particularismo pautado por la lengua y el paradigma universalista de lo poscolonial se sitúa en el centro mismo de los debates actuales sobre globalización, transdisciplinariedad y *area studies*, debates que se nutren en gran medida, muchas veces sin dar(se) cuenta de ello, de la crítica de Cornejo Polar y de lo que en otra parte he llamado su "teoría del conflicto".[2] En efecto, la vinculación estrecha entre **los usos de la lengua**, el **posicionamiento geocultural de discursos y sujetos**, y los **desplazamientos transterritoriales** (exilios, migraciones, diásporas, y los consecuentes "imaginarios posnacionales" que ellos generan) son el trasfondo teórico que informa las nociones de *heterogeneidad*, *totalidad contradictoria* (*no dialéctica*) y *sujeto migrante*, que son centrales en la obra del crítico peruano.

2. Desplazamientos paradigmáticos

Quiero proponer aquí que el caso de Antonio Cornejo Polar, cuya labor crítica latinoamericanista es motivo de estas reflexiones, puede ser entendido como paradigmático del recorrido que el campo ha realizado en las últimas décadas. Digo paradigmático, sin olvidar las advertencias que yo misma incluyera en un estudio anterior sobre este mismo tema (Moraña 2000), en el que, parafraseando el último artículo de Cornejo Polar, me refería a "los riesgos de las metonimias". Para tratar de no caer en fáciles y riesgosas asimilaciones, propongo que entender la trayectoria de Cornejo Polar desde las letras coloniales hasta las nacionales, desde un latinoamericanismo *in situ* hasta su práctica transnacionalizada, desde los avatares de la política andina que lo desplazaran de su contexto cultural originario a la institucionalidad académica norteamericana que lo acogiera hasta el final de sus días es, de alguna manera, penetrar, por uno de los ángulos posibles, en el intrincado desarrollo del campo latinoamericanista y en algunas de las *fugas* que lo caracterizan en la actualidad.[3] Tampoco es ajeno a ese carácter paradigmático el sentido que asume en la obra de Cornejo Polar la posicionalidad criolla con respecto a los universos heterogéneos, principalmente indígenas, que enfocara en su trabajo.[4]

Los varios desplazamientos arriba mencionados, ya sea los que se refieren al tránsito historiográfico que va desde el estudio del "Discurso en loor de la poesía" y los *Comentarios reales* del Inca Garcilaso hasta la obra de escritores contemporáneos, o el que moviliza la práctica profesional desde la periferia latinoamericana hacia los centros más privilegiados del latinoamericanismo internacional, con la consiguiente reinscripción lingüística (yendo, así, desde la hegemonía del castellano como instrumento de la cultura criolla, dominante de las lenguas indígenas, hasta el predominio del inglés como lengua de poder teórico y negociación intercultural en la globalidad), giran en torno a otro problema fundamental: el de la reformulación y descentralización que sufre el concepto de *nación* como ideologema nuclear de la reflexión crítico-historiográfica y como base de las elaboraciones en torno a la vigencia o descaecimiento de *culturas nacionales*, que fuera uno de los puntos de apoyo principales de la crítica latinoamericana desde los orígenes de la nación-estado.

2.1 Heterogeneidad y subjetividad: de lo pre a lo pos-colonial

La obra crítica de Cornejo Polar realizó, en este sentido, todo el periplo que va desde las etapas protonacionales en la colonia hasta la consolidación de los conglomerados nacionales, al estudiar la función del discurso letrado como lugar de producción y reproducción de hegemonías y como representación de la otredad indígena a partir de la identidad criolla. Pero, como la obra de José Carlos Mariátegui, la de Cornejo Polar manifestó siempre una desconfianza fundamental en la función cohesiva y homogeneizante que el proyecto de cultura nacional implicara como plan centralizador, elitista y excluyente de los múltiples sistemas socio-culturales que coexisten en las distintas regiones latinoamericanas.[5] La temprana conciencia de que América Latina era abarcable mucho más a partir de una visión regionalista que desde una perspectiva restringidamente "nacional" o totalizadoramente continentalista permitió a Cornejo Polar impulsar pioneramente la idea de la existencia de imaginarios sub, supra o post-nacionales, según los casos, que el discurso poscolonial descubriera mucho después, al registrar la crisis de la noción esencialista de identidad y la corrosión de la centralidad de la institucionalidad estatal en tiempos de predominio neoliberal.

La noción de heterogeneidad, bien anterior a la de hibridez que popularizara en los '80 Nestor García Canclini, entrega justamente la herramienta para impulsar la desagregación de los elementos que componen ideológicamente la idea de nación, dejando al descubierto la importancia de una multiplicidad de proyectos, sistemas y modalidades culturales que dinamizan, fragmentan y reacomodan constantemente a las formaciones sociales americanas.[6] El concepto y la práctica del multiculturalismo derivan de un reconocimiento similar, que cristaliza cuando los estudios culturales se hacen cargo, al menos en su versión estadounidense, de una realidad social en la que los distintos sectores negocian su presencia política, económica y social en términos culturales, con un énfasis ineludible en el particularismo de sus agendas, tradiciones, y formas de (auto)reconocimiento identitario. Quizá lo que distingue mejor ambas agendas es, nuevamente, la desconfianza radical de Cornejo Polar en la conciliación entre culturas cuya relación ha estado siempre marcada por el signo del conflicto (económico, racial, religioso, lingüístico, social), y su convicción de que la negatividad de la *otredad* indígena no podía (no debía) resolverse en América Latina en una síntesis futura que la reabsorbiera en la positividad hegemónica.

El tránsito que Cornejo Polar efectúa desde la noción de *heterogeneidad* a la de *sujeto* implica un paso más en esa concepción que busca resituar el problema de la cultura más allá de las coartadas teóricas de la modernidad, sin renunciar a considerar en sus elaboraciones los rastros, en muchos casos devastadores, que la misma imprimiera sobre las culturas americanas originarias.[7]

Su idea acerca de la construcción y funcionamiento social de subjetividades colectivas es bien consciente de los resabios que esta noción arrastra a partir de ciertas tradiciones (Cornejo Polar, "Ensayo sobre el sujeto", *Escribir en el aire*). Así, indica Cornejo Polar en *Escribir en el aire* que "si del sujeto se trata, es claro que la experiencia y el concepto modernos del sujeto son indesligables de la imaginación y el pensamiento románticos" (18). Su propósito, sin embargo, es justamente apartarse de esta concepción que sugiere la primacía de "un yo exaltado y hasta mudable, pero suficientemente firme y coherente como para poder regresar siempre sobre sí mismo" (18). Cornejo Polar busca, más bien, establecer su énfasis sobre la cualidad *relacional* de la subjetividad social, elaborando las "fisuras y superposiciones" (20), y la "inestable quiebra e intersección de muchas identidades disímiles, oscilantes y heteróclitas" (21). Su objetivo es "desmitificar al sujeto monolítico, unidimensional y siempre orgulloso de su coherencia consigo mismo, al discurso armonioso de una voz única a la que sólo responden sus ecos y a las representaciones del mundo que lo fuerzan a girar constantemente sobre un mismo eje" (23).

En su elaboración, Cornejo Polar se aleja progresivamente de la noción de *sujeto autónomo* que la historiografía y la antropología tradicionales tendieran a presentar en sus análisis de la cultura indígena. Promueve en su lugar, más bien, la idea de ruptura o fragmentación de la utópica unicidad nacionalista y de las *otredades* gestionadas desde el Poder— a partir de la recuperación del registro colonialista que deja como saldo articulaciones disfuncionales de las culturas sometidas a la cultura criolla, que ocupa en la región andina el lugar dominante. Esta noción, que el subalternismo elaborara también como crítica a la historiografía liberal, humanista y eurocéntrica, al enfatizar la dinámica discontinua y espontánea de la resistencia popular en distintos contextos, se registra en el énfasis que presenta la crítica de Cornejo Polar en la disgregación, descentramiento y desdoblamientos que descubre en las polifonías de la cultura andina y en sus modalidades de (auto)representación. *Escribir en el aire* es, en este sentido, la culminación crítica de Cornejo Polar en su búsqueda del *sujeto plural, relacional y diversamente situado*, cuyas prácticas dejan en evidencia las posiciones encontradas y siempre conflictivas que los distintos grupos ocupan desde el punto de vista económico, político y social en América Latina.

2.2 Del latinoamericanismo *in situ* al latinoamericanismo transnacionalizado: de la lengua, a la voz, a la lengua

La transición de la práctica profesional de Cornejo Polar desde la región andina a contextos internacionales no se dio abruptamente. Para el crítico peruano, la América Latina que recorriera siempre como parte de su labor profesional, sin ser una unidad, era sin duda un conjunto unificado históricamente, donde las diferencias dialogaban entre sí, aun en los niveles más álgidos de sus enfrentamientos y conflictos. Pero el paso a la academia norteamericana significó sin duda, en su vida y en su obra, un salto cualitativo que estuvo siempre marcado, a mi juicio, por un sentimiento de pérdida que, como el mismo crítico reconociera en un nivel teórico más amplio, acompañan ineludiblemente al migrante en todas las etapas de su itinerario. Lo que algunos han preferido poner en términos de la antinomia entre lo vernáculo y lo internacional, y que yo prefiero aludir como el paso de prácticas intelectuales *in situ* a prácticas transnacionalizadas, estuvo materializado en la crítica de Cornejo Polar en sus reflexiones sobre el lugar que la lengua ocupaba en la labor intelectual y académica. Cornejo Polar reconocía, como testimonian muchos de sus escritos, las políticas que regulan y determinan los usos de la lengua, a las que estudia en sus múltiples manifestaciones escritas y orales, cultas y populares, individuales y colectivas, y en muchas de las negociaciones que vinculan los extremos aparentes del espectro lingüístico. De esta manera, más allá de la voluntad de enfocar minuciosamente la *estética* que resulta de la experiencia lingüística, su obra manifiesta también conciencia clara de la necesidad de ver la lengua como instrumento *ideológico*, creador y reproductor de hegemonía.

En la academia norteamericana, y sobre todo con el creciente avance de los estudios culturales, que tomaron vuelo a partir de la década de los '80, el predominio del inglés se reafirma con el prestigio creciente de la teoría, que pasa a ocupar, en el campo amplio del latinoamericanismo internacional, el lugar que la historia había tenido hasta la década anterior, mientras el paradigma socialista se mantuvo en vigencia y, con él, el impulso por mantener en primer plano el estudio de la materialidad cultural.

Dentro del campo del latinoamericanismo, que nunca llegó a elaborar suficientemente la mala conciencia de su propia heterogeneidad lingüística y cultural con respecto a las culturas americanas no hispano hablantes, la superposición del inglés —lengua de la teoría y la globalidad— al castellano —lengua hegemónica de la cultura criolla y código expresivo de conflictos históricos, políticos y sociales en América desde la colonia— pareció demasiado. Aunque pueda y deba recalcarse la falsa oposición entre estos aparentes extremos del espectro epistemológico (historia/teoría), vale la pena reconocer que dentro de los paradigmas de prestigio del latinoamericanismo internacional, la subalternización del castellano parece reproducir, en círculos concéntricos, situaciones de colonialismo cultural que dejan a las culturas estudiadas, sobre todo a las no hispano hablantes, encerradas en la interioridad de sus códigos expresivos y (auto)representacionales, que sólo sucesivos sistemas de traducción lingüística y cultural pueden hacer relativamente accesibles. Finalmente, el tema de la **traducción cultural** que ha ocupado uno de los puntos neurálgicos del debate antropológico en las últimas décadas, ha llegado de lleno a los estudios literarios, trayendo consigo la conciencia (culposa) de la desigualdad de las lenguas o, dicho de otro modo, de las asimetrías de poder que controlan el campo intelectual sobre todo en el estudio de culturas *otras*. La noción de *lenguas calientes* y *lenguas frías*, que deriva de Lévi-Strauss, o de *lenguas fuertes* y *lenguas débiles* que recorre la disciplina etnográfica se aplica claramente al problema que venimos mencionando.

Tales desplazamientos no pasaron inadvertidos a Cornejo Polar, de ahí su preocupación por el problema de la primacía del inglés en el hispanismo norteamericano, y por los cambios que las migraciones de sujetos y prácticas disciplinarias están produciendo en nuestro campo de estudio. Sin embargo, si bien el problema de la lengua lo preocupó, como digo, centralmente, en su misma tarea interpretativa Cornejo Polar realizó, a lo largo de décadas de estudio y reflexión, un desplazamiento crítico desde la interrogación sobre las políticas de la lengua a las estrategias de recuperación de *las voces* ocultas en textos o discursos. Su trabajo no constituyó, sin embargo, una vacía celebración de la polifonía multivocal, ni un regodeo especulativo sobre los silencios del texto o el sujeto, sino más bien una indagación cuidadosa de las estrategias representacionales que permiten afirmar una presencia —incompleta y mediatizada— de sujetos existentes fuera de los límites de la *ciudad letrada*.

En sus análisis de Arguedas, por ejemplo, Cornejo Polar analiza no sólo los diversos sistemas lingüísticos y culturales que se entrecruzan en la prosa del autor de *Los ríos profundos* sino que trata también de detectar la disidencia y los pronunciamientos concretos que esos textos incluyen contra o desde el Poder. En sus alusiones al testimonio, se preocupa por el proceso que sigue la "palabra primera" (*Escribir en el aire* 221) y por el efecto de las sucesivas interpretaciones, traducciones, recopilaciones de que es objeto esa palabra originaria antes de transformarse en mercancía cultural. Lo que preocupa al crítico peruano no es sólo la conquista de un espacio donde el *performance* de la comunicación se juegue dentro de los códigos previstos por la "estrategia decodificadora" (*Escribir en el aire* 220), sino el resto que persiste o se pierde con el que "lee la voz" (221) del *otro* fuera de su registro.

En los casos de los testimonios de Domitila Barrios de Chungara y Gregorio Condori Mamani, Cornejo Polar persigue la transformación del sujeto individual en sujeto colectivo. En el primero, la voz se va reformulando a partir de las sucesivas conexiones de la palabra de la mujer con la del proletariado minero, y su ampliación interpelativa a toda la extensión de esta clase social a nivel nacional, y a los horizontes mismos de la utopía socialista transnacional todavía vigente a finales de los 70. En la *Autobiografía* de Condori Mamani no se repite, sin embargo, la misma situación. Como resultante de "la experiencia de la marginalidad originaria" (*Escribir en el aire* 225) la individualidad se mantiene como un reducto que no alcanza el nivel de la socialización más que en ciertos alcances de información política que remiten al sujeto a un ámbito nacional imaginado y a algunos de sus rituales cívicos. Pero Cornejo Polar está atento, sobre todo, al modo en que la esfera privada se inscribe en el territorio de la lengua, en este caso el quechua, lengua materna y única de Gregorio y Asunta, su mujer, a quien corresponde el relato de los últimos capítulos de la "autobiografía" construida de manera plural, a través de versiones, traducciones, recopilaciones. Pero a este territorio de la *lengua* donde se inscriben las *voces* corresponde el más vasto campo de la *cultura*, con sus mitos, tradiciones y posicionalidad política dentro de la región que la comprende. Esta es, entonces, la instancia de socialización que a Cornejo Polar le interesa rastrear: la de las vías de identificación a través de las cuales voces, lenguas y culturas se vinculan, entrecruzan y fundamentan recíprocamente. Así, recoge las referencias de Gregorio a Tupac Amaru, a quien los españoles "le habían sacado su lengua, sus ojos desde la raíz" (*Autobiografía* 49, cit. por Cornejo Polar, *Escribir en el aire* 227-28), la alusión a Atahuallpa, quien tira al suelo la Biblia en el controvertido "diálogo" de Cajamarca y, finalmente, la rememoración de su insuficiente adquisición del castellano ("Se entraba al cuartel sin ojos y sin ojos se salía, porque no podías salir con abecedario correcto. También sin boca entrabas y sin boca salías, apenas reventando a castellano la boca" (*Autobiografía* 45, cit. por Cornejo Polar, *Escribir en el aire* 229). Según Cornejo Polar, las metafóricas mutilaciones del cuerpo remiten a la trágica y ancestral peripecia indígena: el sujeto sin lengua es un hombre sin ojos y sin boca, amputación que remite a la pérdida de la cultura propia, a la "expropiación del cuerpo" (229) individual y social, que es material y simbólicamente apropiado por la cultura y el poder dominantes. Pero lo más interesante es, quizá, el propio posicionamiento de Cornejo Polar —quien en muchos sentidos representa el *establishment* de la alta cultura universitaria y el paradigma del discurso letrado— que se reconoce entrando indirectamente al universo de la cultura quechua, a través de transcripciones, traducciones y recopilaciones varias que mediatizan la comunicación con el *otro*:

> Ambiguamente nos felicitamos de poder ingresar, siquiera por la puerta falsa, casi subrepticiamente, en una conciencia que en un cierto nivel parece agotarse en su propia experiencia, pero que en otro se socializa en un complejo y ambiguo interdiscurso que aunque habla de derrotas al momento mismo de hacerlo prueba —paradójica pero incontrastablemente— la fortaleza, la persistencia y la vitalidad del sujeto que lo enuncia. Habla también, a través de las mediaciones a las que ha sido sometido, de la disgregada índole del mundo andino y de la desubicación que sufre el trabajo intelectual, singularmente el crítico, frente a esa configuración socio-cultural que no cesa de evidenciar su radical heterogeneidad (229).

En el testimonio final analizado por Cornejo Polar, *Nosotros los humanos/Nuqanchik runakuna* éste destaca la presencia de fenómenos de transculturación y sincretismo religioso que revelan la existencia de cruces y contradicciones que tensan los procesos de construcción de sujetos y los discursos de (auto)reconocimiento individual y colectivo. Para Cornejo Polar, a través del espacio multiétnico se interconectan

> varias y borrosas conciencias, instaladas en culturas diversas y en tiempos desacompasados [que] compiten por la hegemonía semántica del discurso sin llegar a alcanzarla nunca, convirtiendo el texto íntegro en un campo de batalla, pero también de alianzas y negociaciones, donde fracasa irremediablemente todo recurso a la subjetividad individualizada, con su correlato de identidades sólidas y

coherentes, y sus implicancias en la crítica y la hermenéutica literarias (233).

Lo que me interesa destacar en el fino análisis de Cornejo Polar es, nuevamente, su posicionamiento exterior y sólo aparentemente equidistante de las culturas encontradas en el espacio textual, y convocadas por el ejercicio crítico. La "heterogeneidad" y "desubicación" que percibe en el trabajo intelectual tiene que ver con las posiciones de poder que afectan el proceso de construcción de subjetividades colectivas, y con su propio *locus* letrado, urbano, criollo, que de alguna manera construye a su objeto de estudio negociando la *diferencia* a través de estrategias interpetativas que no operan nunca sin dejar un resto irrecuperable que no puede ser alcanzado en su totalidad. En esta economía crítica, el lugar de la lengua es central y determinante. Constituye, en efecto, un espacio álgido y *distinto*, un campo de lucha interpretativa y representacional que admite "alianzas y negociaciones", pero del que nunca son ajenos conflictos ideológicos y luchas de poder que se remontan a las primeras prácticas del colonialismo y se perpetúan en las prácticas modernizadoras.

Las dinámicas que descubre Cornejo Polar en la academia norteamericana de los 90 no es ajena a estos recorridos anteriores entre lenguas hegemónicas y subalternizadas, sólo que ahora se han invertido los papeles, y el castellano y la cultura hispánica a la que remite son el objeto de la traducción y la "gestión" letrada. Su artículo final "Mestizaje e hibridez: los riesgos de las metáforas. Apuntes", que levantara tantas reacciones por parte de la crítica, llama la atención justamente sobre el predominio del inglés y el descaecimiento de un latinoamericanismo basado en la textualidad y la recuperación de las culturas originarias, que está sufriendo ahora nuevos desplazamientos al someterse a niveles exógenos de elaboración lingüística.

La superposición de esta nueva forma de hegemonía cultural se agrega a la preeminencia del castellano, que testimonia el colonialismo interno que la cultura criolla practicara con respecto a las culturas originarias desde el origen mismo de las formaciones sociales americanas. Las voces quedan nuevamente cautivas en las políticas de la lengua, dependiendo de la red de traducciones, transcripciones y selecciones que se ejercitan para recuperarlas. Cornejo Polar percibe en el latinoamericanismo globalizado esta instancia nueva de dominación que reconoce, por cierto, como parte de la reformulación de subjetividades colectivas que trae aparejeado no sólo el proceso de mundialización al cual no es ajeno ese campo de estudio, sino los mismos sujetos que lo practican, al desplazarse, integrarse, transculturarse. Este nuevo proceso requiere, entonces, nuevas estrategias de posicionamiento para la vinculación de voces y lenguas en el espacio del supradiscurso multicultural, en su etapa actual de formalización y redefinición ideológica. La situación requiere, también, conciencia de los juegos de poder que la determinan, y de los alcances que toma en el contexto de la globalización, el tema de la heterogeneidad que Cornejo Polar insertara tempranamente en los análisis de la cultura latinoamericana.

NOTAS

[1] En palabras de Ashcroft, "The written text is a social situation..." "Meaning is a social accomplishment characterized by the participation of the writer and reader functions within the 'event' of a particular discourse. To take into account the necessary presence of these functions and the situation in which the meaning occurs, the meaning may be called a 'situated accomplishment'" (298-299).
[2] Ver, al respecto, mi artículo "De metáforas y metonimias".
[3] He elaborado la idea de las "fugas" que se registran en este campo de estudios en mi artículo "Migraciones del latinoamericanismo", en el que aludo al lugar de la lengua en distintas orientaciones disciplinarias.
[4] Como se sabe, el mismo Cornejo Polar trabajó el tema de la migración y de los cambios que este fenómeno provoca a nivel de identidades individuales o colectivas. Ver, por ejemplo, sus artículos "Condición migrante e intertextualidad multicultural" y "Una heterogeneidad no dialéctica: sujeto y discurso migrantes...".
[5] Respecto al tema de lo nacional en la obra de Mariátegui, en la que se apoya la concepción de Cornejo Polar, puede verse mi artículo "Mariátegui y la 'cuestión nacional': un ensayo de interpretación".
[6] Para una primera postulación de la noción de heterogeneidad, ver Cornejo Polar (1978). Sobre las relaciones y diferencias entre los conceptos de heterogeneidad, hibridez y transculturación puede verse, por ejemplo, Schmidt, Fernández Retamar, Lienhard. El artículo de Fernández Retamar es en respuesta al texto de Cornejo Polar titulado "Mestizaje, transculturación, heterogeneidad", que guiara parte del debate en las *Jornadas Andinas de Literatura Latinoamericana* (JALLA), Tucumán, 1995. Finalmente, es interesante ver la respuesta que da

García Canclini ("Entrar y salir de la hibridación") al último artículo de Cornejo Polar ("Mestizaje e hibridez: el riesgo de las metáforas"), en el que éste critica la noción de hibridez.

[7] Me he referido antes a este tema de la transición heterogeneidad cultural/construcción de sujetos en Moraña (*"Escribir en el aire*, heterogeneidad y estudios culturales", "Antonio Cornejo Polar y los debates actuales del latinoamericanismo").

BIBLIOGRAFÍA

Ashcroft, Bill. "Constitutive Graphonomy". *The Post-Colonial Studies Reader*. Bill Ashcroft, Gareth Griffith, y Hellen Tiffin, eds. Londres/Nueva York: Routledge, 1995: 298-302.

Cornejo Polar, Antonio. "El indigenismo y las literaturas heterogéneas: su doble estatuto socio-cultural". *Revista de Crítica Literaria Latinoamericana* 7-8 (1978): 7-21.

_____ "Ensayo sobre el sujeto y la representación en la literatura latinoamericana: algunas hipótesis". *Hispamérica* 22/66 (1993): 3-15.

_____ *Escribir en el aire. Ensayo sobre la heterogeneidad socio-cultural en las literaturas andinas*. Lima: Horizonte, 1994.

_____ "Mestizaje, transculturación, heterogeneidad". *Revista de Crítica Literaria Latinoamericana* 20/40 (1994b): 368-371.

_____ "Condición migrante e intertextualidad multicultural: el caso de Arguedas". *Revista de Crítica Literaria Latinoamericana* 21/42 (1995): 101-109.

_____ "Una heterogeneidad no dialéctica: sujeto y discurso migrantes en el Perú moderno". *Revista Iberoamericana* 62/176-177 (1996): 837-844.

_____ "Mestizaje e hibridez: el riesgo de las metáforas". *Revista Iberoamericana* 63/180 (1997): 341-344.

Fernández Retamar, Roberto. "Comentarios al texto de Antonio Cornejo Polar 'Mestizaje, transculturación, heterogeneidad'". *Asedios a la heterogeneidad cultural. Libro de homenaje a Antonio Cornejo Polar*. José Antonio Mazzotti y U. Juan Zevallos Aguilar, coords. Philadelphia: Asociación Internacional de Peruanistas, 1996. 47-56.

García Canclini, Néstor. *Culturas híbridas. Estrategias para entrar y salir de la modernidad*. México: Grijalbo, 1990.

_____ "Entrar y salir de la hibridación". *Revista de Crítica Literaria Latinoamericana* 25/50 (1999): 53-57.

Lienhard, Martín. "De mestizajes, heterogeneidades, hibridismos y otras quimeras". *Asedios a la heterogeneidad cultural. Libro de homenaje a Antonio Cornejo Polar.* José Antonio Mazzotti y U. Juan Zevallos Aguilar, coords. Philadelphia: Asociación Internacional de Peruanistas, 1996. 57-80.

Mazzotti, José Antonio y U. Juan Zevallos Aguilar, coords. *Asedios a la heterogeneidad cultural. Libro de homenaje a Antonio Cornejo Polar.* Philadelphia: Asociación Internacional de Peruanistas, 1996.

Moraña, Mabel. "*Escribir en el aire,* heterogeneidad y estudios culturales". *Asedios a la heterogeneidad cultural. Libro de homenaje a Antonio Cornejo Polar.* José Antonio Mazzotti y U. Juan Zevallos Aguilar, coords. Philadelphia: Asociación Internacional de Peruanistas, 1996. 481-492.

_____"De metáforas y metonimias: Antonio Cornejo Polar en la encrucijada del latinoamericanismo internacional". *Nuevas perspectivas desde/sobre América Latina: el desafío de los estudios culturales.* Mabel Moraña, ed. Pittsburgh/Santiago de Chile: IILI/Cuarto Propio, 2000. 221-229.

_____"Mariátegui y la 'cuestión nacional': un ensayo de interpretación". *Políticas de la escritura en América Latina. De la colonia a la modernidad.* Caracas: EXcultura, 1997. 153-164.

_____"Antonio Cornejo Polar y los debates actuales del latinoamericanismo: noción de sujeto, hibridez, representación". *Revista de Crítica Literaria Latinoamericana,* 25/50 (1999): 19-28.

_____"Migraciones del latinoamericanismo". *Revista Iberoamericana* 66/193 (2000): 821-829.

Ramos, Julio. "Genealogías de la moral latinoamericanista: el cuerpo y la deuda de Flora Tristán". *Nuevas perspectivas desde/sobre América Latina: el desafío de los estudios culturales.* Mabel Moraña, ed. Pittsburgh/Santiago de Chile: IILI/ Cuarto Propio, 2000. 185-208.

Schmidt, Friedhelm. "¿Literaturas heterogéneas o literatura de la transculturación?" *Asedios a la heterogeneidad cultural. Libro de homenaje a Antonio Cornejo Polar.* José Antonio Mazzotti y U. Juan Zevallos Aguilar, coords. Philadelphia: Asociación Internacional de Peruanistas, 1996. 37-46.

Valderrama, Ricardo y Carmen Escalante, eds. *Gregorio Condori Mamani. Autobiografía.* Cusco: Centro Bartolomé de las Casas, 1977.

_____*Nosotros los humanos / Nuqanchik runakuna. Testimonio de los quechuas del siglo* XX. Cusco: Bartolomé de las Casas, 1992.
Viezzer, Moema. *"Si me permiten hablar...." Testimonio de Domitila, una mujer de las minas de Bolivia*. México: Siglo XXI, 1977.

Alexander Betancourt Mendieta es profesor de Estudios Latinoamericanos de la Universidad Nacional Autónoma de México. Se especializa en Historia de las Ideas, Estudios Historiográficos y Filosofía Latinoamericana. Realizó estudios de licenciatura en Filosofía y Letras en la Universidad de Caldas, Manizales (Colombia) e hizo su Maestría en Estudios Latinoamericanos en la UNAM. Actualmente trabaja en su tesis doctoral sobre "El nacionalismo y el populismo en la historia contemporánea de Colombia". Publicó varios artículos sobre filosofía e historia latinoamericanas, y está en prensa el libro *Interpretación histórica de una sociedad nueva. La obra de José Luis Romero*.

John Beverley es profesor en el Departamento de Lenguas y Literaturas Hispánicas y el Programa de Estudios Culturales de la Universidad de Pittsburgh. Fue uno de los fundadores y se desempeñó como co-coordinador del Grupo de Estudios Subalternos Latinoamericanos. Sus libros incluyen *Aspects of Gongora's Soledades* (1980); *Del Lazarillo al Sandinismo* (1988); *Literature and Politics in the Central American Revolutions*, con Marc Zimmerman (1990); *Against Literature* (1993); *Una modernidad obsoleta. Estudios sobre el barroco* (1997); y *Subalternity and Representation* (1999). Ha co-editado *La voz del otro: Testimonio, subalternidad y verdad narrativa*, con Hugo Achugar (1992); y *The Postmodernism Debate in Latin America*, con Michael Aronna y José Oviedo (1995). Dirige, con Sara Castro Klarén, la serie editorial, "Illuminations: Cultural Formations of the Americas", para la University of Pittsburgh Press.

Raúl Bueno es Licenciado en Literatura por la Universidad de San Marcos (Lima) y Doctor en Letras por la de San Agustín (Arequipa). Hizo en París un post-doctorado en semiótica literaria en la École des Hautes Études en Sciences Sociales. Tiene una Maestría Honoraria en Artes y Letras por Dartmouth College. Desde 1987 es profesor de literatura hispanoamericana y estudios latinoamericanos en Dartmouth. Profesor emérito de San Marcos. Ha sido profesor visitante de la Universidad Central de Venezuela, la Católica Andrés Bello, la Católica Pontificia del Perú, Dartmouth y el Centro de Estudios Latinoamericanos Rómulo Gallegos. Desde 1998 dirige la *Revista de Crítica Literaria Latinoamericana*. Tiene publicados tres libros de poesía. En crítica ha publicado: *Metodología del análisis semiótico* (con D. Blanco, 1980), *Poesía hispanoamericana de vanguardia. Procedimientos de interpretación textual* (1985) y *Escribir en Hispanoamérica. Ensayos sobre teoría y crítica literarias* (1991). En la actualidad trabaja en un volumen sobre modelos de cultura y literatura en América Latina.

José Castro Urioste obtuvo el bachillerato en Literatura en la Universidad de San Marcos (Lima) y se doctoró en la Universidad de Pittsburgh. Sus artículos sobre literatura latinoamericana de los siglos XIX y XX han sido publicados en *Anthropos, Revista Iberoamericana, Estudios, Lexis, Revista de Crítica Literaria Latinoamericana, Studies in Twentieth Century Literature*, entre otras revistas. Asimismo, se ha publicado su escritura de creación: *A la orilla del mundo* (1989), y *Aún viven las manos de Santiago Berríos* (1991). Es co-editor de la antología de teatro peruano contemporáneo *Dramaturgia peruana* (1999). Tiene en preparación el manuscrito titulado *De Doña Bárbara al neoliberalismo: ideología y modernidad en América Latina*. Actualmente, es Profesor Asociado en Purdue University Calumet.

Héctor Mario Cavallari se doctoró en Literatura Latinoamericana por la Universidad de California en Irvine en 1976. Desde entonces se dedica a la docencia universitaria en Estados Unidos de Norteamérica, como profesor regular en la Universidad de Stanford (1976-1984) y profesor visitante en la Universidad de California en Riverside (1984-1986). Desde 1986 es profesor de literatura, cultura y cine latinoamericanos en Mills College (Oakland, California). Ha publicado dos libros: *El espacio de los signos* (1982) y *La práctica de la escritura.* (1990). Ha publicado numerosos artículos sobre literatura y cine latinoamericanos, poesía española contemporánea y teoría crítica en revistas especializadas.

Patricia D'Allemand se especializa en Teoría Cultural e Historia de las Ideas y es profesora de Literatura Latinoamericana en Queen Mary & Westfield College, Universidad de Londres. Entre sus publicaciones se cuenta su libro *Latin American Cultural Criticism: Re-Interpreting a Continent* (2000). Actualmente trabaja sobre discursos identitarios en el primer período republicano colombiano.

Carlos García-Bedoya Maguiña es Profesor Asociado del Departamento de Literatura y Coordinador de la Maestría en Literatura Peruana y Latinoamericana de la Universidad Nacional Mayor de San Marcos. Ph.D. por la Universidad de Pittsburgh. Ha publicado los libros *Para una periodización de la literatura peruana* (1990) y *La literatura peruana en el período de estabilización colonial* (2000), además de numerosos artículos. Miembro del Comité de redacción de la revista *Letras*. Coordinador de área de la *Revista de Crítica Literaria Latinoamericana*. Secretario Nacional de las Jornadas Andinas de Literatura Latinoamericana (JALLA). Coordinador del Comité Consultivo del Centro de Estudios Literarios Antonio Cornejo Polar.

José Antonio Mazzotti es Profesor Asistente de literatura colonial y poesía contemporánea latinoamericana en el Departamento de Lenguas Romances de la Universidad de Harvard. Ha publicado *Coros mestizos del Inca Garcilaso. Resonancias andinas* (1996), editado *Agencias criollas: la ambigüedad 'colonial' en las letras hispanoamericanas* (2000) y co-editado *Asedios a la heterogeneidad cultural. Libro de homenaje a Antonio Cornejo Polar* (1996). Actualmente está completando un nuevo libro sobre poesía épica, culturas criollas y nacionalidades étnicas en el Virreinato peruano.

Antonio Melis es catedrático de Lenguas y Literaturas Hispanoamericanas y de Civilizaciones Indígenas de América en la Universidad de Siena. Es autor de varios ensayos sobre literatura hispanoamericana, dedicados especialmente al área andina. Entre sus libros figuran monografías sobre Pablo Neruda y Federico García Lorca. En 1999 ha reunido sus trabajos de treinta años de investigaciones en el libro *Leyendo Mariátegui*. Ha traducido al italiano varios autores hispanoamericanos: José

María Arguedas, Ernesto Cardenal, Martín Adán, José Martí, etc. Forma parte de la redacción de las revistas *In Forma di Parole, Oikos, Revista de Crítica Literaria Latinoamericana* y dirige, con Aníbal Quijano, el *Anuario Mariateguiano*. Ha dictado cursos en universidades de Europa, Estados Unidos y América Latina. Es profesor honorario de la Universidad Nacional Mayor de San Marcos de Lima.

Gracia María Morales Ortiz es licenciada en Filología Hispánica por la Universidad de Granada. Imparte clases de literatura hispanoamericana en la Facultad de Filosofía y Letras de dicha universidad. Actualmente escribe su tesis doctoral sobre la obra cuentística de José María Arguedas y la de Julio Cortázar. Han aparecido diversos artículos suyos en revistas de ámbito nacional e internacional (Arrabal, Revista de Crítica Literaria Latinoamericana, etc.). También ha publicado poesía y cuentos.

Mabel Moraña es profesora de la Universidad de Pittsburgh donde dirige el departamento de Literatura y Lenguas Hispánicas. Es directora de Publicaciones del Instituto Internacional de Literatura Iberoamericana. Sus publicaciones incluyen *Literatura y cultura nacional en Hispanoamérica, (1910-1940)* (1982), *Memorias de la generación fantasma* (1988), *Políticas de la escritura en América Latina. De la Colonia a la modernidad* (1997), *Viaje al silencio. Exploraciones del discurso barroco* (1998). Ha editado *Relectura del Barroco de Indias* (1994), *Mujer y cultura en la Colonia hispanoamericana* (1996), *Ángel Rama y los estudios latinoamericanos* (1997), *Indigenismo hacia el fin del milenio. Homenaje a Antonio Cornejo Polar* (1998) y es co-editora de *La imaginación histórica en el siglo XIX* (1994).

Kemy Oyarzún obtuvo la maestría en Literatura Latinoamericana (University of California, Irvine) y el Doctorado en Literatura Latinoamericana con mención en Teoría Literaria (University of California, Irvine). Ha enseñado en la Universidad de California (Riverside), y ha sido Directora del Departamento de Literaturas Hispánicas en la misma universidad. Directora del Centro de Estudios de Género y Cultura en América Latina CEGECAL (Facultad de Filosofía y Humanidades, Universidad de Chile). Directora de la revista *Nomadías*. Entre sus libros cabe destacar *Bordering Difference: Culture in 20th Century Mexico*

(1991), *Cultural Production and the Struggle for Hegemony* (1989) y *Poética del desengaño: deseo, escritura, poder* (1998) a la par de múltiples artículos en libros y revistas nacionales e internacionales.

Carlos Pacheco PhD en Literatura Hispanoamericana (King´s College London, 1989). Profesor Titular de la Universidad Simón Bolívar, donde ha sido Coordinador del Postgrado en Literatura y Decano de Estudios Generales. Fue profesor invitado de la Cátedra "Andrés Bello" en Brown University, y de la Cátedra "José Antonio Ramos Sucre" en la Universidad de Salamanca. Es miembro del Consejo Directivo del Centro de Estudios Latinoamericanos "Rómulo Gallegos" y del Consejo Editorial de la revista *Estudios*. Es autor de más de 40 publicaciones entre las que destacan los libros *Narrativa de la dictadura y crítica literaria* (1986); *La comarca oral* (1992); y *Del cuento y sus alrededores* (1993 y 1997), con Luis Barrera Linares. Actualmente coordina, con Luis Barrera Linares y Beatriz González Stephan el proyecto colectivo *Medio Milenio de Literatura Venezolana*.

Ana Peluffo es Profesora Asistente de Literatura Latinoamericana en la Universidad de Davis, California. Realizó estudios de maestría y doctorado en New York University donde escribió su tesis doctoral sobre Clorinda Matto de Turner. Ha publicado artículos en diversas revistas de crítica literaria sobre cuestiones de género e identidad nacional en el siglo XIX. Actualmente está escribiendo un libro sobre la obra de Clorinda Matto de Turner titulado "Indigenismo, caridad y virtud republicana en Clorinda Matto de Turner".

Ileana Rodríguez es profesora de Literatura Latinoamericana contemporánea de la Ohio State University. Ha escrito numerosos artículos sobre las literaturas del Caribe y Centroamérica, y ha publicado libros sobre mujeres. Sus libros más recientes son *House/Garden/Nation: Space, Gender and Ethnicity in Postcolonial Latin American Literatures by Women* (1994), y *Women, Guerrillas, and Love: Understanding War in Central America* (1996). Es miembro fundador de The Latin American Subaltern Studies Group.

Friedhelm Schmidt-Welle es investigador del Instituto Ibero-Americano en Berlín, Alemania. Ha sido docente de la Universidad Libre de Berlín, y profesor visitante de la Universidad Nacional Autónoma de México. Ha trabajado en diversos proyectos de la Casa de las Culturas del Mundo, Berlín. Es autor de *Stimmen ferner Welten. Realismus und Heterogenität in der Prosa Juan Rulfos und Manuel Scorzas* (1996) y editor de *Wildes Paradies - Rote Hölle. Das Bild Mexikos in Literatur und Film der Moderne* (1992). Se especializa en teoría literaria y cultural latinoamericanas, literatura hispanoamericana y comparada. Actualmente está preparando un libro sobre la literatura hispanoamericana del siglo XIX.